中国绿色GDP绩效评估研究丛书

华中科技大学国家治理研究院

主编 欧阳康　副主编 赵泽林

中国绿色GDP绩效评估报告

（2018年全国卷）

欧阳康　赵泽林　曾　异

华中科技大学国家治理研究院
绿色GDP绩效评估研究课题组

中国社会科学出版社

图书在版编目（CIP）数据

中国绿色 GDP 绩效评估报告 . 2018 年 . 全国卷/欧阳康，赵泽林，曾异著 . —北京：中国社会科学出版社，2019.12

（中国绿色 GDP 绩效评估研究丛书）

ISBN 978 – 7 – 5203 – 4749 – 5

Ⅰ.①中… Ⅱ.①欧… ②赵… ③曾… Ⅲ.①国内生产总值—国民经济核算—研究报告—中国—2018 Ⅳ.①F222.33

中国版本图书馆 CIP 数据核字（2019）第 149116 号

出 版 人	赵剑英	
责任编辑	喻　苗	
责任校对	胡新芳	
责任印制	王　超	

出　　版	中国社会科学出版社	
社　　址	北京鼓楼西大街甲 158 号	
邮　　编	100720	
网　　址	http://www.csspw.cn	
发 行 部	010 – 84083685	
门 市 部	010 – 84029450	
经　　销	新华书店及其他书店	
印刷装订	北京君升印刷有限公司	
版　　次	2019 年 12 月第 1 版	
印　　次	2019 年 12 月第 1 次印刷	
开　　本	880×1230　1/16	
印　　张	15.25	
插　　页	2	
字　　数	245 千字	
定　　价	68.00 元	

凡购买中国社会科学出版社图书，如有质量问题请与本社营销中心联系调换
电话：010 – 84083683
版权所有　侵权必究

【课题组组长，首席专家】

欧阳康 教授、博士生导师，华中科技大学国家治理研究院院长，哲学研究所所长，《华中科技大学学报》（社会科学版）主编，国家大学生文化素质教育基地主任，"华中学者领军岗"教授，哲学系二级教授，博士生导师。

华中科技大学原党委副书记，兼国务院学位委员会马克思主义学科评议组成员，国家社会科学基金评审专家，教育部社会科学委员会委员，教育部学风建设委员会副主任，教育部高校文化素质教育指导委员会秘书长，中共湖北省委决策支持顾问，湖北省第十一届政协委员，湖北省欧美同学会副会长，国际哲学家协会常务理事，亚太地区学生事务协会主席等。

主要从事哲学、人学、文化学、高等教育学等研究。主要著作有《社会认识论导论》《哲学研究方法论》《欧阳康自选集》《对话与反思：当代英美哲学、文化及其他》《大学·文化·人生》《马克思主义认识论研究》，主编有《人文社会科学哲学》《当代英美哲学地图》《当代英美著名哲学家学术自述》《中国道路——思想前提、价值意蕴与方法论反思》等。在《中国社会科学》《哲学研究》等刊物发表中英文学术论文300余篇，10余次获国家、教育部和湖北省哲学社会科学优秀成果奖,主持 10 余项国家、省部级和国际合作科研项目,数十次出国出境从事学术交流与合作研究。

1992 年起享受国务院特殊津贴,1996 年被评为湖北省"有突出贡献的中青年专家",1999 年入选教育部"跨世纪优秀人才",人事部"百千万人才工程",2019 年入选第四批国家"万人计划"教学名师。主讲国家大学视频公开课《哲学导论》、国家精品课程资源课《人文社会科学哲学》,为国家教育部重大课题攻关项目"推进国家治理体系和治理能力现代化"首席专家。

电子邮件:kouyang@hust.edu.cn

【研究团队的主要成员】

赵泽林 副教授、博士后，华中科技大学哲学系副教授、国家治理研究院研究员、硕士生导师。现主要从事认识论、人工智能哲学、绿色发展与国家治理研究。近年来，主持"基于大数据的国家治理及其政府决策支持系统研究"等国家、省部级课题5项，参与6项，出版学术专著2部，参著3部，在《自然辩证法通讯》《自然辩证法研究》等期刊上发表学术论文30余篇，多篇论文被人大复印资料《科学技术哲学》和党政机关网站转载。

曾异 博士，华中科技大学马克思主义学院、国家治理研究院博士生，主要从事生态文明与生态治理研究。

本课题组已出版历次报告的作者

《中国绿色GDP绩效评估报告（2016年湖北卷）》，欧阳康、赵泽林、刘启航，2016年5月21日公开发布，2017年12月由中国社会科学出版社公开出版。

《中国绿色GDP绩效评估报告（2017年湖北卷）》，欧阳康、赵泽林、熊治东，2017年6月23日公开发布，2018年4月由中国社会科学出版社公开出版。

《中国绿色GDP绩效评估报告（2017年全国卷）》，欧阳康、赵泽林、熊治东，2017年10月11日公开发布，2019年08月由中国社会科学出版社公开出版。

《中国绿色GDP绩效评估报告（2018年全国卷）》，欧阳康、赵泽林、曾异，2018年12月18日公开发布。

定光莉、姜权权、石敬琳、孟雪刚、刘东琪、吴凡、吴修贤、赵小月等同学曾参与2008年至2014年度湖北省的数据采集工作。

参与本课题研讨的主要专家学者

杨　治　吴　毅　齐海滨　张建华　王国华　宋德勇　钟书华
周敬宣　王晓升　陈　刚　吴　畏　顾建明　杜志章　栗志刚
饶传平　吴兰丽　杨成林　曹志刚　楼宗元　张　豪　袁　蹊

【特别致谢】

对本课题研究提出宝贵建议的专家学者

王利民　中国社会科学杂志社常务副总编、编审

柯锦华　国务院参事、中国社会科学杂志社哲学社会科学部主任

许宪春　国家统计局原副局长、清华大学教授

张坤民　原国家环境保护局第一副局长、清华大学教授

吴季松　瑞典皇家工程院外籍院士、中国循环经济研究中心主任

李隆兴　世界能源理事会中国国家委员会原副秘书长

李佐军　国务院发展研究中心资源与环境政策研究所副所长

杨宜勇　国务院国家发展和改革委员会社会发展研究所所长

潘家华　中国社会科学院城市发展与环境研究所所长、可持续发展研究中心主任

林卫斌　北京师范大学创新发展研究院副院长、中国能源研究会能源政策研究中心主任

蔡跃洲　中国社会科学院数量经济与技术经济研究所数量经济理论方法室主任

刘　宇　中国科学院科技战略咨询研究院研究员

於　方　原国家环保部环境规划院研究员

孙永平　碳排放权交易湖北省协同创新中心常务副主任、《环境经济研究》常务副主编

【特别鸣谢】

中华人民共和国原环境保护部

中华人民共和国教育部社科司

中国社会科学出版社

《中国社会科学》编辑部

中华人民共和国国家发展和改革委员会社会发展研究所

中华人民共和国国务院发展研究中心资源与环境政策研究所

中国共产党湖北省委员会

湖北省人民政府

湖北省统计局

湖北省原环境保护厅

中国共产党湖北省委员会政策研究室

湖北省人民政府政策研究室

华中科技大学

感谢研究团队的积极参与和通力合作!

本次研究还参阅了国内外相关领域多种语言的文献,因篇幅有限,在此未能一一列出,特此向相关作者一并致谢!

本课题组相关成果已获部分奖项

2018年5月,由华中科技大学学术委员会组织校内外专家匿名评审,中国绿色GDP绩效评估报告获评为"2017年度华中科技大学重大学术进展成果"。

2018年5月,由光明日报智库研究与发布中心、南京大学中国智库研究与评价中心组织专家匿名评审,中国绿色GDP绩效评估报告获"2017CTTI智库最佳实践案例(BPA)——最佳智库研究报告奖"。

2018年9月,由湖北省委省政府、湖北省委政策研究室、湖北省政府政策研究室组织专家匿名评审,"中国(湖北)绿色GDP绩效评估报告"获"2016—2017年度湖北省优秀调研成果奖"。

2018年10月,由中国社会科学评价研究院组织专家匿名评审,中国绿色GDP绩效评估报告获"中国智库学术成果优秀报告奖"。

总　序

为了更好地推进中国的生态文明建设和绿色发展，华中科技大学国家治理研究院"绿色GDP绩效评估研究"课题组研究并发布了《中国绿色GDP绩效评估报告》，并策划出版了本系列丛书。

自然是人类生存发展的基础，人与自然是生命共同体，保护生态环境就是保护人类赖以生存发展的自然基础和生态家园。党和国家历来重视社会主义建设中的生态环境保护。新中国成立之初，当时的林垦部就出台了《保护森林暂行条例（草案）》等文件，指导全国各地的生产建设。20世纪70年代，我国成立了新中国成立以来的第一个生态环境保护机构，即"三废"利用领导小组，积极引导社会主义生产建设节约资源，保护生态环境。改革开放以后，传统工业文明在给中国人民带来经济的高速增长的同时，也给中国的生态环境保护提出了新的课题。党的十八大以来，以习近平同志为核心的党中央，把绿色发展理念提升到治国理政、人类社会健康发展的新高度，提出了经济建设、政治建设、社会建设、文化建设和生态文明建设"五位一体"的总体布局，大力推进生态文明建设，促进绿色发展。尤其是习近平总书记关于"绿水青山就是金山银山"等形象而重要的论断从根本上校正并提升了人们对生态文明和绿色发展的认识，指引着中国经济社会发展的健康方向，为人类社会的永续发展贡献了中国智慧。

正是有感于生态文明所具有的特殊意义，近年来我先后应邀参加了一些相关学术会议，并发表了一些专题论文，例如，《生态哲学研究的若干辩证关系》（《人民日报》2014年7月18日）、《生态悖论与生态治理的价值取向》（《天津社会科学》2014年第6期）。而将生态文明的理论探讨引向绿色GDP绩效评估则是担任华中科技大学国家治理研究院院长之后的事情。在我们对国家治理研究院的研究版图的设计中，一方面是全球治理、国家治理、省级治理、县域治理和乡镇治理这样的多层次研究，另一方面则是政治治理、经济治理、社会治理、文化治理和生态治理等多领域研究，还有政府治理、市场治理和企业治理等不同方面的研究。为了更好地探讨生态治理的指标体系和实施途径，2014年6月起国家治理研究院建立了"绿色GDP绩效评估研究"课题组，由我担任课题组组长和首席专家，正在哲学系从事博士后研究的赵泽林博士、博士生刘启航和熊治东作为课题组核心成员参加工作，发挥了非常重要的作用。院内外一些专家学者和师生参与了课题组研究与讨论。课题组经过艰难探索，力图在追求经济高速增长和保护生态环境的双重价值指引之下，以科学数据为支撑，以"绿色GDP绩效评估"作为新的经济社会发展指挥棒，推进国家治理体系和治理能力的现代化，积极探索切实可行的绿色发展模式。这既是华中科技大学国家治理研究院开展"绿色GDP绩效评估研究"的初衷，也是该课题组决定持续推出"中国绿色GDP绩效评估研究丛书"的基本动因。与此同时，国内外许多同行专家学者也给我们发来了合作研究的邀请，索要相关研究成果，并希望我们及时出版此丛书，共同来继承和发展绿色GDP的已有研究，积极推动中国乃至全人类的绿色发展，遂将正式出版本系列丛书，已向相关人员及时报告我们的最新研究进展。

"绿色GDP"并非新鲜事物。它是国际社会近一个世纪以来共同努力的结晶。早在20世纪初，一些经济学家就开始探索如何从税收、产权制度设计层面解决经济增长中的生态环境问题。经过近半个世纪的探索，各国学者和政府最终都从不同路径论证了单一的GDP评价体系存在多种局限，修正GDP指标逐渐成为共识。20世纪90年代，联合国在综合各国理论与实践的基础上，修正了以传统GDP为核心指标的国民经济核算体系（System of National Accounts, SNA），提出了"综合环境与经济核算体系"（System of Integrated Environmental and Economic Accounting，SEEA）。自此之后，世界各国纷纷开展了相关理论与实践探索。21世纪以来，中国学界也陆续在政府的指导下，开展了多项关于"绿色GDP"的研究，形成了《中国环境经济核算体系框架》等成果。遗憾的是，中国的绿色GDP研究却因为各种历史原因，一度沉寂下来。不过，世界各国各地区对绿色GDP的理论与实践探索者也都认识到，绿色GDP不是"要不要做"的问题，而是"如何做"的问题。

华中科技大学国家治理研究院"绿色GDP绩效评估研究"课题组，提出的绿色GDP绩效评估，就是以管理学、政治学、生态学、统计学等多学科方法，对某一地区的绿色GDP进行绩效测算与评估。这种绿色GDP评估既使多年来人们关注的绿色GDP核算的基本思想得到了传承，又在对绩效的关注上从更加宏观的视野中有所拓展和超越。绿色GDP绩效评估就是要构建科学的理论模型，选取合适的算法，对不同地区的不同状况做出有效区分与精准"刻画"。其目的在于有效区分，并尽可能准确反映某一地区"绿色GDP"的基本情况。该课题组所提出的绿色GDP绩效评估，不仅关注了评估对象的GDP总量，还关注了人均GDP、绿色GDP、人均绿色GDP，并在此基础上测算出绿色发展绩效指数。因此，这种绿色GDP绩效评估不仅更具全面性和科学性，也更具直观性和可行性，也更能体现"绿色发展"中"绿色"与"发展"的双重内涵。

2016年5月，经过艰辛努力，华中科技大学国家治理研究院绿色GDP绩效评估研究课题组在"第三届国家治理体系和治理能力建设高峰论坛"上，发布了《中国绿色GDP绩效评估报告（2016年湖北卷）》，成为国内首个由高校智库公开发布的地方性绿色GDP绩效评估报告，引起专家学者的广泛关注。

2017年3月，华中科技大学国家治理研究院与《中国社会科学》编辑部在北京联合举办了绿色GDP绩效评估专家咨询会，来自国务院发展研究中心、《中国社会科学》杂志社、环保部环境规划研究院、北京航空航天大学等单位的专家学者，对课题组的研究表示了充分肯定，并对进一步做好绿色GDP绩效评估项目提出了指导性意见或建议。

2017年6月23日，华中科技大学国家治理研究院与《中国社会科学》编辑部在北京联合发布了《中国绿色 GDP 绩效评估报告（2017 年湖北卷）》，再次引起人民网、光明网、环保部等社会各界的广泛关注。

2017 年 10 月 11 日，在中国共产党第十九次全国代表大会召开的前夕，华中科技大学国家治理研究院与中国社会科学出版社、《中国社会科学》编辑部联合发布了《中国绿色 GDP 绩效评估报告（2017 年全国卷）》，这是国内首个由高校智库公开发布的全国性绿色 GDP 绩效评估报告。

走绿色发展道路，是人类社会实现永续发展的必然之路。建设生态文明，是中华民族的千年大计。时代在发展，实践在发展，但我们对人与自然和谐共生共长的价值追求不会改变，我们对相关问题的持续性探索与研究，也将在实践中更加深入。中国共产党第十九次全国代表大会提出，从二〇二〇年到二〇三五年，中国的"生态环境根本好转，美丽中国目标基本实现"。"从二〇三五年到本世纪中叶，在基本实现现代化的基础上，再奋斗十五年，把我国建成富强民主文明和谐美丽的社会主义现代化强国。""为人民创造良好生产生活环境，为全球生态安全作出贡献"，这是中国共产党人科学把握时代脉搏，积极回应人民心声做出的庄严承诺。建设美丽中国，既是中国共产党人的历史使命，也是每一位中国人的责任担当。在此，我要特别感谢课题组成员的精诚团结和无私奉献！特别感谢各方面的大力关心和支持帮助！我们也期待有更多的来自社会各界的朋友们，与我们一道为了绿水青山，为了人与自然的和谐共生共长，为了人类社会快速走上积极健康的绿色发展道路而共同努力！

欧阳康

华中科技大学国家治理研究院院长

"中国绿色 GDP 绩效评估研究"课题组组长

2018 年 1 月 28 日

内容提要

"中国绿色 GDP 绩效评估研究"是由华中科技大学国家治理研究院于 2014 年启动的一项重大研究项目。以欧阳康教授为首席专家的跨学科研究团队潜心多年研究，先后发布了国内首个由高校智库公开发布的地方性绿色 GDP 绩效评估报告《中国绿色 GDP 绩效评估报告（2016 年湖北卷）》、全国性绿色 GDP 绩效评估报告《中国绿色 GDP 绩效评估报告（2017 年全国卷）》，以及《中国绿色 GDP 绩效评估报告（2017 年湖北卷）》。该系列研究报告已经获得"最佳智库研究报告奖""中国智库学术成果优秀报告奖"等多个智库评价机构、省级以上部门颁发的奖项。本次的《中国绿色 GDP 绩效评估报告（2018 年全国卷）》是该研究团队第四次发布该系列报告。

相较于《中国绿色 GDP 绩效评估报告（2017 年全国卷）》，《中国绿色 GDP 绩效评估报告（2018 年全国卷）》既有传承又有创新。第一，《中国绿色 GDP 绩效评估报告（2018 年全国卷）》所采集的数据量更大，涵盖的年份跨度更长，使其结论更具科学性和规律性。课题组从 2014—2016 年全国内陆 31 个省市自治区公开发布的统计年鉴、环境状况公报、中国统计年鉴、中国价格统计年鉴、中国物价统计年鉴、中国能源统计年鉴、国家发展和改革委员会数据简报，以及课题组对相关环保企业等参与经济运行的第三方直接调研数据等公开的近五百多万个相关数据中选取了约 653325 个可采用的有效数据。第二，《中国绿色 GDP 绩效评估报告（2018 年全国卷）》呈现出了更加多维、准确的决策参考信息。除去国家权威部门发布的GDP、人均GDP数据外，课题组利用专门开发的"绿色发展科研平台"测算出三千多个结论性数据。这些数据既包括全国内陆31个省市自治区2016年的绿色GDP、人均绿色GDP和绿色发展绩效指数，也包含全国内陆31个省市自治区2014—2016年间的GDP、人均GDP、绿色GDP、人均绿色GDP、绿色发展绩效指数年度性平均增速等量化测算结果，由此更加多维地呈现了全国内陆31个省市自治区的绿色发展情势。第三，《中国绿色GDP绩效评估报告（2018年全国卷）》的结论更加详细、准确以及具有针对性。报告基于背景、规划和特色三个主要方面，分别增加了全国内陆31个省市自治区的政策文件分析，并在此基础上，结合测算出的GDP、人均GDP、绿色GDP、人均绿色GDP、绿色发展绩效指数等各种科学数据，对全国内陆31个省市自治区绿色发展的主要成就、主要问题以及基本态势做了针对性阐述，并分别从思想观念、领导决策、制度建构、组织运行、智库建设以及绿色发展六个面向，对全国内陆31个省市自治区提出了具有针对性的治理建议。

根据数据测算，《中国绿色GDP绩效评估报告（2018年全国卷）》对全国内陆31个省市自治区的GDP、人均GDP、绿色GDP、人均绿色GDP、绿色发展指数进行了绩效排名，报告指出，2016年全国内陆31个省市自治区的GDP排名依次为：广东、江苏、山东、浙江、河南、四川、湖北、河北、湖南、福建、上海、北京、安徽、辽宁、陕西、内蒙古、江西、广西、天津、重庆、黑龙江、吉林、云南、山西、贵州、新疆、甘肃、海南、宁夏、青海、西藏。2016年全国内陆31个省市自治区的人均GDP排名依次为：北京、上海、天津、江苏、广东、浙江、内蒙古、福建、山东、重庆、湖北、吉林、辽宁、陕西、宁夏、海南、青海、湖南、河北、安徽、黑龙江、江西、新疆、四川、河南、山西、西藏、贵州、广西、云南、甘肃。2016年全国内陆31个省市自治区的绿色GDP排名依次为：广东、江苏、山东、浙江、河南、湖北、四川、河北、湖南、上海、福建、北京、安徽、辽宁、江西、陕西、天津、重庆、广西、内蒙古、黑龙江、吉林、云南、山西、贵州、新疆、甘肃、海南、宁夏、青海、西藏。2016年全国内陆31个省市自治区的人均绿色GDP排名依次为：

北京、上海、天津、江苏、广东、浙江、福建、内蒙古、山东、重庆、湖北、吉林、辽宁、陕西、海南、宁夏、河北、湖南、青海、安徽、江西、四川、黑龙江、新疆、河南、西藏、山西、贵州、广西、云南、甘肃。2016年全国内陆31个省市自治区的绿色发展绩效指数排名依次为：上海、浙江、北京、重庆、江苏、广东、福建、海南、湖北、天津、西藏、山东、四川、江西、河北、安徽、广西、贵州、吉林、湖南、云南、河南、青海、陕西、宁夏、黑龙江、内蒙古、辽宁、山西、甘肃、新疆。

根据评估结果，《中国绿色GDP绩效评估报告（2018年全国卷）》对全国内陆31个省市自治区绿色发展的主要成就、主要问题和基本态势展开了理论分析，并对其未来发展提出了合理可行的对策性建议。报告认为，中国的绿色发展已经取得显著成就。第一，中国的绿色GDP增长速度已经开始超越同期GDP增长速度。2016年，绿色GDP经济总量平均增幅达到7.58%，超越同期GDP总量增幅0.08%。第二，中国的人均绿色GDP增长速度稳步增长，成绩喜人。2016年，全国内陆31个省市自治区人均绿色GDP平均增幅已经达到6.79%。第三，中国经济发展的绿色发展绩效指数稳步提升，各省市自治区均在努力实现绿色发展。2016年全国内陆31个省市自治区的绿色发展绩效指数平均值已经达到88.69（参考值为100）。

同时，报告也指出中国的绿色发展还存在一些"短板"亟待解决。第一，绿色发展的人均短板突出。GDP、绿色GDP增幅均高于同期人均GDP、人均绿色GDP增幅。第二，绿色发展的不平衡问题明显。根据本课题组的测算，2014—2016年，全国内陆31个省市自治区绿色发展绩效指数排名在后10名的省市自治区主要分布在西北部、东北部。而全国内陆31个省市自治区绿色发展绩效指数排名在前10名的省市自治区主要分布在东部沿海地区。第三，绿色发展指标出现不同程度的震荡。根据本课题组的测算，2016年，全国内陆31个省市自治区中绿色GDP、人均绿色GDP增幅，超越其GDP、人均GDP增幅的省份数量有所减少。2016年全国内陆31个省市自治区中，有21个省市自治区的绿色GDP增幅高于GDP增幅，相比2015年减少了5个省份。

根据课题组连续三年的测算表明，当前我国绿色发展正在呈现以下新形势、新挑战。第一，绿色化的中国新经济版图正在逐步形成。中国的绿色发展进程正在改变全国内陆31个省市自治区在全国经济总量中的地位，各级政府有必要密切关注不同省市自治区在全国经济社会版图中的结构性变化，大胆推进各省市自治区的功能、地位转变。第二，中国各省市自治区的经济发展机制进入新的调试期。全国内陆31个省市自治区具有非常不同的历史、客观条件，各级政府有必要密切关注不同省市自治区经济增长动力、机制的调试进程，以避免被迫"走回头路"。第三，中国绿色发展进程中的"东中西梯度分布现象"仍将持续一段时间。历史中形成的中国经济东中西梯度分布现象由来已久。各级政府有必要持续增加对西部地区实现绿色发展的支持力度，建议国家研究并提出"新西部发展战略"。

在绿色发展的宏观治理方面，课题组认为，国家层面和各省市自治区急需从以下四个主要方面快速推进中国的绿色发展：第一，继续强化绿色发展意识，避免出现认识偏差、理解误差、行动落差。第二，深入推进领导决策改革，积极引入大数据等先进技术手段开展从经验决策为主转变为精准决策为主。第三，积极创新绿色治理机制，借助新一轮的政府机构改革，厘清自然资源统计等治理机制。第四，加强政府与智库机构的积极互动，推动全社会积极开展绿色发展的协同治理。

《中国绿色GDP绩效评估报告（2018年全国卷）》发布后，人民网、光明网、经济日报、民生网、中国环境报、湖北日报、腾讯网和凤凰网等超过30余家各类媒体对报告内容及其观点进行了报道，多名专家和媒体记者认为华中科技大学国家治理研究院所发布的中国绿色GDP绩效评估报告，对于动态监测我国的绿色发展进程，开展绿色发展方面的政策研究和治理决策均具有重要价值，建议相关政府机构积极引入该研究成果，进一步开展绿色发展精准治理的政策研究。华中科技大学国家治理研究院绿色GDP绩效评估课题组，不仅将会从政治的高度来深刻认识绿色发展的重大现实意义，更会在实践中坚定不移地坚持绿色发展理念，探索各地绿色发展新路，为真正实现中华民族的伟大复兴和永续发展贡献力量。

Abstract

Research on the Performance Evaluation of China's Green GDP is a major research project initiated by National Governance Institute of Huazhong University of Science and Technology in 2014. The interdisciplinary research team led by Professor Ouyang Kang issued the first college-think-tank-published report on the performance of local green GDP— *Evaluation Report on Green GDP Performance of Hubei Province* 2016, *Performance Evaluation of China's Green GDP* 2017, and *Performance Evaluation of Hubei provincial Green GDP* 2017. Research projects have won many awards issued by several think-tank rating agencies and above provincial-level departments including award for the best studies think-tank, excellent academic report of Chinese think-tank, award for outstanding research achievements in Hubei province from 2016 to 2017, Chinese think-tank academic achievement award for excellent report of 2018. The report on the *Performance Evaluation of China's Green GDP 2018* is the fourth time that the research team has published the series report.

Compared with research reports previously published, report on the *Performance Evaluation of China's Green GDP 2018* have made breakthrough on the basis of previous ones. First, report on the *Performance Evaluation of China's Green GDP 2018* selects a wider range of data and covers a longer span of time, so the result is more scientific and regular. 653, 325 data available are selected from near more than 5 million related data through the statistical yearbook published by 31 provinces and autonomous regions, environmental condition bulletin, Statistical Yearbook of China, price statistics yearbook of China, Energy Statistics Yearbook of China, data briefs of National Development and Reform and Commission, the direct research data of the third party operating the economy including related environmental enterprises. Second, report on the *Performance Evaluation of China's Green GDP 2018* has presented a more multidimensional and accurate decision-making information. Apart from GDP and per capita GDP issued by national authorities, green development platform of scientific research especially developed by the project team is utilized and more than 3,000 conclusive data are calculated. Data not only include GDP of 31 inland provinces and autonomous regions in 2016, per capita GDP and green development performance index, but also GDP, per capita GDP, green GDP, per capita green GDP, quantiative measurement result such as the green development performance index of annual average growth rate, etc of 31 inland provinces and autonomous regions from 2014 to 2016, through which the green development situation of 31 inland provinces and autonomous regions is presented in a more dimensional manner. Third, conclusions in the report on the *Performance Evaluation of China's Green GDP 2018* is more accurate and targeted. Based on the background, planing and characteristic, policy file analysis on 31 inland provinces and autonomous regions are added in the report. Moreover, combined with the calculated GDP, per capita GDP, green GDP, per capita GDP as well as green development performance index, major achievements, problems and basic situation of 31 inland provinces and autonomous regions are illustrated and targeted macro-governance proposals are put forward from the perspective of ideological concept, leadership decision, institutional construction, organization operation, think-tank construction and green development.

According to the data calculation, GDP, per capita GDP, green GDP, per capita GDP as well as green development performance index of 31 inland provinces and autonomous regions are ranked. It is pointed out that the ranking of GDP in 31 provinces, municipalities and autonomous regions of mainland China in 2016 is Guangdong province, Jiangsu province, Shandong province, Zhejiang province, Henan province, Sichuan province, Hubei province, Hebei province, Hunan province, Fujian province, Shanghai, Beijing, Anhui province, Shanxi province, Inner Mongolia Autonomous Region, Jianxi province, the Guangxi Zhuang Autonomous Region, Tianjin, Chongqing, Heilongjiang, province, Jilin province, Yunnan province, Shanxi province, Guizhou province, the Xinjiang Uygur Autonomous Region, Gansu province, Hainan province, the Ningxia Hui Autonomous Region, Qinghai province, the Xizang Autonomous Region. The per capita GDP ranking in 31 provinces, municipalities and autonomous regions of mainland China in 2016 is Beijing, Shanghai, Tianjin, Jiangsu province, Guangdong province, Zhejiang province, Inner Mongolia Autonomous Region, Fujian province, Shandong province, Chongqing, Jilin province, Liaoning province, Shanxi province, Ningxia Hui Autonomous Region, Hainan province, Qinghai province, Hebei province, Anhui province, Heilongjiang province, Xinjiang Uygur Autonomous Region, Sichuan province, Henan province, Shanxi province, Xizang autonomous region, Guizhou province, Guangxi province, Yunnan province, Gansu province. The green GDP ranking in 31 provinces, municipalities and autonomous regions of mainland China in 2016 is Guangdong province, Jiangsu province, Shandong province, Zhejiang province, Henan province, Hubei province, Sichuan province, Hebei province, Hunan province, Shanghai, Fujian province, Beijing, Anhui province, Liaoning province, Jiangxi province, Shanxi province, Tianjin, Chongqing, Guangxi Zhuang Autonomous Region, Inner Mongolia Autonomous Region, Heilongjiang province, Jilin province, Yunnan province, Shanxi province, Guizhou province, Xinjiang Uygur Autonomous Region, Gansu province, Hainan province, Ningxia Hui Autonomous Region, Qinghai province and Xizang autonomous region. The per capita green GDP ranking in 31 provinces, municipalities and autonomous regions of mainland China in 2016 is Beijing, Shanghai, Tianjin, Jiangsu province, Guangdong province Zhejiang province, Fujian province,

Inner Mongolia Autonomous Region, Shandong province, Chongqing, Hubei province, Jilin province, Liaoning province, Shanxi province, Ningxia Hui Autonomous Region, Hebei province, Hunan province, Qinghai province, Anhui province, Jiangxi province, Sichuan province, Heilongjiang province, Xinjiang Uygur Autonomous Region, Henan province, Xizang autonomous region, Shanxi province Guizhou province, Guanxi zhuang Autonomous Region, Yunnan province and Gansu province. The green development performance index ranking in 31 provinces, municipalities and autonomous regions of mainland China in 2016 is Shanghai, Zhejiang province, Beijing, Chongqing, Jiangsu province, Guangdong province, Fujian province, Hainan province, Hubei province, Tianjin, Xizang autonomous region, Shandong province, Sichuan province, Jiangxi province, Hebei province, Anhui province, Guangxi province, Guizhou province, Jilin province, Hunan province, Yunnan province, Henan province , Qinghai province province, Shanxi procince, Ningxia Hui Autonomous Region Heilongjiang province, Inner Mongolian Autonomous Region, Liaoning province, Shanxi province, Gansu province and Xinjiang Uygur Autonomous Region.

Based on the evaluation result, dimensional analysis towards status quo, characteristics, and trends of green development in 31 provinces, municipalities and autonomous regions of mainland China is carried out. It is believed that remarkable achievements have been made in China's green development. First, the growth rate of China's Green GDP has started to surpass the rate of GDP in the same period. In 2016, the average increase range of per capita green GDP has reached 7.58%, 0.08% more than total GDP growth in the same period. Second, stable growth of per capita green GDP is achieved. In 2016, the average increase range of per capita green GDP in 31 provinces, municipalities and autonomous regions of mainland China has reached 6.79%. Third, green development performance index in China's economic development is on the increase in a steady manner. Provinces and autonomous regions are making the utmost effort to realize the green development. In 2016, the average green development performance index of 31 provinces, municipalities and autonomous regions of mainland China is 88.69 (the reference is 100).

Meanwhile, it is pointed out that short-boards in China's green GDP demand the urgent solution. First, per capita short-board in green development is obvious. Second, the unbalanced green development still remains. According to the calculation of the research team, from 2014 to 2016, provinces ranking after 10th in green development performance index are mainly located in northwestern and northeastern part of China. Third, different levels of fluctuations in green development index occur. According to the calculation, in 2016, the increase range of green GDP in 21 provinces, municipalities and autonomous regions of mainland China are higher than that of GDP, five provinces less compared with the previous year.

According to the calculation three-years in-row, new situation and new challenges exist in China's green development. First, a new green Chinese economic map is formed in a step-by-step manner. The process of green development is changing the position of 31 provinces, municipalities and autonomous regions in China's economic aggregate. There is a need for governments at different level to keep a close watch on the structural change of different provinces, municipalities and autonomous regions in the national economic and social map so as to push forward the transformation in their function and position. Second, the economic development of provinces, municipalities and autonomous regions is in the new period of commission. 31 provinces, municipalities and autonomous regions differ in historical and objective condition. It is necessary for government at all-level to keep a close watch on economic growth engine so as to avoid the so-called forced to take the road back. Third, the east-central-west gradient distribution will continue in the future. The phenomenon of the east-central-west gradient distribution is formed due to historical reason. Governments at different level should enhance the support toward the green development in Western China. It is suggested that research and strategy on new-western development carried out and put forward.

In the aspect of the macro governance of green development, it is believed that

China's green development should be pushed forward in the following four aspects: first, the sense of green development should be enhanced. The cognitive bias, misunderstanding and action gap should be avoided. Second, reform in decision-making in leadership level should be put forward in a thorough manner. We should take the lead in introducing the big data and other advanced technology and transform the experience-orient into accurate decision-making-orient. Third, innovation should be made in green governance system. A new round of reform in government institution should be utilized to clarify the governance mechanism such as natural resource statistics. Fourth, active interaction between government and think-tank institution should be carried out so as to promote the coordinated green development governance of the entire society.

The publication of report on the *Performance Evaluation of China's Green GDP 2018* has attracted the report on its content and views of more than 30 social media including People's Network, GMW, Economic Daily, Min Sheng Wang, China Environment News, Hubei Daily, Tencent news and ifeng news, etc. Scholars and media appraise the application value in both policy research and governance decision on green development of the report. It is suggested that the research achievement adopted by related governments and further study on accurate governance in green development carried out. Research team on China's green GDP performance evaluation of National Institute of Governance of Huazhong University of Science and Technology is willing to make the joint effort with the society to explore a new path for green development and make contribution to realize the great rejuvenation and sustainable development of the Chinese nation.

目 录

一 绿色GDP：高质量发展的绿色之维 …………………………………（1）
　1. 绿色发展与美丽中国建设 ……………………………………………（2）
　2. 对GDP的修正及绿色GDP绩效评估 ………………………………（6）
　3. 本课题的研究进程 ……………………………………………………（11）

二 绿色GDP绩效评估的测算说明 …………………………………………（15）
　1. 绿色GDP绩效评估的理论框架 ……………………………………（16）
　2. 绿色GDP绩效评估的指标编制 ……………………………………（19）
　3. 绿色GDP绩效评估的数据选取 ……………………………………（23）

三 2016年全国内陆31省市自治区绿色GDP绩效评估结果 ……………（25）
　1. 2016年全国内陆31个省市自治区绿色发展绩效综合排名 ………（27）
　2. 2016年全国内陆31个省市自治区的GDP总量排名 ……………（33）
　3. 2016年全国内陆31个省市自治区人均GDP排名 ………………（36）
　4. 2016年全国内陆31个省市自治区绿色GDP总量排名 …………（39）
　5. 2016年全国内陆31个省市自治区人均绿色GDP排名 …………（42）
　6. 2016年全国内陆31个省市自治区绿色发展绩效指数排名 ………（45）

四 全国内陆31省市自治区2014—2016年绿色发展绩效分析 ………… (48)

    1. 上海市 ………………………………………………………………… (48)

    2. 浙江省 ………………………………………………………………… (52)

    3. 北京市 ………………………………………………………………… (55)

    4. 重庆市 ………………………………………………………………… (59)

    5. 江苏省 ………………………………………………………………… (63)

    6. 广东省 ………………………………………………………………… (67)

    7. 福建省 ………………………………………………………………… (71)

    8. 海南省 ………………………………………………………………… (74)

    9. 湖北省 ………………………………………………………………… (78)

    10. 天津市 ………………………………………………………………… (81)

    11. 西藏自治区 …………………………………………………………… (85)

    12. 山东省 ………………………………………………………………… (88)

    13. 四川省 ………………………………………………………………… (92)

    14. 江西省 ………………………………………………………………… (96)

    15. 河北省 ………………………………………………………………… (100)

    16. 安徽省 ………………………………………………………………… (104)

    17. 广西壮族自治区 ……………………………………………………… (107)

    18. 贵州省 ………………………………………………………………… (111)

    19. 吉林省 ………………………………………………………………… (115)

    20. 湖南省 ………………………………………………………………… (119)

    21. 云南省 ………………………………………………………………… (122)

    22. 河南省 ………………………………………………………………… (126)

    23. 青海省 ………………………………………………………………… (130)

    24. 陕西省 ………………………………………………………………… (133)

    25. 宁夏回族自治区 ……………………………………………………… (137)

    26. 黑龙江省 ……………………………………………………………… (141)

    27. 内蒙古自治区 ………………………………………………………… (145)

28. 辽宁省 …………………………………………………………… (149)

29. 山西省 …………………………………………………………… (152)

30. 甘肃省 …………………………………………………………… (156)

31. 新疆维吾尔自治区 ……………………………………………… (160)

五 基本结论与建议 …………………………………………………… (165)

1. 从绿色 GDP 绩效评估看中国绿色发展的主要成就 ………………… (165)
2. 从绿色 GDP 绩效评估看中国绿色发展的主要问题 ………………… (167)
3. 从绿色 GDP 绩效评估看中国绿色发展的基本态势 ………………… (168)
4. 基于绿色 GDP 绩效评估的中国绿色发展总体性建议 ……………… (170)

六 参考文献 …………………………………………………………… (175)

附录一 本课题组近年刊发的主要相关成果 ………………………… (185)

附录二 同行专家对《中国绿色 GDP 绩效评估报告（2016 年湖北卷）》
的代表性评审意见 …………………………………………… (187)

附录三 生态文明与绿色发展的再探索 ………………………………… (190)

附录四 华中科技大学国家治理研究院简介 …………………………… (211)

Table of Contents

1. Green GDP: Green Development of High Quality ···················· (1)

   1.1 Green development and the chonstruction of beautiful China. ········· (2)

   1.2 The revison of GDP and Green GDP performance evaluation ············ (6)

   1.3 Research progress ··· (11)

2. Calculation Instruction of the Green GDP Performance Evaluation ·· (15)

   2.1 Theoretical framework of the Green GDP performance evaluation ··· (16)

   2.2 Index compile of the Green GDP performance evaluation ·············· (19)

   2.3 Data selection of the Green GDP performance evaluation ·············· (23)

3. Result of the Green GDP Performance Evaluation of Nationalin Different Provinces, Cities and Regions of 2016 ·················· (25)

   3.1 Comprehensive ranking of the Green development in different provinces, cities and regions of 2016 ································ (27)

   3.2 GDP ranking in different provinces, cities and regions of 2016 ······· (33)

   3.3 Per capita GDP ranking in different provinces, cities and regions of 2016 ··· (36)

3.4 Green GDP ranking in different provinces, cities and regions of 2016 ……………………………………………………………… (39)

3.5 Per capita Green GDP ranking in different provinces, cities and regions of 2016 …………………………………………………… (42)

3.6 Green development performance index ranking of provinces in 2016 ……………………………………………………………… (45)

4. Performance Analysis on Green Development from 2014 to 2016 ……………………………………………… (48)

4.1 Shanghai ………………………………………………………… (48)
4.2 Zhejiang province ……………………………………………… (52)
4.3 Beijing …………………………………………………………… (55)
4.4 Chongqing ……………………………………………………… (59)
4.5 Jiangsu province ………………………………………………… (63)
4.6 Guangdong province …………………………………………… (67)
4.7 Fujian province ………………………………………………… (71)
4.8 Hainan province ………………………………………………… (74)
4.9 Hubei province ………………………………………………… (78)
4.10 Tianjin …………………………………………………………… (81)
4.11 Xizang Autonomous Region …………………………………… (85)
4.12 Shandong province ……………………………………………… (88)
4.13 Sichuan province ……………………………………………… (92)
4.14 Jiangxi province ………………………………………………… (96)
4.15 Hebei province ………………………………………………… (100)
4.16 Anhui province ………………………………………………… (104)
4.17 Guangxi Zhuang Autonomous Region ……………………… (107)
4.18 Guizhou province ……………………………………………… (111)
4.19 Jilin province …………………………………………………… (115)

4.20　Hunan province ……………………………………………… (119)

4.21　Yunnan province ……………………………………………… (122)

4.22　Henan province ………………………………………………… (126)

4.23　Qinghai province ……………………………………………… (130)

4.24　Shanxi province ………………………………………………… (133)

4.25　Ningxia Hui Autonomous Region …………………………… (137)

4.26　Heilongjiang province ………………………………………… (141)

4.27　Inner Mongolia Autonomous Region ………………………… (145)

4.28　Liaoning province ……………………………………………… (149)

4.29　Shanxi province ………………………………………………… (152)

4.30　Gansu province ………………………………………………… (156)

4.31　Xinjiang Uygur Autonomous Region ………………………… (160)

5. Conclusion and Suggestions ……………………………………… (165)

5.1　Mahjor Achievement in China's Green GDP through Green GDP performance evaluation ……………………………………… (165)

5.2　Major problems in China's Green GDP through Green GDP performance evaluation ……………………………………… (167)

5.3　Basic condition in China's Green GDP through Green GDP performance evaluation ……………………………………… (168)

5.4　Suggestions on overall China's green development based on the green GDP performance evaluation ……………………… (170)

6. References ………………………………………………………… (175)

Appendix I　Related publication of research projects in recent years ……………………………………………… (185)

Appendix Ⅱ Representative review comments on Report on Green GDP Performance Evaluation of China（2016，Hubei Province） …………………………………………………………… （187）

Appendix Ⅲ Rational exploration on ecological civilization and green development ……………………………………………… （190）

Appendix Ⅳ ………………………………………………………… （211）

一　绿色 GDP：高质量发展的绿色之维

习近平总书记在出席全国生态环境保护大会发表重要讲话时指出："绿色发展是构建高质量现代化经济体系的必然要求，是解决污染问题的根本之策。"[①] 党的十八大以来，以习近平同志为核心的党中央，深刻领会人类社会历史发展规律，科学把握中国特色社会主义建设的历史方位，把马克思主义生态思想与中国国情相结合，积极推进形成绿色发展方式。然而，"中国当前严峻的自然生态和环境问题，是长期历史发展的产物，是全社会普遍不重视资源节约和环境保护的结果"[②]。我国正处于经济社会发展的急剧转型期和换挡期，生态环境问题还较为突出，环境污染现象还未得到根本性的改变，环境破坏程度日益严重，在某些领域和某些地方还有愈演愈烈的趋势。在绿色发展方面，人们对生态环境质量的要求逐渐提高，如何加速经济发展方式的转变，实现绿色发展的精准治理，就成为当前推进绿色发展的关键问题。

习近平总书记强调："地方各级党委和政府主要领导是本行政区域生态环境保护第一责任人，各相关部门要履行好生态环境保护职责，使各部门守土有责、守土尽责、分工协作、共同发力。要建立科学合理的考核评价体系，考核结果作为各级领导班子和领导干部奖惩和提拔使用的重要依据。"而早在五年前，习近平总书记就曾有过绿色绩效考核的相关表述，即在指导河北省委常委

[①]《习近平在全国生态环境保护大会上的讲话》，《人民日报》2018年5月19日。
[②] 欧阳康：《生态悖论与生态治理的价值取向》，《天津社会科学》2014年第6期。

班子专题民主生活会重要讲话中指出:"要给你们去掉紧箍咒,生产总值即便滑到第七、第八位了,但在绿色发展方面搞上去了,在治理大气污染、解决雾霾方面做出贡献了,那就可以挂红花、当英雄。反过来,如果就是简单为了生产总值,但生态环境问题愈演愈烈,或者说面貌依旧,即便搞上去了,那也是另一种评价了。"习近平总书记的这些论述充分表明,当前我国各级领导干部必须切实树立正确的政绩观,真正转变发展理念,建立绿色发展绩效考核制度,下决心走绿色发展之路。

1. 绿色发展与美丽中国建设

绿色发展、美丽中国建设其实质是既要"绿色",也要"发展",促进经济增长与生态保护间的协调发展,进而实现人与自然的和谐共生。其思想渊源由来已久,但是因为在人类社会早期,人口数量相对较少,而自然资源相对丰富,两者之间并未出现明显的矛盾与冲突。社会存在决定社会意识。虽然古代先贤也提出过人与自然需要和谐相处等理论观点,但这些思想大多只是也只需要停留在头脑中,并没有付诸实践的紧迫性。也正是在这种客观历史条件下,很长一段时期内,人们甚至认为自然资源是无限的,人类可以无节制地使用自然资源。为此,人类社会发展必然以消耗自然资源为代价的传统发展观也自然形成。17、18世纪初,西方古典经济学家威廉·配第、马尔萨斯、大卫·李嘉图也曾提出过生态环境资源具有稀缺性,经济增长应该控制在生态环境的可承载范围内等观点。但是,这并没有引起大家的足够重视。

直到进入近代工业社会后,受资本逻辑的影响和控制,社会生产的无限制扩张不计自然环境成本和代价,为人类社会的发展带来了较为充裕的物质基础,"资产阶级在它不到一百年的阶级统治中所创造的生产力,比过去一切世代创造的生产力还要多,还要大"[1]。与此同时,这种前所未有的高速发展也

---

[1] 《马克思恩格斯选集》第1卷,人民出版社1995年版,第277页。

极大地加速了人类对自然资源的消耗,由此带来的当代生态环境危机问题逐渐显现。这不得不引起我们的高度重视。基于此,"建设生态文明已成为大多数人的共识"[①]。恩格斯也一再告诫:"我们不要过分陶醉于我们人类对自然界的胜利。对于每一次这样的胜利,自然界都对我们进行报复。"[②]

当前,改变传统的发展观,走新的发展道路,促进经济社会与生态环境的和谐发展,甚至把生态环境保护视为经济社会发展必然包含的内容,已经成为基本共识。许多国家和地区也已经对相关问题有了多层面的理论与实践探索,出现了如挪威、瑞典等这样一些具有一定代表性的生态型国家。因此,国外学界对相关问题的理论与实践研究,基本已经转向对可持续发展、绿色发展实践中具体问题的探讨。其研究主要有以下几条路径:第一,国外学界不断完善和更新旨在推进绿色发展的相关概念。"绿色经济"逐渐成为相关研究的核心概念,为推进绿色发展的理论与实践,提供了新的思想资源。第二,国外学界通过经济学、社会学、哲学等多学科的理论反思,持续开展绿色发展的制度研究。第三,联合国几次修订环境经济核算体系,成为绿色发展相关理论与实践研究的风向标。这表明,西方学界对绿色发展的研究,在其研究范式上,已经彻底完成经济学"单兵作战"向"集团作战"的转型。绿色发展问题已经成为一个"全学科、跨学科"的焦点问题。在其研究焦点上,西方学界已经从绿色发展一般理论认识的研究,转向绿色发展实践方式的具体探索。在其研究结论上,西方学界已经逐渐汇聚到"制度"方面,强调对现存各种具体制度,甚至是对资本主义根本制度的批判与修正上。

我国古代多种文献中的"天人合一"思想,就已经孕育着绿色发展理念。中华人民共和国成立之后,我国政府也十分重视环境保护问题。但国内学界对绿色发展展开系统、严肃的科学研究却起步较晚。这主要是因为在很长一段时期内,中国自然资源储量相对丰富,自然资源对中国社会发展的相对短缺问题并不突出。国内学界对绿色发展的相关研究大致可分为三个基本阶段:第一阶段是21世纪之前,现实需求不足,对发展观的相关问题并不敏感,仅有零星

---

① 欧阳康:《生态哲学研究的若干辩证关系》,《人民日报》2014年7月18日第007版。
② 《马克思恩格斯选集》第4卷,人民出版社1995年版,第383页。

的相关理论研究受到学界内外关注。第二阶段是进入21世纪以来，国内生态环境问题有所显现，那一时期中国对相关问题的理论研究还未完全起步，相关理论准备也不充分，"拿来主义"已成为首选。西方相关概念、理论开始直接引入中国，并尝试付诸实践，其结果自然是一波三折。第三阶段是党的十八大之后，国内学界对绿色发展的相关研究逐渐进入理论自觉、理论创新的新时期。

当前，国内学界积极开展与国外学界的交流与合作，在绿色发展相关研究方面展现着三大基本动向：第一，国内学界积极借鉴国外绿色发展理论与实践研究，开展具有国际视野的绿色发展相关研究。第二，国内学界积极挖掘绿色发展的中国思想资源，通过对"生态文明""绿色发展理念""美丽中国建设"等中国话语的多层面研究，强化绿色发展相关研究的中国话语权。第三，国内学界积极探索绿色发展的实践路径，强调绿色发展作为理想的人类文明新发展模式，重点在于将理念落到实处。综上，相比西方对绿色发展方面的相关研究，国内在这方面的理论与实践探索，还相对薄弱。这主要表现在以下方面：第一，理论阐释丰富，实证研究薄弱。第二，国外经验分析多，国内原创理论少。第三，单学科理论分析多，系统性决策支持少。

近些年，我国除了不断推进绿色发展的理论研究外，一系列新的绿色发展政策、法规也相继颁布和实施。早在2000年12月6日，我国就发布了《全国生态环境保护纲要》，该纲要对我国的环境问题进行了总体性的评价。2003年至2006年间，国家环保总局牵头联合多个部门在全国开展了声势浩大的整治企业违规违法排污的专项行动，加大环保执法力度。2005年12月，颁发了《国务院关于落实科学发展观加强环境保护的决定》。2006年，国家环保总局和监察部发布了《环境保护违法违纪行为处分暂行规定》，为进一步推进环保执法奠定了制度基础。同年，国家发改委密集出台了多项政策，对高污染、高耗能等行业进行控制，从税收政策、财政政策等方面进行多维管控。在2008年进行的国务院机构改革中，将国家环保总局升级为环境保护部，成为国务院的直属部门。标志着我国对环境保护的重视提高到了一个前所未有的程度。

2010年4月，时任国家副主席的习近平同志出席博鳌亚洲论坛开幕式并发表演讲时就鲜明地指出:"绿色发展和可持续发展是当今世界的时代潮流。"党的十八大以来,以习近平总书记为核心的党中央将绿色发展提到了转变治国理念的新高度。党的十八届五中全会,习近平同志将绿色发展视为关系我国发展全局的一个重要理念,明确指出:"坚持走生产发展、生活富裕、生态良好的文明发展道路。"并将其作为"十三五"乃至更长时期我国经济社会发展的一个基本理念加以落实。"生态文明概念的提出,意味着对人与自然关系的一种全新理解,这里需要一种全新的观念和方法,在新的思想和时代高度上探析生态与文明的时代性统一。"① 它标志着我国国家治理理念正在出现前所未有的转型。正如西方媒体所评论的那样,如果说19世纪以来西方开启的工业文明,使人类社会财富急剧增长,那么21世纪的中国正在带领全世界走向生态文明。

2013年,国务院颁布了《国务院关于加快发展节能环保产业的意见》。2015年1月19日至21日,习近平总书记在云南进行考察时指出:"要把生态环境放在更加突出的位置,像保护眼睛一样保护生态环境,像对待生命一样对待生态环境。"2015年6月16日至18日,习近平总书记在贵州进行调研时又强调:"要正确处理发展和生态环境保护的关系,在生态文明建设体制机制改革方面先行先试,把提出的行动计划扎扎实实落实到行动上,实现发展和生态环境保护协同推进。"建设生态文明,实现绿色发展已成为时代发展的必然要求。在推进国家治理体系和治理能力现代化建设的过程中,探寻以绿色发展为核心理念的地方治理绩效评估方案不仅十分必要,而且极为紧迫。

2016年11月24日,国务院印发了《"十三五"生态环境保护规划》。该规划强调:"'十三五'期间,生态环境保护面临重要的战略机遇。全面深化改革与全面依法治国深入推进,创新发展和绿色发展深入实施,生态文明建设体制机制逐步健全,为环境保护释放政策红利、法治红利和技术红利。经济转型升级、供给侧结构性改革加快化解重污染过剩产能、增加生态产品供给,污染物新增排放压力趋缓。公众生态环境保护意识日益增强,全社会保护生态环

---

① 欧阳康:《回归与超越——我国生态文明建设的双重价值取向》,"生态文明与人的发展"论文,2013年11月8日。

境的合力逐步形成。同时，我国工业化、城镇化、农业现代化的任务尚未完成，生态环境保护仍面临巨大压力。区域生态环境分化趋势显现，污染点状分布转向面上扩张，部分地区生态系统稳定性和服务功能下降，统筹协调保护难度大。我国积极应对全球气候变化，推进'一带一路'建设，国际社会尤其是发达国家要求我国承担更多环境责任，深度参与全球环境治理挑战大。"[1]

2017年5月28日，习近平同志在中共中央政治局第四十一次集体学习时强调："生态环境保护能否落到实处，关键在领导干部。要落实领导干部任期生态文明建设责任制，实行自然资源资产离任审计，认真贯彻依法依规、客观公正、科学认定、权责一致、终身追究的原则，明确各级领导干部责任追究情形。对造成生态环境损害负有责任的领导干部，必须严肃追责。各级党委和政府要切实重视、加强领导，纪检监察机关、组织部门和政府有关监管部门要各尽其责、形成合力。"党的十九大报告明确提出：大力度推进生态文明建设，全党全国贯彻绿色发展理念的自觉性和主动性显著增强，忽视生态环境保护的状况明显改变。生态文明制度体系加快形成，主体功能区制度逐步健全，国家公园体制试点积极推进。全面节约资源有效推进，能源资源消耗强度大幅下降。重大生态保护和修复工程进展顺利，森林覆盖率持续提高。生态环境治理明显加强，环境状况得到改善。引导应对气候变化国际合作，成为全球生态文明建设的重要参与者、贡献者、引领者。

2. 对 GDP 的修正及绿色 GDP 绩效评估

GDP（Gross Domestic Product，GDP）作为一个宏观经济指标，"为世界各国、国际组织、学术机构及企业等普遍使用，成为国际社会认可并通用的基本经济计量和分析工具、交流语言"[2]。无论是何种肤色的人，无一不对 GDP 抱有前所未有的热情。即使是明确反对单独以 GDP 来评价经济增长、社会发展

---

[1] 国务院：《"十三五"生态环境保护规划》，2016年11月24日。
[2] 李金早：《告别GDP崇拜》，商务印书馆2011年版，第1页。

程度的著名经济学家萨缪尔森也不得不承认,"GDP 和国民收入账户的其他指标虽然看起来不可思议,但它们的确是 20 世纪的伟大发明之一"[①]。

GDP 自产生以来经过了两次较大的修改,逐渐形成了今天普遍用于各国的国民经济发展核算标准。"GDP 指标具有两个显著的特点。第一,是它的宏观性。GDP 对所有经济单位(包括住户)的生产活动成果进行核算,而创造这些生产成果的单位分别隶属于国民经济的不同行业,而不同的行业构成了国民经济的全体……第二,是它的可比性。要进行国际间经济发展的比较,必须选用一些能够反映宏观经济水平的可比性指标。"[②] GDP 以价值指标的形式实现了不同实物量之间的比较,能够直观地反映国民经济的发展概况。作为宏观经济领域中的最重要的指标之一,GDP 为宏观经济决策提供了重要的指标参考。然而,GDP 也存在着一些问题,它并不是万能的,不能最终掩盖 GDP 指引社会发展所存在的缺陷。

单纯用 GDP 指标来指引社会发展,"把 GDP 的增长作为经济增长、经济福利增加、居民生活水平提高的主要标志,会引导人们自觉不自觉地去追求产值、攀比速度,而不顾资源的减耗、降级和环境恶化"[③]。因此仅以 GDP 为评价标准,不能客观地反映经济发展对资源环境造成的负面影响及经济增长的效率、效益和质量。"现行的国内生产总值(GDP)核算没有计量经济过程对环境资源的利用,其计算过程中所扣除的中间消耗仅限于以往生产过程中生产出的产品,不包括自然环境提供的物质和服务。资本形成体现经济产品直接形成的积累,并不考虑自然环境资源存量的减少。这样的 GDP 核算只反映了经济活动的正面效应,而没有反映其负面效应的影响,容易过高地估计经济规模和经济增长,给人一个不全面的社会经济图像,因此是不完整的、有缺陷的。特别是对依赖于矿产资源、土地资源、水资源和森林资源来获得重要收入的发展中国家和地区来说,这些缺陷尤为突出。"[④]

[①] 保罗·A. 萨缪尔森、威廉·D. 诺德豪斯:《经济学》,人民邮电出版社 2008 年版,第 424 页。
[②] 张颖:《绿色 GDP 核算的理论与方法》,中国林业出版社 2004 年版,第 2 页。
[③] 王树林等:《绿色 GDP:国民经济核算体系改革大趋势》,东方出版社 2001 年版,第 1 页。
[④] 王克强、赵凯等主编:《资源与环境经济学》,复旦大学出版社 2015 年版,第 78 页。

因此，用更为全面、准确的绿色 GDP 来代替传统的 GDP 评价指标，扣除经济发展过程中对资源的消耗、环境的损耗、生态的损耗等就成为必要。美国著名经济学家伯南克认为："实际 GDP 与经济福利并不等价。它最多也只是衡量经济福利的一个重要指标，这在很大程度上是因为它只包括那些通过市场定价并出售的产品和服务。还有很多对经济福利做出贡献的因素没有在市场上定价和出售，因此在 GDP 的计算过程中，这些因素大部分甚至完全被忽略了。"[①] 这些因素其中就包括了 GDP 增长中的生态环境损耗。鉴于当前的环境危机和资源枯竭，绿色增长或环境可持续的经济增长势在必行。绿色指标和统计数据可衡量环境可持续发展，因为它们可以评估绿色增长并支持其融入政策。因此，一种考虑 GDP 增长中的资源、环境、生态损耗的新型核算、评价指标应运而生，这就是绿色 GDP。20 世纪中叶以来，环境危机严重威胁着人类的生存和发展，部分经济学家基于 GDP 带来的种种弊端和问题开始思考和探索在 GDP 核算过程中加入环境损害的因素，尝试将环境因素纳入到国民经济核算的指标体系之中，以此为基础来衡量在促进经济发展过程中对环境的损害程度。这种做法逐渐得到了学者们的认可。

20 世纪 30 年代，美国等资本主义国家的经济学家就已经开始探索这一问题。他们引入了"潜在帕累托改进"（Potential Pareto Improvement）概念，来探索经济发展中资源与环境损耗的价值补偿问题。此后，诺贝尔经济学奖获得者瓦西里·列昂惕夫（Wassily Leontief）等一大批关心可持续发展的经济学家和政策制定者，开始探索如何修正传统 GDP。在经过超过半个世纪的探索后，联合国在其 1992 年的《System of Integrated Environmental and Economic Accounting，简称 SEEA》及 1993 年的《System of National Economic Accounts，简称 SNA》中提出了生态国内生产总值（EDP）后，挪威、加拿大、澳大利亚等国家和地区，以及世界银行等国际组织纷纷投入大量资源，开展绿色 GDP 的理论、实践探索。

"在 20 世纪 60—70 年代，欧美及日本等发达国家就针对 GDP 衡量经济增

---

① 罗伯特·弗兰克、本·伯南克：《宏观经济学原理》，清华大学出版社 2010 年版，第 102—103 页。

长的弊端，提出了'绿色GDP'核算的设想。1978年，挪威针对绿色GDP核算首先开展了资源、环境核算。在资源、环境核算中，重点核算矿物、生物、水力等流动性资源、环境资源和土地、空气污染以及氮、磷的水污染。此外挪威还对能源、鱼类、森林存量进行了核算，并建立了废气排放、污水排放（主要是人口和农业的污水排放）、废旧物品再生利用、环境费用支出等项目的详尽统计制度，为绿色GDP核算奠定了基础。"[①] 墨西哥于1990年率先扛起了绿色GDP核算的大旗。1993年，在联合国统计机构正式出版的《综合环境经济核算手册》中正式提出了"绿色GDP"概念。在此基础上，提出了涵盖绿色GDP核算体系在内的"综合环境经济核算体系"（SEEA）。从此正式将经济发展中对自然资源和环境的损耗纳入绿色GDP核算的指标体系之中，形成了绿色GDP核算理论及方法。但由于各国均有不同的国情，绿色GDP核算理论在不同国家和地区，仍面临数据采集困难、实物量与价值量换算困难、政策不足等多重难题，更少见较为权威的学者对绿色发展的治理体系做出系统的理论回应。至今，这一问题仍在探索之中。

我国也是较早开展绿色GDP核算的国家。早在20世纪80年代就有学者开展了相关研究，取得了丰硕的成果。"1981年，全国环境经济学术研讨会在江苏镇江召开。会上有学者首次发表了关于计算污染损失的论文，论文内容涵盖两方面：一是介绍和探讨了关于污染造成经济损失的理论与方法；二是对一个城市或一个企业环境污染造成的经济损失做了估算和实例分析。1984年，《公元2000年中国环境预测与对策研究》发表，文中首次对全国环境污染损失进行了估算。1988年，在福特基金会的资助下，国务院发展研究中心同美国世界资源研究所合作，展开了'自然资源核算及其纳入国民经济核算体系'的课题研究，正式尝试进行关于自然资源核算的研究。1992年，中国由原来计划经济下的国民经济核算体系转型为世界通行的SNA体系（在我国也称为新国民经济核算体系），更加快了对其GDP指标的修正研究。1996—1999年，北京大学应用'投入产出表'的基本原理，开展了中国资源—经济—环境的

[①] 张颖：《绿色GDP核算的理论与方法》，中国林业出版社2004年版，第5页。

综合核算，该研究侧重于对'中国综合经济与环境核算体系'的核算模式、理论与方法的探索。2001年，国家统计局试编了'全国自然资源实物量表'，土地、矿产、森林、水资源四种自然资源被收纳其中。通过编表，基本搞清这四种资源的存量规模和结构状况。该表兼顾各种自然资源的不同特性，突出了宏观核算特点。"[1] 后续开展了"海洋资源实物量核算"及综合经济与资源环境核算等一系列的研究工作。2003年，在海南省开展了绿色GDP的试点研究。2004年，中国国家环保总局和国家统计局联合启动"综合环境与经济核算（绿色GDP）研究"项目，形成了《中国环境经济核算体系框架》等成果，并于2005年开始在10余个省市开始绿色GDP试点工作。与此同时，国家统计局等机构也与加拿大、挪威等国家合作，开展森林资源、水资源等核算工作。2006年，国家环保总局和国家统计局发布了《中国绿色GDP核算报告》。随后，我国绿色GDP理论与实践探索一度陷入低潮。不过，这一时期，胡鞍钢、诸大建、牛文元、吴季松、刘燕华等学者先后对绿色发展的重要性、必要性、科学内涵等进行了分析，诞生了《中国国情与绿色发展》《生态文明与绿色发展》等一批重要理论成果。当前我国正面临着严峻而复杂的环境危机，开展绿色GDP研究，推进经济社会绿色发展可谓正当其时。

早在十年前，习近平总书记就指出："我们已进入新的发展阶段……我们既要GDP，又要绿色GDP。"[2] 绿色GDP绩效评估就是要通过统计GDP增长中能源消耗、环境损耗、生态损耗，并对其进行相应的实物量到价值量的换算，扣减掉GDP增长中的能源消耗、环境损耗、生态损耗价值量，得出纯发展性的GDP增长净值。这种测算与评估将在提高自然资源的利用效率、资源与生态环境保护、树立和引导科学的政绩观发展观、促进社会的可持续发展、社会的和谐发展等方面孕育多重新的政策含义和制度创新空间。绿色GDP绩效评估对于完善我国经济社会评价体系，实现我国生态文明建设目标，全面建成小康社会具有十分特殊的重要意义。课题组的研究就是基于以上原因及考量展开的。

---

[1] 夏翃：《我国绿色GDP核算研究与发展历程》，《特区经济》2006年第12期。
[2] 习近平：《之江新语》，浙江人民出版社2007年版，第45页。

3. 本课题的研究进程

本课题的研究经过了艰苦的探索。华中科技大学国家治理研究院在2014年2月成立后，立即开始思考如何从根本上助力国家治理现代化，与各级地方政府一道探索绿色发展的新模式。2014年4月，欧阳康院长协同潘垣院士等向中央提出《根治华北雾霾的技术方案与综合治理建议》，获得习近平总书记、李克强总理和张高丽副总理等的重要批示。2014年6月，欧阳康教授在华中科技大学国家治理研究院倡导以探索绿色GDP绩效评估为突破口助力绿色发展。2014年9月，欧阳康教授在北京参加世界和平大会之后，决定带领博士生刘启航来探索绿色GDP绩效评估。根据项目进展需要，2014年11月，欧阳康教授邀请华中科技大学公共管理学院的杨治副教授、华中科技大学国家治理研究院博士后赵泽林副教授参与到绿色GDP项目中来。这期间，根据杨治教授的提议，课题组开始引入数据包络算法（Data Envelopment Analysis，DEA）开展绿色GDP绩效评估。该算法能够较好地反映GDP投入产出效率，但因为其结果并不能全面反映某一地区绿色GDP、GDP等经济发展的实际情况，随后，课题组开始寻找新的办法来完善课题组的研究。

2015年2月，欧阳康教授在参加由时任湖北省委李鸿忠书记主持的2015年湖北文化界新春座谈会上提出，"湖北在2014年交出了一份让全省人民非常满意的答卷：整体发展表现不凡，全国领先、中部第一，形成了强大的发展气场。关于新常态背景下的2015年的湖北，我认为，在各省市纷纷调低经济发展目标的时候，湖北要咬定青山不放松，坚定不移地加快发展。在保持快速增长的同时，要高度关注总GDP、人均GDP、绿色GDP这三个GDP的发展"[①]。该观点提出后，受到了包括时任省委书记李鸿忠同志在内的省委省政府领导的充分肯定。这进一步坚定了课题组对绿色GDP展开深入研究的信念。国家治

---

① 欧阳康：《在中部崛起中发挥更多思想引领作用》，《湖北日报》2015年2月11日。

理研究院为此专门设置了绿色 GDP 绩效评估重点课题，提供经费支持，由欧阳康教授出任课题组组长。欧阳康教授召集赵泽林、刘启航多次讨论如何进一步落实绿色 GDP 项目的研究工作，并基本上确定了华中科技大学国家治理研究院绿色 GDP 绩效评估研究的核心成员，且落实了各自的分工。

2015 年 5 月，在华中科技大学国家治理研究院召开第二届国家治理体系和治理能力现代化高峰论坛期间，欧阳康教授带领赵泽林、刘启航与环保部原副部长、清华大学张坤民教授以及关心绿色 GDP 的其他与会专家一起，就绿色 GDP 的研究展开了非常深入的交流。在这次会议之后，欧阳康教授提出，一是根据需要补充课题组成员，进一步坚定该项目研究的决心；二是认真比较国内外现有绿色 GDP 的绩效评估方法，积极寻求更好的办法，完善课题组的研究。在经过近两个月的重新思考和补充阅读大量文献后，课题组提出了紧扣绿色 GDP 定义，先算绿色 GDP 绝对值，再算绿色 GDP 相对效率值的基本思路。随后，经过两个多月的绿色 GDP 绝对值算法攻关，课题组在 2015 年 9 月形成了绿色 GDP 矩阵算法的基本思想。该算法是在联合国、中国环境规划院等机构对绿色 GDP 探索的基础上对绿色 GDP 核算的再次修正。其算法充分考虑了经济增长中的能源消耗、环境损失和生态损耗，并考虑了自产性、输入性、二次损耗、环境污染的时效与扩散等问题后，列出了详尽的数据采集表。

2015 年 9 月，经过仔细论证，课题组决定首先在湖北采集必要的基础数据，开始湖北省绿色 GDP 绩效评估的试算。2015 年 11 月，欧阳康、赵泽林、刘启航形成了《关于在湖北开展绿色 GDP 绩效评估的建议案》。该建议案正式编入华中科技大学国家治理研究院主编的 2015 年第 5 期《国家治理参考》送达省委省政府参阅。2016 年 1 月，欧阳康教授向政协湖北省第十一届四次会议提交了《在湖北率先开展绿色 GDP 绩效评估的建议》提案，并在社科界组会议讨论时再次谈到了绿色 GDP 绩效评估的必要性和可行性。欧阳康教授认为，"之所以要进行绿色 GDP 评估，也是希望唤起各地方或各企业，在进行经济发展时，不能只注重发展，忽视了资源、环境等问题。绿色 GDP 的提出，也是为了更好利用资源，保护环境，这既是为课题组更好发展提供数据支撑，更是为子孙后代造福。课题组希望能够在今年年底在湖北完成绿色 GDP 评估考核办法。按照课题组设想,首先地方各级统计部门的统计口径要进行一些改变,既要统计 GDP 增长,也要统计消耗了多少资源和能源,包括影响环境的废水废气废物排放;各个产能部门申报自己成果的同时,也要申报资源能源和环境消耗情况;省里分管部门要协同监督,不仅是环保部门的事;发改委在制定发展目标时,也要对生态问题进行考核;干部在任前、任中甚至离任时,都要进行严格的生态审计与评估,把干部政绩与绿色 GDP 绩效评估问题联系起来。对全省各地的绿色 GDP 情况,要进行排名,用数据说话,各级政府必须将环境污染控制在一定范围内"①。该观点引起媒体广泛关注,欧阳康教授先后接受了湖北卫视、湖北电台和多家报纸采访报道,迅速引起了社会各界的积极响应。

在华中科技大学国家治理研究院办公室主任杜志章副教授的多次沟通下,课题组对原始数据的采集也获得了较大突破。湖北省统计局给予了课题组非常大的支持,使课题组能够非常全面地获取到 2008 年至 2015 年间湖北省各地市州能源消耗的大量数据。同时,湖北省环保厅也为课题组提供了 2014 年度和 2015 年度湖北省各地市州环境污染排放的各种数据。虽然,我国统计发展的现实决定了课题组并不能直接获取到课题组的理论框架所需要的全部数据,但是,已有数据使课题组已经可以一窥湖北省绿色 GDP 绩效的真面目,从而有相对成熟的现实条件对绿色 GDP 展开核算与绩效评估。

正是在各方面的大力支持下,课题组开始了湖北省绿色 GDP 的绩效评估。湖北省统计局给课题组的数据最大的好处是它精确到了规模以上的 42 个行业,涉及上百万个数据,数据量非常大。在这种情况下,课题组决定开发一个绿色发展的大数据科研处理平台,将课题组提出的矩阵核算理念用计算机程序来表达,把数据分为原始数据、中间数据和结果数据三个层次来处理。之所以开发这个平台,其主要原因是希望尽可能客观准确地核算每个地区的绿色 GDP,对各个地区的绿色 GDP 绩效尽可能做出客观准确评估,为此必须克服大量不同类型的数据所带来的各种可能的人为干扰。经过一个多月的系统设计和程序开

---

① 欧阳康:《用考核做实"绿色 GDP"》,《湖北日报》2016 年 2 月 1 日。

发,专门用于绿色发展研究的大数据处理平台终于诞生。随后,在经过近半个月的原始数据导入和数据校对后,终于取得了现在的运算结果。

2016年4月23日,中共湖北省委决策支持工作会议召开,欧阳康教授在大会发言中向时任省委书记李鸿忠同志和与会代表汇报了绿色GDP绩效评估课题研究进展,提出在湖北率先开展绿色GDP绩效评估,推进湖北治理现代化,引领湖北经济社会生态文化建设绿色而又快速发展。会后李鸿忠书记和省委常委傅德辉秘书长对此给予了充分肯定和大力支持。2016年5月,经过华中科技大学国家治理研究院专家组反复研究和讨论,课题组决定正式撰写《中国绿色GDP绩效评估报告(2016年湖北卷)》研究报告并对外发布研究结果,得到了社会各界的一致好评。

2017年3月,华中科技大学国家治理研究院与《中国社会科学》编辑部在北京联合举办了绿色GDP绩效评估专家咨询会,来自国务院发展研究中心、《中国社会科学》杂志社、环保部环境规划研究院、北京航空航天大学等单位的专家学者,对本课题的研究表示了充分肯定,并对进一步做好绿色GDP绩效评估项目提出了指导性意见或建议。

2017年6月23日,华中科技大学国家治理研究院与《中国社会科学》编辑部在北京联合发布了《中国绿色GDP绩效评估报告(2017年湖北卷)》。该报告的发布受到了人民网、光明日报等媒体的广泛关注。

2017年10月11日,华中科技大学国家治理研究院与中国社会科学出版社在北京联合发布了《中国绿色GDP绩效评估报告(2017年湖北卷)》。该报告的发布受到了人民网、光明网、光明日报、人民日报、中国环境报等30余家媒体的广泛关注和持续报道。

二　绿色GDP绩效评估的测算说明

本课题组所涉及的"绿色GDP绩效评估",意图在经济学、统计学、生态学、管理学、政治学等多学科视野下,建构基于绿色GDP的发展绩效评估理论模型,客观描述评估对象的绿色发展现状。它的目标主要在于,通过绿色GDP绩效评估,实现对不同评估对象绿色发展现状的有效区分和科学比较,帮助政府找到绿色发展的政策着力点和指挥棒,鼓励先进,促进后进,有效推进不同地区的绿色发展,并通过比较分析和科学诊断,帮助评估对象寻找最适合自身实际的绿色发展模式,为政府决策提供理论参考和现实依据。绿色GDP绩效评估既不同于传统的绿色GDP核算,更不是要去替代"绿色GDP核算""绿色发展绩效指数"等相关研究,而是要探索绿色发展、绿色GDP研究的新思路、新范式,发展与推进绿色发展研究,并以这种研究为不同地区的绿色发展找到科学、可行的指导理论。

本课题组对绿色GDP展开测算和绩效评估的第一步就是汲取现有理论文献中的既有成果,在此基础上进行创新,结合我国统计口径,编制既有理论支撑,又能搜集到可靠的原始数据的指标体系和核算框架。然后,构建数据处理平台,利用大数据技术与方法,开展数据测算,并对其结果展开理论分析。为此,本课题组参照了国内外有关专家团队对绿色发展、绿色GDP的多种理论成果,在重新厘定绿色GDP内涵的基础上,重构了绿色GDP的核算框架和绩效评估模型,并据此开发了具有自身特色的绿色发展科研平台,最大限度保证了其结果的科学性和客观性。

1. 绿色 GDP 绩效评估的理论框架

绿色 GDP 并非新鲜事物。早在 20 世纪"70 年代初，经济学家曾主张以 MEW（经济福利尺度）、NEW（国民净福利）指标来代替传统的 GNP（国民生产总值）指标，从本质上对传统国民经济核算总量指标进行修正。然而，MEW 及 NEW 作为传统宏观核算指标的替代，在经济学中不是一个成熟的概念，在实践中并无规范，因而没有被广泛接受和推广。自'可持续发展'观念成为全球共识以来，人们关注的焦点从整体福利更加集中于环境资源问题上。世界银行在 80 年代初提出的'绿色核算'（Green Accounting），以及随后提出的'绿色 GNP/可持续收入'概念，迅速为人们所接受"[1]。1971 年，在美国麻省理工学院举行的"紧急环境问题研究"讨论会上，一些科学家就提出定量测算"从环境中扣除资源和产生废弃物污染环境"的方法。由此出现了"生态需求"（Ecological Requirements）这个术语。它是指从环境中开采资源的需求，以及各类废弃物返回环境的需求总和。许多学者都认为，"生态需求"概念是 1986 年布伦特兰报告的思想先锋，是可持续发展指标体系的先行者之一。但由于这个概念并没有对环境资源种类及其相应需求做出界定，估算指标识别能力较差，难以执行，因而并未在绿色 GDP 的绩效评估中获得广泛应用。但是，把污染等经济行为所产生的社会成本从 GDP 中扣除，这一基本思想得到了托宾（James Tobin）和诺德豪斯（William D. Nordhaus）等人的认可和继承。1973 年，日本政府提出将"净国民福利"（Net National Welfare, NNW）纳入国民经济核算中，其实质是在传统国民经济核算中直接扣除环境污染所致的经济损失。1989 年，卢佩托（Rober Repetoo）提出净国内生产指标（Net Domestic Product），重点考察了经济增长与自然资源损耗之间的关系。

---

[1] 周镇宏:《绿色》，人民日报出版社 2002 年版，第 226 页。

1990年，世界银行资深经济学家戴利（Herman Daly）和科布（John B. Cobb）提出可持续经济福利指标（Index of Suatainable Economic Welfare），将社会因素导致的成本损失纳入经济核算体系之中。1995年9月，世界银行首次向全球公布了用"扩展的财富"作为衡量全球或区域发展的新指标，从而使"财富"概念超越了传统概念所赋予的内涵。1996年，Wackemagel等人提出了"生态足迹"（Ecological Footprint）度量指标，主要用于计算在一定的人口和经济规模条件下，维持资源消费和废弃物吸收所必需的生产土地面积。1997年，Constanza和Iubchenco等人首次系统地设计了"生态服务指标体系"（ESI），测算了全球自然环境为人类所提供服务的价值。[1] 自此之后，实际上许多国家都开始建立适合本国的不同的绿色GDP核算体系，探索绿色GDP的核算方法，以便能够正确估算绿色GDP。

2004年，中央人口资源环境工作座谈会指出，要研究绿色国民经济核算方法，探索将发展过程中的资源消耗、环境损失和环境效益纳入经济发展水平的评价体系，建立和维护人与自然相对平衡的关系。同年3月，我国国家环保总局和国家统计局联合启动"综合环境与经济核算（绿色GDP）研究"项目，可看作我国正式启动绿色GDP的理论与实践探索。6月底，国家环保总局和国家统计局联合举办了建立中国绿色国民经济核算体系国际研讨会，明确提出建立我国绿色GDP核算体系框架。当时的"绿色国民核算体系框架研究"工作技术组形成了《中国环境经济核算体系框架》《中国环境经济核算技术指南》《中国环境经济核算软件系统》等成果，并于2005年开始在10余个省市进行绿色GDP试点工作。与此同时，国家统计局等机构也与加拿大、挪威等国家合作，开展森林资源、水资源等核算工作。2006年国家环保总局和国家统计局发布了《中国绿色GDP核算报告》。随后，我国绿色GDP理论与实践探索一度陷入低潮。但中国环境规划院等研究机构和世界上其他国家、地区的相关机构，不仅没有放弃对绿色GDP的理论与实践探索，而且在逐步深化绿色GDP的研究，并取得了一些新的重要进展。

---

[1] 张颖：《绿色GDP核算的理论与方法》，中国林业出版社2004年版，第9—10页。

从 GDP 到绿色 GDP，在经过中西方学界近百年的探索之后，虽然仍未提出十分完备的绿色 GDP 核算与评价理论，但却在绿色 GDP 的科学内含、核算、评价原理这些基础认识上达成了共识。所谓绿色 GDP，即是从现行的 GDP 中扣除掉自然资源耗减以及环境污染损失之后的剩余国内生产总值。绿色 GDP 弥补了原有 GDP 核算模式忽视资源与环境损耗的不足，是对经济增长和社会发展更为全面的核算与评价。在大多数情况下，绿色 GDP 被认为是环境与经济综合核算的一种俗称，其核心是在 GDP 中扣减掉资源耗减和环境退化这两种生态损耗。EDP（Environmentally Adjusted Domestic Product），与现行 GDP 的关系可用如下方式表示：

$$EDP = GDP - Usenp$$

即，EDP = 国内生产总值 – 环境资源损耗

在这个基础算法中，资源耗减和环境退化这些表述都难以计量，且比较笼统。有学者则提出了另一种具有典型代表意义的绿色 GDP（GGDP）算法：

$$GGDP = GDP - （自然的虚拟部分 + 人文的虚拟部分）$$

其中，自然的虚拟部分包括：环境污染导致环境质量降低造成的损失，自然资源退化与社会经济发展匹配不均衡造成的损失，生态系统质量持续性退化和生态系统功能部分或全部丧失所造成的损失，自然灾害造成的损失（灾害成本），资源稀缺引发的成本上升；物质和能量的不合理利用造成的损失，环境系统、资源系统、生态系统的修复成本。人文虚拟部分包括：疾病和公共卫生条件恶化所造成的损失、失业造成的损失、犯罪所造成的损失、教育水平低下和文盲人口增加所造成的损失、人口数量失控所造成的损失、管理与决策失误所造成的损失等。这似乎确实是一种非常完善的绿色 GDP 算法。然而，在实际测算中，这种绿色 GDP 又无所不包，从而无法得到真正实践，最终将绿色 GDP 陷于海市蜃楼之窠臼。

为此，在课题组的研究中，课题组试图基于已有学者的研究中对绿色 GDP 的界定之核心共识，重新厘定绿色 GDP。一方面，课题组对 GDP 增长中的资源损耗和环境损耗做了更为细致的划分，使其测算值绿化程度更高。另一方面，课题组充分考虑了绿色 GDP 测算及其绩效评估的现实可操作性，并不苛

求暂时无法实现的"大而全",而是把绿色GDP看作绿色发展的一种价值追求和改变发展方式指挥棒,重点关注当前GDP局限中的关键痛点,以及亟待解决的资源消耗、环境损耗和生态损耗问题。故此,本书中的绿色GDP可以简要表达如下:

$$GGDP = GDP - Cene - Denv - Leco$$

其中,GGDP:Green Gross Domestic Product

GDP:Gross Domestic Product

Cene:energy consumption

Denv:environmental depletion

Leco:ecological loss

即,绿色GDP = 该地区国内生产总值 – 能源消耗 – 环境损耗 – 生态损耗

在这个意义上,本书的绿色GDP其测算值,既非扩大化的绿色GDP,也非过去一般意义的EDP,可以算得上是目前最为严格意义上的绿色GDP。这是本课题组开展绿色GDP绩效评估的基本理论模型和基础算法。在上述基本算法模型中,从实物量到价值量的换算一直是绿色GDP核算与绩效评估的难点。在本次研究中,课题组参考了大量文献,经过多次研讨和反复试算,最终采用了SEEA推荐的市场价格法实现实物量到价值量的换算。这种方法的最大诟病在于资源定价难以达成共识。为保证本次研究结果的客观性,本项研究中所涉及任何自然资源、环境损失、生态损失的定价都采用了国家发展和改革委员会、中国物价统计年鉴等权威机构及出版物公开发布的数据来进行测算。这既与GDP本身的测算策略保持了相对一致,又用同一个尺度来评价不同对象,最大限度保证了其结果的科学性、公平性。

2. 绿色GDP绩效评估的指标编制

本次绿色GDP绩效评估的指标体系编制,遵循严格意义上的绿色GDP内涵所决定的绩效算法模型,借鉴了管理学中"关键指标法"的基本理念,但

又尽可能穷尽已有数据的基本思想来开展研究。这是一种在管理学、人工智能、医学等学科中已经成熟的研究方法，同时也是与已有绿色GDP理论研究不同的研究思路、研究方法。它使绿色GDP绩效评估变得可行且具有创新。绿色GDP这一概念的提出本身是不断发展的过程，其概念内涵也是在学者们不断努力的探索中，逐渐得到丰富和明晰的。近一个世纪以来，各专家学者对绿色GDP伟大的贡献之一就是使今天的人们，对绿色GDP有了明确的界定。这既是过去的绿色GDP研究者不具备的有利条件，也是后来研究者有可能构建新的绿色GDP核算理论和基础框架的逻辑新起点。

为此，课题组根据最为严格意义上的"绿色GDP"定义，结合我国相关统计学、能源学、生态学等学科的研究成果对能源的分类办法，以及我国长期形成的、可供采用的统计学实践数据，构建了基础数据统计与评价指标体系（见表2—1）、绿色GDP绩效评估所需的3个一级指标，11个二级指标，52个三级指标构成的统计与评价指标体系（见表2—2）；构建了GDP增长中各种损耗的45个分行业统计与评价指标体系（见表2—3），然后对GDP增长中的各种损耗进行分行业的统计与评价，从而构建出不同于以往类似研究中的从上到下垂直的线性指标体系，而是提出了新的"矩阵型"的二维指标体系，最终形成了可以直接使用的10个统计与评价数据采集表单。

表2—1　　　　　　　　　　基础数据统计与评价指标体系

序号	指　　标
1	国内生产总值
2	常住人口数量
3	第一产业生产总值
4	第二产业生产总值
5	第三产业生产总值

表 2—2 绿色 GDP 绩效评估三级统计与评价指标体系

序号	一级指标	二级指标	三级指标
1	能源消耗	煤类	原煤
2			无烟煤
3			炼焦烟煤
4			一般烟煤
5			褐煤
6			洗精煤
7			其他洗煤
8			煤制品
9			焦炭
10			其他焦化产品
11			其他煤制品
12		燃气类	焦炉煤气
13			高炉煤气
14			转炉煤气
15			发生炉煤气
16			气态天然气
17			液态天然气
18			煤田煤层气
19			其他类天然气
20		燃油类	原油
21			汽油
22			煤油
23			柴油
24			燃料油
25			其他油类
26		其他能源消耗	其他能源消耗
27	环境损耗	废气类污染排放	生活污水排放
28			工业废水排放
29			其他类废水排放
30			二氧化硫排放
31			氮氧化物排放
32			其他类废气排放
33		固态污染物排放	烟粉尘排放
34			生活垃圾排放
35			一般工业固体废物排放
36			其他固体垃圾排放
37		其他类环境损失	其他类环境损失

续表

序号	一级指标	二级指标	三级指标
38	生态损耗	基础类生态损耗	耕地
39			草地
30			湿地
41			其他类土地
42			地表水
43			地下水
44			其他类淡水
45			其他类非生物类损耗
46		生物类损耗	陆生生物损耗
47			水生生物损耗
48			其他类生物损耗
49			森林损耗
50			其他绿色植被
51			其他生物类
52		其他生态损耗	其他生态损耗

表2—3　　　　GDP增长中各种损耗的分行业统计与评价指标体系

序号	行业大类	行业分类
1	采矿业	煤炭开采和洗选业
2		石油和天然气开采业
3		黑色金属矿采选业
4		有色金属矿采选业
5		非金属矿采选业
6		开采辅助活动
7		其他采矿业
8	制造业	农副食品加工业
9		食品制造业
10		酒、饮料和精制茶制造业
11		烟草制品业
12		纺织业
13		纺织服装、服饰业
14		皮革、毛皮、羽毛及其制品和制鞋业
15		木材加工和木、竹、藤、棕、草制品业
16		家具制造业
17		造纸和纸制品业
18		印刷和记录媒介复制业
19		文教、工美、体育和娱乐用品制造业

续表

序号	行业大类	行业分类
20	制造业	化学原料和化学制品制造业
21		医药制造业
22		化学纤维制造业
23		橡胶和塑料制品业
24		非金属矿物制品业
25		黑色金属冶炼和压延加工业
26		有色金属冶炼和压延加工业
27		金属制品业
28		通用设备制造业
29		专用设备制造业
30		汽车制造业
31		铁路、船舶、航空航天和其他运输设备制造业
32		电气机械和器材制造业
33		计算机、通信和其他电子设备制造业
34		仪器仪表制造业
35		其他制造业
36		废弃资源综合利用业
37		金属制品、机械和设备修理业
38	电力、热力生产和供应业	电、热、燃气、水供应业
39		燃气生产和供应业
40		水的生产和供应业
41		其他电、热、燃气、水供应业
42	农林牧渔业	农业
43		牧业
44		渔业
45	其他非上述行业	其他非上述行业

3. 绿色 GDP 绩效评估的数据选取

据不完全统计，课题组从中国统计年鉴、各省市自治区的统计年鉴、中国价格统计年鉴等公开的近五百多万个相关数据中，根据编制的绿色 GDP 绩效评估"矩阵"统计与评价体系，选取了本次计算所需要的约 653325 个可采用的公开数据用以开展全国内陆 31 个省市自治区的绿色 GDP 绩效评估。本报告中包含了测算后的结果性数据约三千余个。

为准确反映除香港、澳门、台湾外，内陆地区31个省、市、自治区的绿色GDP发展状况，确保分析结果最大限度反映全国经济社会发展的实际情况，本次数据采集凸显了以下特色：第一，不使用任何源自学术专著、论文等纯粹学理性的研究性数据。第二，不使用任何非公开数据。为此，课题组查询了2014、2015、2016年全国内陆31个省市自治区公开发布的统计年鉴、环境状况公报、中国统计年鉴、中国价格统计年鉴、中国物价统计年鉴、中国能源统计年鉴、国家发展和改革委员会数据简报，以及课题组对相关环保企业等参与经济运行的第三方直接调研数据。

为了保证本次研究在处理数据时，能够克服数据量大、类型繁杂、运算复杂所带来的人为因素干扰，客观呈现结果，课题组还专门开发了"绿色发展科研平台"。它是课题组严格根据绿色GDP概念内涵以及在2015年提出的绿色GDP矩阵算法而产生的计算机程序化、实体化成果。该软件平台采用了目前最为流行的Java语言，结合最先进的SQL数据库技术，运用28个基础算法和若干个计算机程序运行所必需的程序算法，实现了除原始数据外，其他过程均由上十万条程序语句自动完成计算、无人干预的大数据跨平台处理。其结果的呈现采用了既适合于专业人士深度分析，又适合于非专业人士快速理解其意义的柱形图、曲线图呈现方式，非常直观地展现了运算结果。

三 2016年全国内陆31省市自治区绿色GDP绩效评估结果

多层面呈现全国内陆31个省市自治区的绿色GDP绩效，是客观反映全国绿色发展状况的重要方式。为此，课题组经过大量的数据处理，得出了2014至2016年全国内陆31个省市自治区的绿色GDP、人均GDP和绿色指数结果，完成了2014至2016年全国内陆31个省市自治区的绿色发展绩效综合排名、2014至2016年全国内陆31个省市自治区的GDP绩效排名、2014至2016年全国内陆31个省市自治区的人均GDP绩效排名、2014至2016年全国内陆31个省市自治区的绿色GDP绩效排名、2014至2016年全国内陆31个省市自治区的人均绿色GDP绩效排名，以及2014至2016年全国内陆31个省市自治区的绿色发展绩效指数年度变化曲线图，共计38个数据表，37个数据分析图。

本研究报告限于篇幅，主要以反映2016年全国的绿色GDP绩效评估结果为重点，只提供2016年全国内陆31个省市自治区的绿色发展绩效综合排名、2016年全国内陆31个省市自治区的GDP绩效排名、2016年全国内陆31个省市自治区的人均GDP绩效排名、2016年全国内陆31个省市自治区的绿色GDP绩效排名、2016年全国内陆31个省市自治区的人均绿色GDP绩效排名。如需要有关各省市自治区绿色发展的更加专业而详尽的针对性分析，可与本课题组组长欧阳康教授联系。

2016年全国内陆31个省市自治区绿色发展绩效综合排名，是选取2016年全国内陆31个省市自治区公开发布的GDP、人口数量，然后计算出人均GDP、绿色GDP、人均绿色GDP、绿色发展绩效指数4个结果，直接合成了"2016年度全国绿色GDP绩效综合排名"。为保证该排名的客观性，本次排名不涉及任何形式的权重，仅仅在于客观呈现测算结果。故，该综合排名只是上述5个指标的直接呈现，而非任何运算结果。

2014至2016年全国内陆31个省市自治区GDP绩效排名，是选取2014至2016年全国内陆31个省市自治区公开发布的GDP数据，利用"绿色发展科研平台"专用软件直接合成该排名。未经任何后期数据更改。

2014至2016年全国内陆31个省市自治区人均GDP绩效排名，是选取2014至2016年全国内陆31个省市自治区公开发布的GDP、常住人口数量数据，利用"绿色发展科研平台"专用软件直接合成该排名。其计算公式为：人均国内生产总值 = 国内生产总值（GDP）／常住人口数量。

2014至2016年全国内陆31个省市自治区绿色GDP绩效排名，是选取2014至2016年全国内陆31个省市自治区公开发布的GDP、人口数量，以及该地区GDP增长中45个不同国民经济行业在能源消耗、环境损失和生态损耗方面52个指标，共计653325个有效数据，利用"绿色发展科研平台"专用软件经过大量数据处理得出的结果。其基本算法为：GGDP = GDP − Cene − Denv − Leco，即，绿色GDP = 该地区国民生产总值 − 能源消耗 − 环境损耗 − 生态损耗。

2014至2016年全国内陆31个省市自治区人均GDP绩效排名，是选取2014至2016年全国内陆31个省市自治区公开发布的常住人口数量，利用"绿色发展科研平台"专用软件经过大量数据处理得出的结果。其基本算法为：人均绿色GDP = 绿色国内生产总值（GGDP）／常住人口数量。

2014至2016年全国内陆31个省市自治区绿色发展绩效指数排名，是直接选取2014至2016年全国内陆31个省市自治区公开发布的GDP，利用"绿色发展科研平台"专用软件经过大量数据处理得出的结果。其基本算法为：绿色发展绩效指数 = 绿色国内生产总值（GGDP）／国内生产总值（GDP）。它是反映该地区绿色发展程度和某地区绿色发展空间的重要指标。为了更加明确区分不同评估对象绿色发展绩效指数的差异性,从《中国绿色 GDP 绩效评估报告(2017 年全国版)》开始,将绿色发展绩效指数的表示方式,调整为百分制,即绿色发展绩效指数 = 绿色国内生产总值(GGDP)×100／国内生产总值(GDP)。

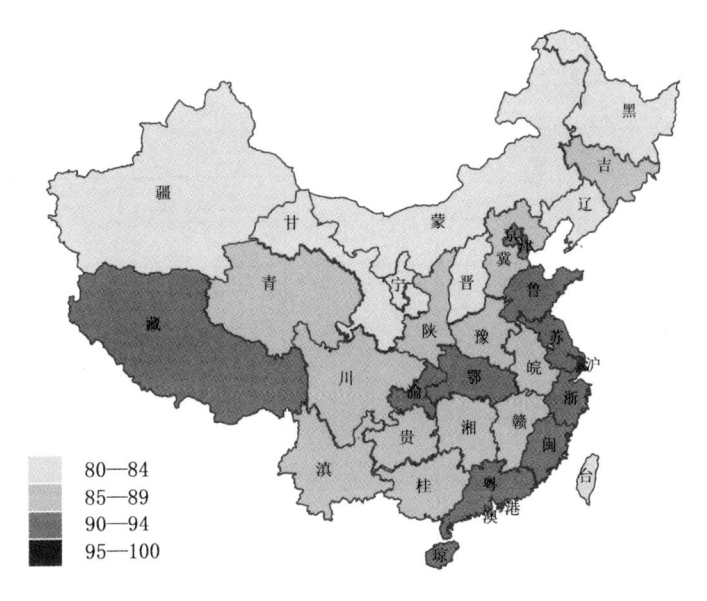

2014 至 2016 年全国内陆 31 个省市自治区绿色发展绩效指数年度变化曲线,是选取 2014 至 2016 年全国内陆 31 个省市自治区公开发布的 GDP、人口数量,以及全国内陆 31 个省市自治区在 2014 至 2016 年的 GDP 增长中,各地区 45 个不同国民经济行业在能源消耗、环境损耗和生态损耗方面的 52 个指标,共计 653325 个有效数据,利用"绿色发展科研平台"专用软件经过大量数据处理得出的结果。该数据不仅能够客观反映该地区在 2014 至 2016 年的绿色发展程度,而且能够较好地客观预测该地区绿色发展水平变化的可能趋势,对该地区的绿色发展规划和具体政策制定具有重要的参考价值。

1. 2016 年全国内陆 31 个省市自治区绿色发展绩效综合排名

2016 年全国内陆 31 个省市自治区绿色发展绩效指数地图如图 3—1 所示:

图 3—1 2016 年全国内陆 31 个省市自治区绿色发展绩效指数地图(因篇幅限制,南海未予显示)

2016年全国内陆31个省市自治区绿色发展五项指标排名如表3—1所示：

表3—1　　2016年全国内陆31个省市自治区绿色发展五项指标排名一览

（绿色发展绩效指数优先排序）

序号	地区	绿色发展绩效指数	人均绿色GDP	绿色GDP	人均GDP	GDP
1	上海	1	2	10	2	11
2	浙江	2	6	4	6	4
3	北京	3	1	12	1	12
4	重庆	4	10	18	10	20
5	江苏	5	4	2	4	2
6	广东	6	5	1	5	1
7	福建	7	7	11	8	10
8	海南	8	15	28	16	28
9	湖北	9	11	6	11	7
10	天津	10	3	17	3	19
11	西藏	11	26	31	27	31
12	山东	12	9	3	9	3
13	四川	13	22	7	24	6
14	江西	14	21	15	22	17
15	河北	15	17	8	19	8
16	安徽	16	20	13	20	13
17	广西	17	29	19	29	18
18	贵州	18	28	25	28	25
19	吉林	19	12	22	12	22
20	湖南	20	18	9	18	9
21	云南	21	30	23	30	23
22	河南	22	25	5	25	5
23	青海	23	19	30	17	30
24	陕西	24	14	16	14	15
25	宁夏	25	16	29	15	29
26	黑龙江	26	23	21	21	21
27	内蒙古	27	8	20	7	16
28	辽宁	28	13	14	13	14
29	山西	29	27	24	26	24
30	甘肃	30	31	27	31	27
31	新疆	31	24	26	23	26

表3—1表明：

在绿色发展均衡性方面，江苏省、广东省、浙江省依然位列"前三甲"。无论是考察绿色发展绩效指数、绿色GDP、人均绿色GDP，还是GDP、人均GDP，江苏省、广东省、浙江省在上述五个指标的评价中均位列前10，且各省的各指标排名之间的差异都不超过5个位次。尤其是江苏省绿色发展绩效指数排名第5位、人均绿色GDP排名第4位、绿色GDP排名第2位、人均GDP排名第4位、GDP排名第2位，五个指标之间的排名均位列前五名。这表明，当前的江苏省在绿色发展方面表现最为均衡，其次是广东省和浙江省。

在绿色发展的程度上，甘肃省、山西省、新疆维吾尔自治区排名依然还有很大提升空间。无论是考察绿色发展绩效指数、绿色GDP、人均绿色GDP，还是GDP、人均GDP，甘肃省、山西省、新疆维吾尔自治区在上述五个指标的评价中均位列后10位。尤其是甘肃省绿色发展绩效指数排名第30位、人均绿色GDP排名第31位、绿色GDP排名第27位、人均GDP排名第31位、GDP排名第27位。新疆维吾尔自治区绿色发展绩效指数排名第31位、人均绿色GDP排名第24位、绿色GDP排名第26位、人均GDP排名第23位、GDP排名第26位。

从极值表现看，甘肃省、新疆维吾尔自治区、西藏自治区均有指标出现低位运行。甘肃省人均绿色GDP、人均GDP排名均位列第31位。西藏自治区绿色GDP、GDP排名均位列第31位。新疆维吾尔自治区的绿色发展绩效指数位列第31位。这在一定程度上说明，如果保持GDP增速的情况下，甘肃省的绿色发展主要是缓解绿色GDP规模与人口增量之间的矛盾问题。而西藏自治区的绿色发展面临的最大问题还是"发展"。对新疆维吾尔自治区而言，则面临"发展"与"绿色"的双重压力。这一现象与本课题组对2015年全国内陆31个省市自治区开展的绩效评估结果较为一致。这表明，甘肃省、新疆维吾尔自治区、西藏自治区2014、2015、2016年在绿色发展方面的绩效尚未得到充分改观。

从绿色发展的人均指标看，北京市、上海市、天津市均表现优异。考察人均绿色GDP指标，排名前三位的分别是北京市、上海市、天津市。北京市2016年人均绿色GDP为111104.08元，上海市2016年人均绿色GDP为110731.85元，天津市2016年人均绿色GDP为105252.38元。这表明，北京市、上海市、天津市人均绿色发展效率较高。这一现象与本课题组对2015年全国内陆31个省市自治区开展的绩效评估结果较为一致。

从绿色发展的人均指标看，甘肃省、云南省、广西壮族自治区尚处于低位运行。考察人均绿色GDP指标，甘肃省、云南省、广西壮族自治区则分别位列最后三位。甘肃省2016年人均绿色GDP为23123.76元，云南省2016年人均绿色GDP为26441.19元，广西壮族自治区2016年人均绿色GDP为28872.96元。本课题组对2015年全国内陆31个省市自治区开展的绩效评估结果显示，贵州省2015年人均绿色GDP为25758.38元。本次评估结果显示，贵州省2016年的人均绿色GDP已经上升为29129.81元，位列全国内陆31个省市自治区人均绿色GDP排名第28位。这表明，甘肃省、云南省、广西壮族自治区在2016年的绿色发展效率相对偏低。人口增长与地区经济社会的绿色发展之间仍有很大的发展空间。在这方面，贵州省的情况已经略有改变。

2016年相比2015年全国内陆31个省市自治区绿色发展五项指标排名位次升降如表3—2所示：

表3—2　　2016年相比2015年全国内陆31个省市自治区绿色发展五项指标排名位次升降一览

序号	地区	绿色发展绩效指数	人均绿色GDP	绿色GDP	人均GDP	GDP
1	上海	↑1	↑1	↑2	↑1	↑1
2	浙江	↓1	↓1	0	↓1	0
3	北京	↑1	↑1	↑1	↑1	↑1
4	重庆	↑2	↑1	↑1	↑1	0
5	江苏	0	0	0	0	0
6	广东	↓3	↑1	0	↑4	0
7	福建	↑2	0	↓1	0	↑1
8	海南	↑7	↑1	0	↑1	0
9	湖北	↑2	↑1	0	↑2	↑1
10	天津	↓3	↓2	0	↓2	0
11	西藏	↓3	↑1	0	0	0
12	山东	↓2	0	0	↑1	0
13	四川	↑1	0	0	↓1	0
14	江西	↓2	0	↑3	↑2	↑1

续表

序号	地区	绿色发展绩效指数	人均绿色GDP	绿色GDP	人均GDP	GDP
15	河北	↑2	0	0	↓1	↑1
16	安徽	↑10	↑8	↑1	↑8	↑1
17	广西	↑6	↓4	↑1	↓4	↓1
18	贵州	↑3	↑1	0	↑1	0
19	吉林	0	↑1	0	0	0
20	湖南	↑2	↑1	0	↑1	0
21	云南	↓3	0	0	0	0
22	河南	↓9	↓7	0	↓3	0
23	青海	↑6	↑1	0	↓1	0
24	陕西	↓4	0	0	0	0
25	宁夏	0	↓1	0	0	0
26	黑龙江	↑4	0	0	↓1	0
27	内蒙古	↓11	0	↓5	↓1	0
28	辽宁	0	↓3	↓3	↓6	↓4
29	山西	↓5	↓1	0	0	0
30	甘肃	↓3	0	0	0	0
31	新疆	0	0	0	↓2	0

说明：表中"0"意为该地区的评价指标位次没有升降；"↓n"意为该地区的评价指标位次下降n位；"↑n"意为该地区的评价指标位次上升n位。

表3—2表明：

相比2015年，安徽省、上海市、北京市出现五个指标同时上升且幅度较大的可喜情况。考察2016年全国内陆31个省市自治区的绿色发展绩效指数、绿色GDP、人均绿色GDP、GDP、人均GDP五个指标，上海市、北京市、安徽省出现五个指标同时上升的可喜情况。安徽省绿色发展绩效指数在全国内陆31个省市自治区的排名中上升幅度最大，由2015年的第26位上升至第16位，上升了10个位次；人均绿色GDP由2015年的第28位上升至第20位，上升了8个位次；人均GDP由2015年的第28位上升至第20位，上升了8个位次。上海市绿色发展绩效指数、人均绿色GDP、GDP、人均GDP四个指标在全国内陆31个省市自治区的排名中分别上升1位，绿色GDP上升两个位次。北京市绿色发展绩效指数、绿色GDP、人均绿色GDP、GDP、人均GDP五个指标在全国内陆31个省市自治区的排名中分别上升1位。

相比2015年，辽宁省、内蒙古自治区、广西壮族自治区、河南省绿色发展绩效指数、绿色GDP、人均绿色GDP、GDP、人均GDP五个指标的排名均有较大幅度的下降。辽宁省除了绿色发展绩效指数之外，人均绿色GDP、绿色GDP、人均GDP、GDP四个指标分别下降了3个位次、3个位次、6个位次、4个位次。排名下降幅度最大的是内蒙古自治区在2016年全国内陆31个省市自治区中的绿色发展绩效指数排名，由2015年的第16位下降至2016年的第27位，下降了11个位次，绿色GDP、人均GDP也分别从2015年的第15位、第6位，下降至第20位、第7位，分别下降了5个位次、1个位次。其次是河南省在2016年全国内陆31个省市自治区中的绿色发展绩效指数排名，由2015年的第13位下降至2016年的第22位，下降了9个位次；与此同时，河南省在2016年全国内陆31个省市自治区中的人均绿色GDP排名，由2015年的第18位下降至2016年的第25位，下降了7个位次。此外，广西壮族自治区则在人均绿色GDP、人均GDP、GDP三个排名中分别下降了4个位次、4个位次、1个位次。

相比2015年，江苏省、吉林省、湖南省绿色发展绩效指数、绿色GDP、人均绿色GDP、GDP、人均GDP五个指标的排名位次保持相对稳定，并呈现明显上升趋势。江苏省在2016年全国内陆31个省市自治区中的绿色发展绩效指数、绿色GDP、人均绿色GDP、GDP、人均GDP五个指标的排名则分别稳定在第5位、第2位、第4位、第2位、第4位。湖南省在绿色GDP和GDP保持排名位次稳定的情况下，其绿色发展绩效指数、人均绿色GDP、人均GDP三个指标绿色发展绩效指数还分别提升了2个位次、1个位次、1个位次。吉林省在绿色发展绩效指数、绿色GDP、人均GDP和GDP保持排名位次稳定的情况下，其人均绿色GDP提升了1个位次。

2. 2016年全国内陆31个省市自治区的GDP总量排名

2016年全国内陆31个省市自治区的GDP总量排名如图3—2所示：

省市自治区	GDP（亿元）
广东	79512.05
江苏	76086.17
山东	67008.19
浙江	47251.36
河南	40471.79
四川	32680.50
湖北	32297.91
河北	32070.45
湖南	31551.37
福建	28519.15
上海	28178.65
北京	25669.10
安徽	25576.00
辽宁	22246.90
陕西	19399.59
内蒙古	18632.57
江西	18499.00
广西	18317.64
天津	17885.39
重庆	17559.25
黑龙江	15386.10
吉林	14776.80
云南	14719.95
山西	12966.20
贵州	11776.73
新疆	9649.70
甘肃	7200.37
海南	4044.51
宁夏	3168.59
青海	2572.49
西藏	1150.07

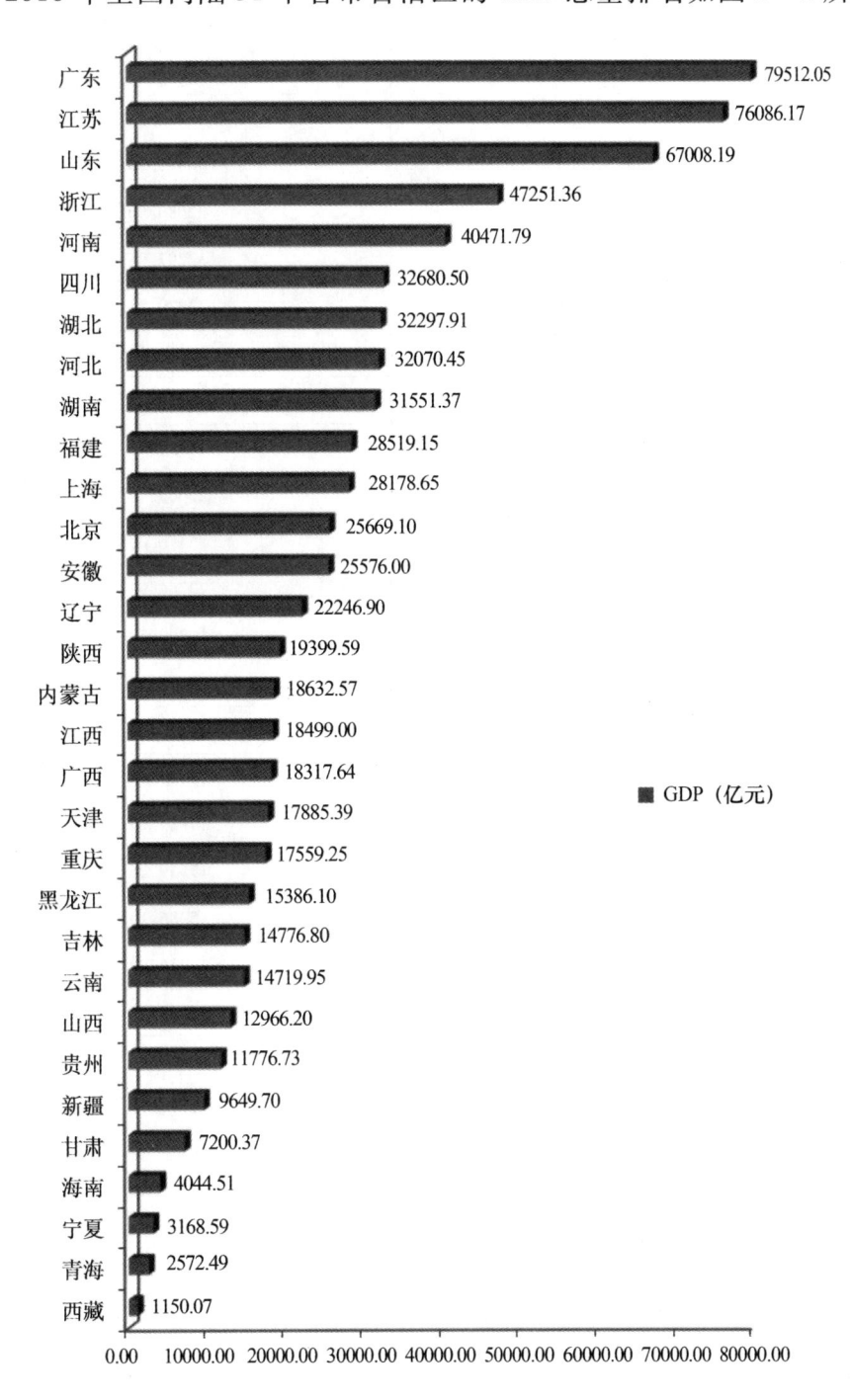

图3—2 2016年全国内陆31个省市自治区的GDP总量排名

2016年全国内陆31个省市自治区GDP总量数据如表3—3所示：

表3—3　　2016年全国内陆31个省市自治区GDP总量数据

排名	地区	数值（亿元）
1	广东	79512.05
2	江苏	76086.17
3	山东	67008.19
4	浙江	47251.36
5	河南	40471.79
6	四川	32680.50
7	湖北	32297.91
8	河北	32070.45
9	湖南	31551.37
10	福建	28519.15
11	上海	28178.65
12	北京	25669.10
13	安徽	25576.00
14	辽宁	22246.90
15	陕西	19399.59
16	内蒙古	18632.57
17	江西	18499.00
18	广西	18317.64
19	天津	17885.39
20	重庆	17559.25
21	黑龙江	15386.10
22	吉林	14776.80
23	云南	14719.95
24	山西	12966.20
25	贵州	11776.73
26	新疆	9649.70
27	甘肃	7200.37
28	海南	4044.51
29	宁夏	3168.59
30	青海	2572.49
31	西藏	1150.07

表3—3的数据表明：

全国内陆31个省市自治区的GDP经济总量仍保持较快增长，全国GDP经济总量已达到776827.17亿元。2016年，全国内陆31个省市自治区的经济总量规模已经达到776827.17亿元。其中，全国内陆31个省市自治区中已经有25个省市自治区跨入万亿元俱乐部。广东省、江苏省、山东省已经超越了5万亿元，而浙江省、河南省、四川省、湖北省、河北省、湖南省均已跨入3万亿俱乐部，比2015年增加了3个省份。经济总量规模最大的广东省，其2016年的GDP值已经达到79512.05亿元。

全国内陆31个省市自治区的GDP经济总量平均增幅达到7.50%。2016年，安徽省GDP经济总量增幅达到了16.22%，创全国新高。其次是西藏自治区、贵州省、上海市GDP经济总量增幅均超过了12%。重庆市、北京市、浙江省的GDP经济总量增幅均超过了10%。GDP经济总量增幅排在后三位的分别是辽宁省、山西省和黑龙江省。其中，山西省、黑龙江省在2016年的GDP经济总量增幅分别为1.56%、2.00%。而辽宁省GDP经济总量不仅没有增加，反而下降幅度为22.40%，这是非常罕见的。

全国内陆31个省市自治区的GDP经济总量早已存在的东中西阶梯状差异，仍比较突出。2016年GDP经济总量排名位列前三的广东省、江苏省、山东省均属于我国典型的东部地区。2016年GDP经济总量排名位列最后三位的西藏自治区、青海省、宁夏回族自治区则是典型的西北内陆地区。2016年GDP经济总量前10名中，仅有四川省属于西部地区，其余9个省市自治区属于中东部地区。而在2016年GDP经济总量的最后10名中，仅有海南省属于南部地区，其余9个省市自治区属于西部地区。排名前3的广东省、江苏省、山东省的GDP经济总量之和是排名最后3名的西藏自治区、青海省、宁夏回族自治区的GDP经济总量之和的32.29倍。这也表明，推进全国各地的协调发展的任务仍任重道远。

3. 2016年全国内陆31个省市自治区人均GDP排名

2016年全国内陆31个省市自治区人均GDP排名如图3—3所示：

地区	人均GDP（元）
北京	118132.91
上海	116455.14
天津	114494.34
江苏	95124.36
广东	86757.14
浙江	84528.37
内蒙古	73935.84
福建	73616.80
山东	67365.23
重庆	57600.96
湖北	54881.75
吉林	54067.46
辽宁	52568.29
陕西	50877.50
宁夏	46949.03
海南	44099.64
青海	43347.32
湖南	43109.97
河北	42932.33
安徽	41281.58
黑龙江	40498.26
江西	40283.00
新疆	40239.27
四川	39555.19
河南	37515.56
山西	35218.93
西藏	34793.67
贵州	33127.23
广西	32833.20
云南	30856.20
甘肃	27588.15

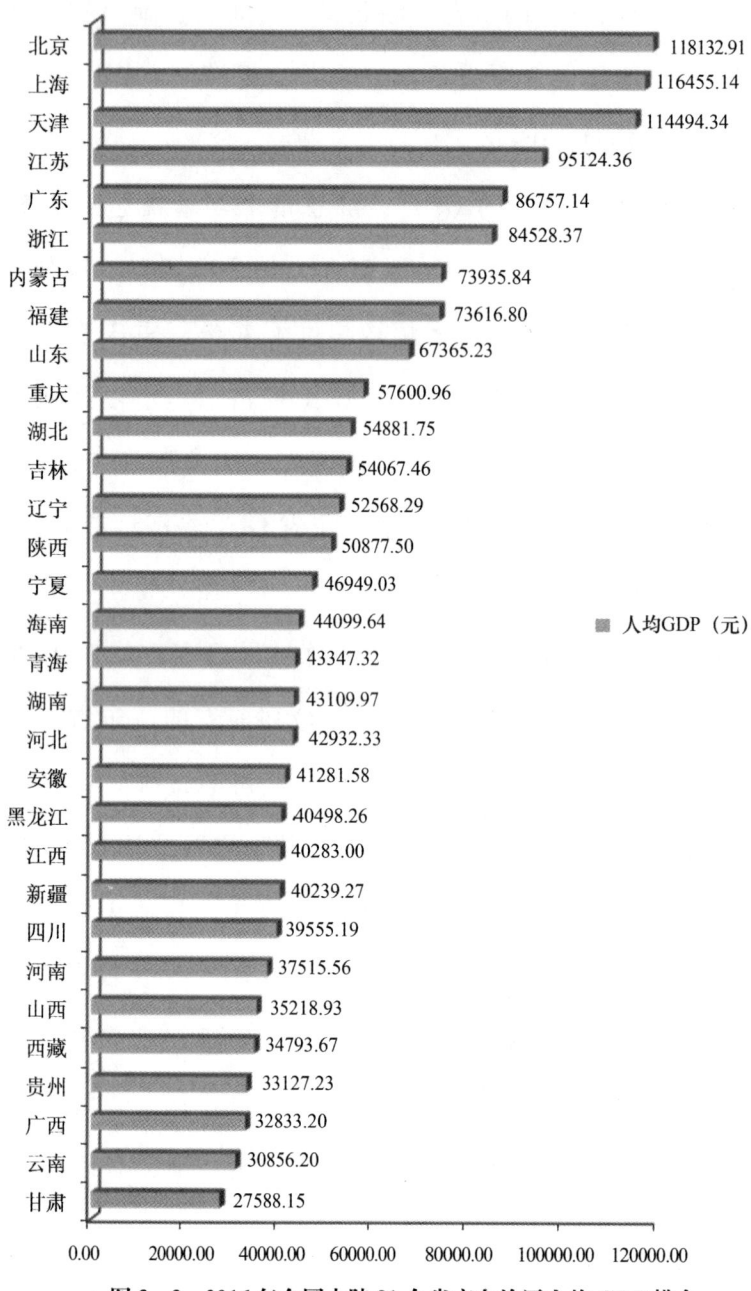

图3—3　2016年全国内陆31个省市自治区人均GDP排名

2016年全国内陆31个省市自治区人均GDP数据如表3—4所示：

表3—4　　　　2016年全国内陆31个省市自治区人均GDP数据

排名	地区	数值（元）
1	北京	118132.91
2	上海	116455.14
3	天津	114494.34
4	江苏	95124.36
5	广东	86757.14
6	浙江	84528.37
7	内蒙古	73935.84
8	福建	73616.80
9	山东	67365.23
10	重庆	57600.96
11	湖北	54881.75
12	吉林	54067.46
13	辽宁	52568.29
14	陕西	50877.50
15	宁夏	46949.03
16	海南	44099.64
17	青海	43347.32
18	湖南	43109.97
19	河北	42932.33
20	安徽	41281.58
21	黑龙江	40498.26
22	江西	40283.00
23	新疆	40239.27
24	四川	39555.19
25	河南	37515.56
26	山西	35218.93
27	西藏	34793.67
28	贵州	33127.23
29	广西	32833.20
30	云南	30856.20
31	甘肃	27588.15

表3—4的数据表明：

我国人均GDP值已经进入新的历史阶段，其平均值已经达到56601.12元。人均GDP作为衡量一个国家或地区贫富状况的标志性指标，也是衡量经济发展水平的重要指标。从2016年全国省市自治区的人均GDP统计值来看，全国内陆31个省市自治区的人均GDP值已经达到56601.12元。在人均GDP排名前三位的北京市、上海市、天津市的人均GDP分别达到了118132.91元、116455.14元、114494.34元，均已超10万元大关。这一水平与2015年的测算数据相当。

我国财富生产的动力源泉已经发生重大转变。在过去很久一段历史时期内，我国的经济社会发展都主要依赖人口数量的增长。但是，从2016年全国省市自治区人均GDP数值来看，人口数量位列第1位的广东省人均GDP值位列第5位，仅有86757.14元。人口数量位列第2位的山东省人均GDP值位列第9位，仅有67365.23元。人口数量位列第3位的河南省人均GDP值位列第25位，仅有37515.56元。而人口数量相对较少的天津市、北京市、上海市人均GDP却位列前三名。它表明，传统社会中人口增长带来的经济增长红利正在变弱，人口的数量优势驱动经济社会增长的原动力正在逐渐丧失。

我国内陆31个省市自治区的人均GDP值仍存在较大差异。对比2016年全国内陆31个省市自治区的人均GDP值，排名前3位的北京市、上海市、天津市的人均GDP值，这三个直辖市中的任一个省级行政区的人均GDP值，都接近排名末位的甘肃省人均GDP值的5倍，是人均GDP值排名后10位的甘肃省、云南省、广西壮族自治区、贵州省、西藏自治区、山西省、河南省、四川省、新疆维尔自治区、江西省的3倍之多，是绝大部分省市自治区的2倍多。这一方面反映了这些具有较大差距地区的不同人口状况，同时也反映了不同地区的财富增长特点及其可能的财富保有水平与能力。

4. 2016年全国内陆31个省市自治区绿色GDP总量排名

2016年全国内陆31个省市自治区绿色GDP总量排名如图3—4所示：

省市自治区	绿色GDP（亿元）
广东	74106.20
江苏	70971.50
山东	61418.40
浙江	44598.73
河南	34616.55
湖北	29719.28
四川	29270.32
河北	28271.32
湖南	27477.17
上海	26793.79
福建	26410.61
北京	24141.81
安徽	22543.02
辽宁	18720.81
江西	16549.38
陕西	16514.73
天津	16441.68
重庆	16411.77
广西	16108.22
内蒙古	15750.93
黑龙江	13008.61
吉林	12896.96
云南	12613.77
山西	10901.30
贵州	10355.65
新疆	7780.95
甘肃	6035.19
海南	3736.78
宁夏	2681.86
青海	2195.04
西藏	1054.54

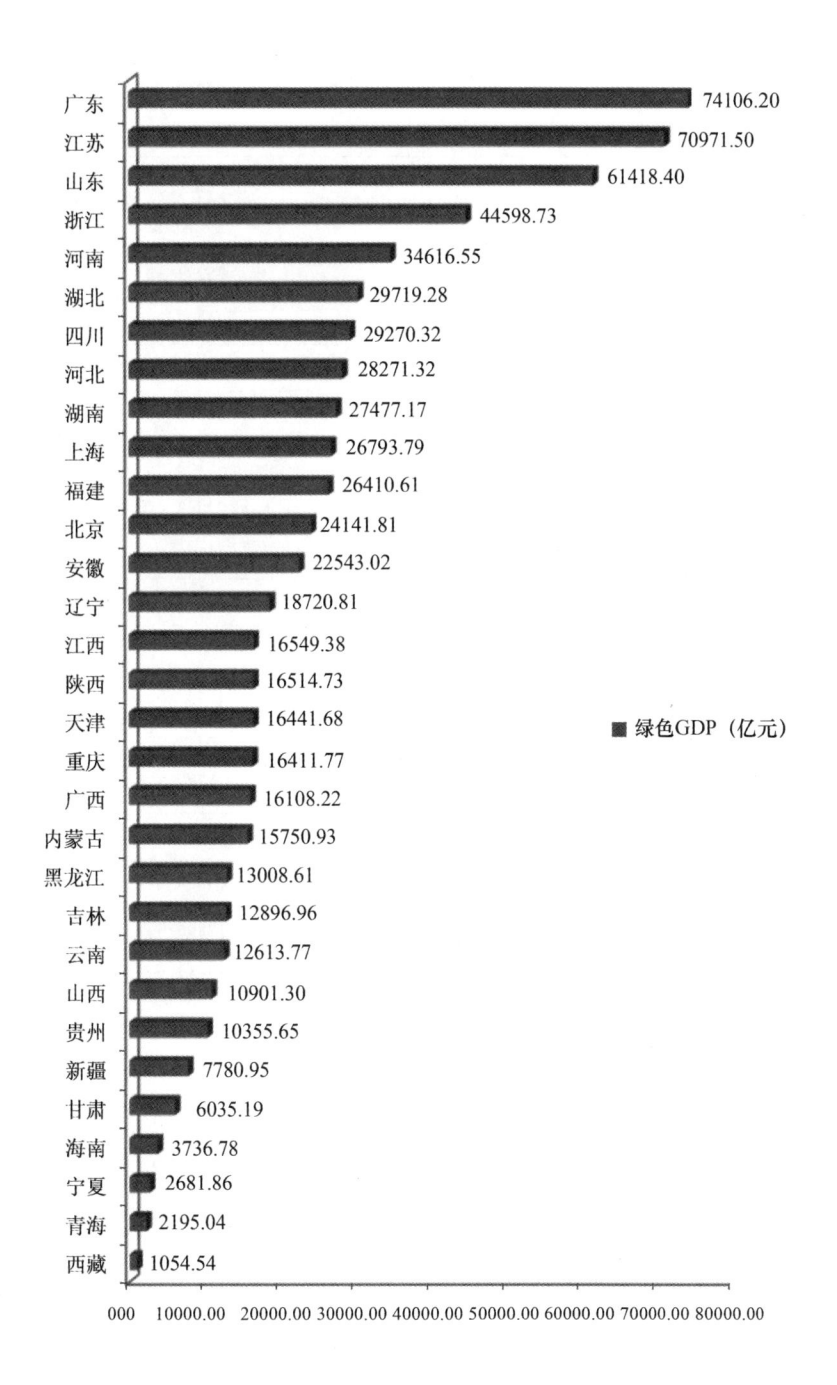

图3—4 2016年全国内陆31个省市自治区绿色GDP总量排名

2016年全国内陆31个省市自治区绿色GDP总量数据如表3—5所示：

表3—5　　　　2016年全国内陆31个省市自治区绿色GDP总量数据

排名	地区	数值（亿元）
1	广东	74106.20
2	江苏	70971.50
3	山东	61418.40
4	浙江	44598.73
5	河南	34616.55
6	湖北	29719.28
7	四川	29270.32
8	河北	28271.32
9	湖南	27477.17
10	上海	26793.79
11	福建	26410.61
12	北京	24141.81
13	安徽	22543.02
14	辽宁	18720.81
15	江西	16549.38
16	陕西	16514.73
17	天津	16441.68
18	重庆	16411.77
19	广西	16108.22
20	内蒙古	15750.93
21	黑龙江	13008.61
22	吉林	12896.96
23	云南	12613.77
24	山西	10901.30
25	贵州	10355.65
26	新疆	7780.95
27	甘肃	6035.19
28	海南	3736.78
29	宁夏	2681.86
30	青海	2195.04
31	西藏	1054.54

表 3—5 的数据表明：

全国内陆 31 个省市自治区的绿色 GDP 总量创新高，达到 700734.53 亿元。绿色 GDP 总量是扣除某地区的能源消耗、环境损耗和生态损耗之后的发展净值。2016 年，全国内陆 31 个省市自治区绿色 GDP 总量排名前三位的分别是广东省、江苏省、山东省。其中，广东省 2016 年的绿色 GDP 总量达到了 74106.20 亿元，江苏省 2016 年的绿色 GDP 总量达到了 70971.50 亿元，山东省 2016 年的绿色 GDP 总量达到了 61418.40 亿元。排名后三位的分别是宁夏回族自治区、青海省和新疆维尔自治区。其中，宁夏回族自治区 2016 年的绿色 GDP 总量为 2681.86 亿元，青海省 2016 年的绿色 GDP 总量为 2195.04 亿元，西藏自治区 2016 年的绿色 GDP 总量为 1054.54 亿元。

全国内陆 31 个省市自治区的绿色 GDP 经济总量平均增幅达到 7.58%，超越同期 GDP 总量增幅 0.08%。2016 年，全国内陆 31 个省市自治区中，绿色 GDP 经济总量增幅最高的为安徽省，增幅高达 32.28%。其次是海南省、贵州省、湖北省，其绿色 GDP 总量增幅均超过了 12%。上海市、北京市、重庆市、广西壮族自治区、青海省其 GDP 总量增幅均超过了 10%。值得注意的是，2016 年，辽宁省、内蒙古自治区、山西省的绿色 GDP 总量增幅均为负增长。其中，辽宁省 2016 年的绿色 GDP 总量增幅为 -22.37%，内蒙古自治区 2016 年的绿色 GDP 总量增幅为 -0.14%，山西省 2016 年的绿色 GDP 总量增幅为 -0.34%。

全国内陆 31 个省市自治区的绿色 GDP 总量排名与该地区同期 GDP 总量排名出现不一致的情况正在增多，其 GDP 总量排名靠前并不一定意味着其绿色 GDP 总量排名靠前的特征逐渐显现。这表明，不同省市自治区已经启动的绿色发展竞赛，其绩效结果正在逐步呈现。按照一般规律而言，GDP 总量较大的省份，其能源消耗、污染排放也相对较大。因此，各省市自治区的 GDP 总量与绿色 GDP 总量排名位次往往具有相对一致性。对比 2016 年各省市自治区的 GDP 总量值和绿色 GDP 总量值，广东省、江苏省、山东省、浙江省、河南省、河北省、湖南省、北京市、安徽省、辽宁省、黑龙江省、吉林省、云南省、山西省、贵州省、新疆维吾尔自治区、甘肃省、海南省、宁夏回族自治区、青海省、西藏自治区共 21 个省市自治区表现出这一特点。这一数据比 2015 年的对应数据少了湖北省、上海市和江西省。

5. 2016年全国内陆31个省市自治区人均绿色GDP排名

图3—5 2016年全国内陆31个省市自治区人均绿色GDP排名如图3—5所示：

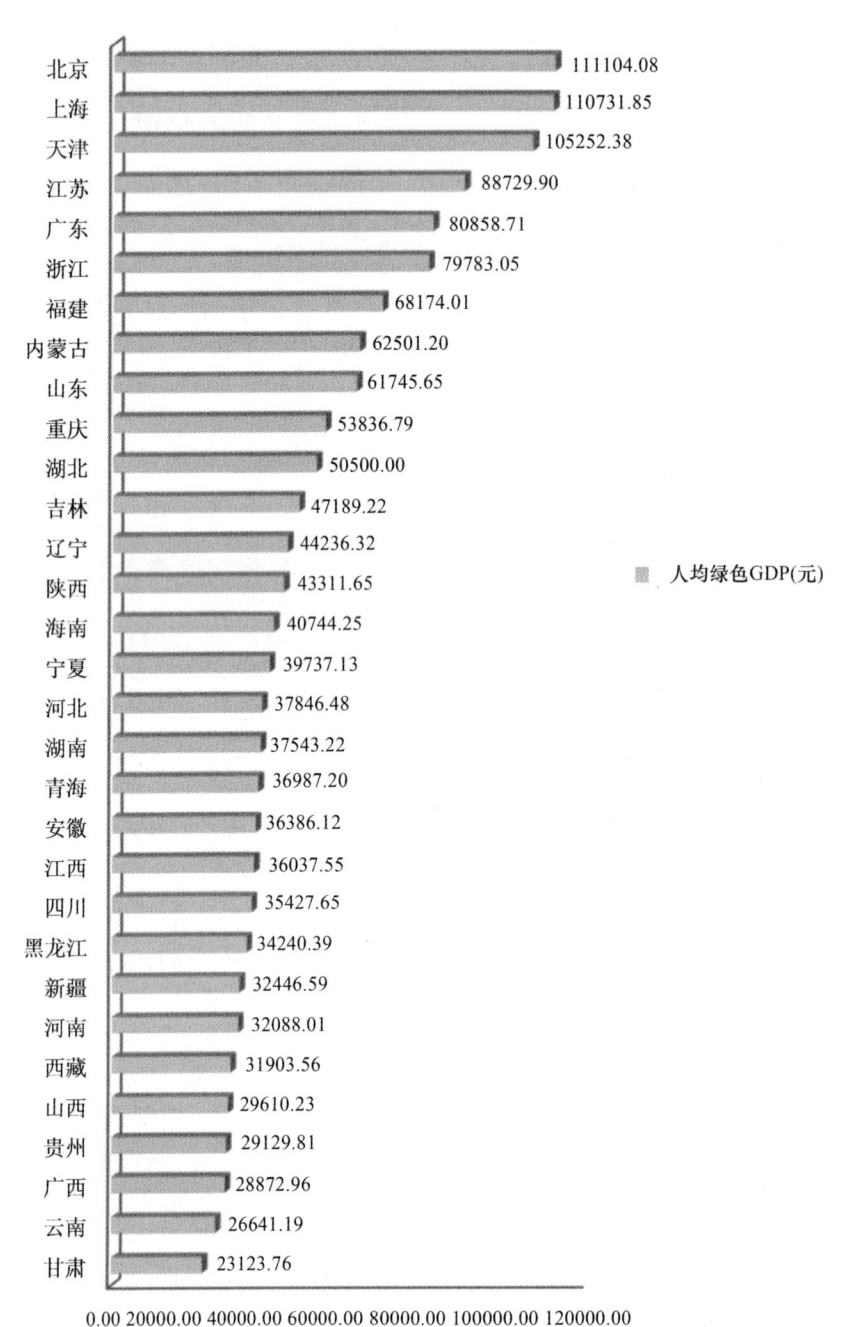

省市自治区	人均绿色GDP(元)
北京	111104.08
上海	110731.85
天津	105252.38
江苏	88729.90
广东	80858.71
浙江	79783.05
福建	68174.01
内蒙古	62501.20
山东	61745.65
重庆	53836.79
湖北	50500.00
吉林	47189.22
辽宁	44236.32
陕西	43311.65
海南	40744.25
宁夏	39737.13
河北	37846.48
湖南	37543.22
青海	36987.20
安徽	36386.12
江西	36037.55
四川	35427.65
黑龙江	34240.39
新疆	32446.59
河南	32088.01
西藏	31903.56
山西	29610.23
贵州	29129.81
广西	28872.96
云南	26641.19
甘肃	23123.76

图3—5 2016年全国内陆31个省市自治区人均绿色GDP排名

2016年全国内陆31个省市自治区人均绿色GDP数据如表3—6所示。

表3—6 2016年全国内陆31个省市自治区人均绿色GDP数据

排名	地区	数值（元）
1	北京	111104.08
2	上海	110731.85
3	天津	105252.38
4	江苏	88729.90
5	广东	80858.71
6	浙江	79783.05
7	福建	68174.01
8	内蒙古	62501.20
9	山东	61745.65
10	重庆	53836.79
11	湖北	50500.0
12	吉林	47189.22
13	辽宁	44236.32
14	陕西	43311.65
15	海南	40744.25
16	宁夏	39737.13
17	河北	37846.48
18	湖南	37543.22
19	青海	36987.20
20	安徽	36386.12
21	江西	36037.55
22	四川	35427.65
23	黑龙江	34240.39
24	新疆	32446.59
25	河南	32088.01
26	西藏	31903.56
27	山西	29610.23
28	贵州	29129.81
29	广西	28872.96
30	云南	26441.19
31	甘肃	23123.76

表3—6的数据表明：

人均绿色GDP是衡量一个国家或地区绿色发展水平的重要指标。从2016年全国内陆31个省市自治区的人均绿色GDP来看，我国人均绿色GDP值已经进入新的历史阶段,全国内陆31个省市自治区的人均绿色GDP平均值已经达到50848.08元。2016年人均绿色GDP排名前三位的分别是北京市、上海市、天津市。其中,2016年北京市的人均绿色GDP值为111104.08元,2016年上海市的人均绿色GDP值为110731.85元,2016年天津市的人均绿色GDP值为105252.38元。2016年人均绿色GDP排名后三位的分别是广西壮族自治区、云南省、甘肃省。其中,2016年广西壮族自治区的人均绿色GDP值为28872.96元,2016年云南省的人均绿色GDP值为26441.19元,2016年甘肃省的人均绿色GDP值为23123.76元。

2016年全国内陆31个省市自治区人均绿色GDP平均增幅达6.79%,仅比同期全国内陆31个省市自治区人均GDP平均增幅7.07%低了0.28%。2016年全国内陆31个省市自治区人均绿色GDP增幅最大的前三名分别是安徽省、广东省和海南省。其中,2016年安徽省人均绿色GDP增幅高达34.86%,2016年广东省人均绿色GDP增幅高达27.50%,2016年海南省人均绿色GDP增幅高达13.15%。值得注意的是,也有部分省份的人均绿色GDP出现了负增长。其中,2016年辽宁省人均绿色GDP增幅为-22.41%,2016年河南省人均绿色GDP增幅为-8.28%,2016年广西壮族自治区人均绿色GDP增幅为-4.58%,2016年山西省人均绿色GDP增幅为-0.81%,2016年内蒙古自治区人均绿色GDP增幅为-0.50%。

全国内陆31个省市自治区人均GDP与人均绿色GDP的正相关性正在出现新的变化,受人口因素影响的绿色生活方式正在出现新的转变。一般而言,人们的生活方式具有相对稳定性,人口因素对GDP与人均绿色GDP正相关性的影响并不大。不过,仔细对比2015年、2016年全国内陆31个省市自治区的人均GDP排名和人均绿色GDP排名就会发现越来越多的省市自治区的发展现状正在逐渐改变这种"常规"。其中,河北省、四川省、青海省、黑龙江省的人均GDP排名与人均绿色GDP排名相差2个位次。2016年河北省的人均GDP排名为第19位,而人均绿色GDP排名为第17位;2016年四川省的人均GDP排名为第24位,而人均绿色GDP排名为第22位。这在一定程度上初步表明,受人口影响的绿色生活方式可能已经在这些省市自治区有了更为积极的转变。

6. 2016年全国内陆31个省市自治区绿色发展绩效指数排名

2016年全国内陆31个省市自治区绿色发展绩效指数排名如图3—6所示：

地区	绿色发展绩效指数
上海	95.09
浙江	94.39
北京	94.05
重庆	93.47
江苏	93.28
广东	93.20
福建	92.61
海南	92.39
湖北	92.02
天津	91.93
西藏	91.69
山东	91.66
四川	89.57
江西	89.46
河北	88.15
安徽	88.14
广西	87.94
贵州	87.93
吉林	87.28
湖南	87.09
云南	85.69
河南	85.53
青海	85.33
陕西	85.13
宁夏	84.64
黑龙江	84.55
内蒙古	84.53
辽宁	84.15
山西	84.07
甘肃	83.82
新疆	80.63

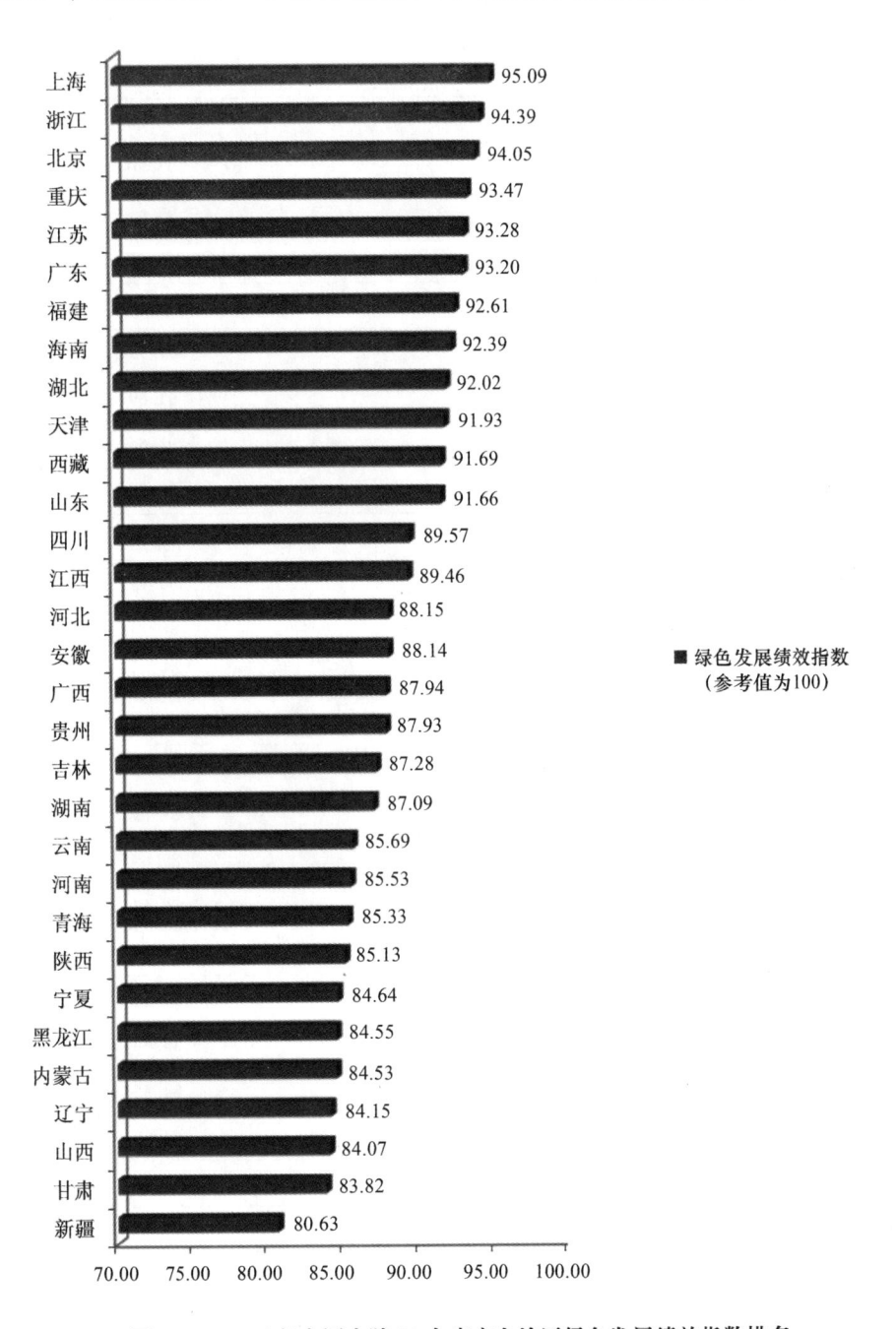

（参考值为100）

图3—6 2016年全国内陆31个省市自治区绿色发展绩效指数排名

2016年全国内陆31个省市自治区绿色发展绩效指数数据如表3—7所示：

表3—7　　2016年全国内陆31个省市自治区绿色发展绩效指数数据

排名	地区	数值（参考值100）
1	上海	95.09
2	浙江	94.39
3	北京	94.05
4	重庆	93.47
5	江苏	93.28
6	广东	93.20
7	福建	92.61
8	海南	92.39
9	湖北	92.02
10	天津	91.93
11	西藏	91.69
12	山东	91.66
13	四川	89.57
14	江西	89.46
15	河北	88.15
16	安徽	88.14
17	广西	87.94
18	贵州	87.93
19	吉林	87.28
20	湖南	87.09
21	云南	85.69
22	河南	85.53
23	青海	85.33
24	陕西	85.13
25	宁夏	84.64
26	黑龙江	84.55
27	内蒙古	84.53
28	辽宁	84.15
29	山西	84.07
30	甘肃	83.82
31	新疆	80.63

表3—7的数据表明：

全国内陆31个省市自治区绿色发展绩效指数正在稳步提升，其平均值已经达到88.69。2016年全国内陆31个省市自治区绿色发展绩效指数排名前三名的分别是上海市、浙江省、北京市。其中，2016年上海市的绿色发展绩效指数为95.09，2016年浙江省的绿色发展绩效指数为94.39，2016年北京市的绿色发展绩效指数为94.05。2016年全国内陆31个省市自治区绿色发展绩效指数排名最后三名的分别是山西省、甘肃省和新疆维吾尔自治区。其中，2016年山西省的绿色发展绩效指数为84.07，2016年甘肃省的绿色发展绩效指数为83.82，2016年新疆维吾尔自治区的绿色发展绩效指数为80.63。

全国内陆31个省市自治区绿色发展绩效指数出现不同程度的增减，其绿色发展水平仍处于震荡期。其中，2016年海南省的绿色发展绩效指数提升幅度为4.30%，由2015年的88.58上升为92.39。2016年黑龙江省的绿色发展绩效指数提升幅度为3.62%，由2015年的81.60上升为84.55。2016年青海省的绿色发展绩效指数提升幅度为3.48%，由2015年的82.46上升为85.33。2016年也有部分省市自治区的绿色发展绩效指数出现了不同程度的下降。其中，2016年河南省的绿色发展绩效指数提升幅度为-4.57%，由2015年的89.63下降为85.53。2016年内蒙古自治区的绿色发展绩效指数提升幅度为-4.44%，由2015年的88.46下降为84.53。2016年云南省的绿色发展绩效指数提升幅度为-2.30%，由2015年的87.71下降为85.69。

全国内陆31个省市自治区的绿色发展程度呈现"东南—中—西北、东北"逐渐降低的梯度现象，还未得到根本改变。2014、2015、2016年，连续三年对全国内陆31个省市自治区绿色发展绩效指数的测算数据表明，东南沿海地区相对发达的省市自治区占据了绿色发展绩效指数排名中的前30%。而西北、东北地区的省市自治区则一般都位列同年绿色发展绩效指数排名中的后30%。东南沿海江浙一带的绿色发展程度较高，既是历史使然，也是当前该地区高科技驱动经济增长的重要结果。而西北、东北地区的新疆维尔自治区、甘肃省等省市自治区由于历史原因、地理环境等客观因素影响，其绿色发展基础薄弱，在绿色发展绩效指数排名中不得不处于劣势。

四 全国内陆31省市自治区2014—2016年绿色发展绩效分析

1. 上海市

上海，简称"沪"或"申"，中华人民共和国直辖市，中国国家中心城市，中国的金融、贸易、航运中心，首批沿海开放城市。位于太平洋西岸，亚洲大陆东沿，中国南北海岸中心点，长江和钱塘江入海汇合处。北界长江，东濒东海，南临杭州湾，西接江苏和浙江两省。面积6340.5平方公里。2016年底，上海常住人口为2419余万人，比上年增加7.03万人。上海是一座国家历史文化名城，拥有深厚的近代城市文化底蕴和众多历史古迹。上海GDP居中国城市第一位，亚洲城市第二位，仅次于日本东京。上海是全球著名的金融中心，全球人口规模和面积最大的都会区之一。上海被GaWC评为世界一线城市。上海住户存款总额和人均住户存款均居全国第二。上海也是中国大陆首个自贸区"中国（上海）自由贸易试验区"所在地。上海与江苏、浙江、安徽共同构成的长江三角洲城市群已成为国际6大世界级城市群之一。

"十三五"时期，上海发展既面临重大机遇，也面临严峻挑战。上海进入创新驱动发展、经济转型升级攻坚期。这一时期也是上海基本建成"四个中心"和社会主义现代化国际大都市的冲刺阶段，也是创新转型的攻坚期。"十三五"时期，上海经济社会发展的奋斗目标是：到2020年人均生产总值达到15万元左右；全社会研发经费支出相当于全市生产总值的比例保持在3.5%以上，每万人口发明专利拥有量达到40件左右。人民生活水平和质量普遍提高，就业机会更加充分，创业更加活跃，城镇调查失业率稳定在5.5%以内，力争到2020年居民人均可支配收入比2010年翻一番，市民享有公平优质多样化教育，平均期望寿命保持世界先进水平，覆盖城乡的基本公共服务均等化全面实现，城乡发展差距明显缩小，社会保障更加公平、更加完善，公共交通出行更为便捷高效。文化软实力显著增强，市民文明素质和城市文明程度提高。重大功能性文化设施布局和公共文化服务体系基本形成，文化产业成为重要产业。生态环境持续改善，到2020年，能源消费总量控制在1.25亿吨标准煤以下，单位生产总值能耗和主要污染物排放量进一步降低，人均公园绿地面积达到8.5平方米，森林覆盖率达到18%。社会诚信体系更加健全，公共安全体系基本形成，基层社会治理体系不断完善，社会公平正义得到有效维护。

上海肩负着面向世界、推动长三角地区一体化和长江经济带发展的重任，在全国经济建设和社会发展中具有十分重要的地位和作用。2016年以来，上海主动适应经济发展新常态，坚持稳中求进工作总基调，着力推进创新驱动发展、经济转型升级，实现了"十三五"时期经济社会发展的良好开局。上海着力加强供给侧结构性改革，经济结构加快优化升级。从产业结构看，上海农业、工业、服务业三产业的比例关系为0.4:29.1:70.5。新经济发展势头良好。一些传统工业行业增速放缓，但战略性新兴产业及高技术产业中的部分重点行业增长较快。从需求结构看，消费的增速持续快于投资和出口，消费对经济增长的拉动作用进一步增强。从所有制结构看，创新创业环境不断优化，非公经济地位持续提升。但"补短板"仍旧是上海今后一段时期的重点课题，继续围绕整治"五违"问题，推进区域环境综合整治就是重要专项任务之一，上海市提出要在2015年整治的基础上，进一步聚焦群众反映最强烈、问题最集中、难度更大的区域，全面加强环境综合整治。必须做到区域联动、水岸联动，狠抓区区交界之处，狠抓水环境治理，市里重点抓大河大江治理，区县重点聚焦中小河道整治。

上海市 2014—2016 年绿色发展综合绩效年度变化如图 4—1、表 4—1 所示：

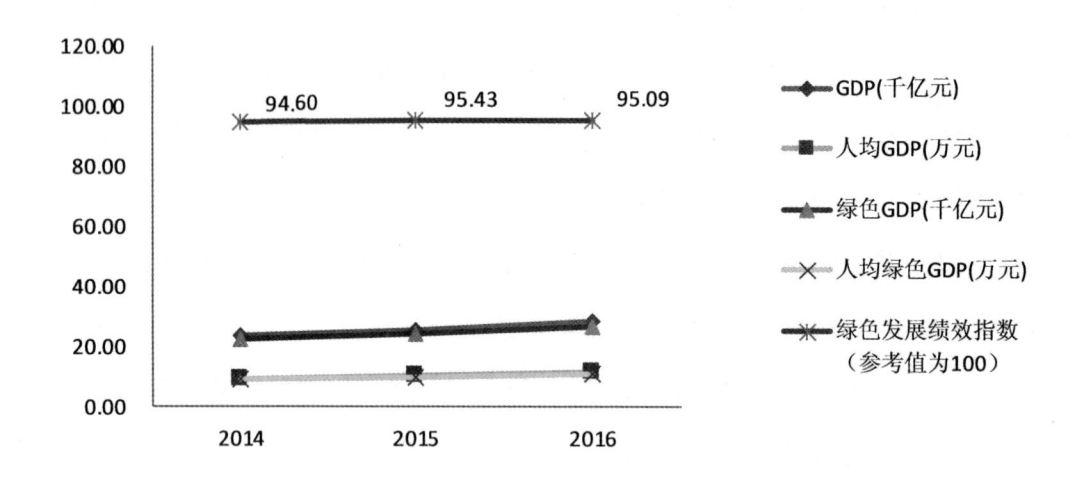

图 4—1 2014—2016 年上海市绿色发展综合绩效年度变化曲线

表 4—1   2014—2016 年上海市绿色发展综合绩效年度变化数据

年度 指标	2014	2015	2016
绿色发展绩效指数（参考值为100）	94.60	95.43	95.09
绿色发展绩效指数排名	2	2	1
GDP（千亿元）	23.57	25.12	28.18
GDP 排名	12	12	11
人均 GDP（万元）	9.72	10.40	11.65
人均 GDP 排名	3	3	2
绿色 GDP（千亿元）	22.29	23.98	26.79
绿色 GDP 排名	12	12	10
人均绿色 GDP（万元）	9.19	9.93	11.07
人均绿色 GDP 排名	3	3	2

从绿色发展的程度看，上海市 2016 年的绿色发展绩效指数为 95.09，位列全国内陆 31 个省市自治区绿色发展绩效指数排名的第 1 位。经测算，上海市 2014 年、2015 年、2016 年连续三年的绿色发展绩效指数平均值为 95.04。其

中，2014年上海市的绿色发展绩效指数为94.60，排名第2位；2015年上海市的绿色发展绩效指数为95.43，排名第2位；2016年上海市的绿色发展绩效指数为95.09，排名第1位。该数据初步表明，上海市已经具有较高程度的绿色发展能力，并且已经保持了相对稳定的发展水平。

从经济总量来看，上海市2016年的绿色GDP总量为26793.79亿元，位列全国内陆31个省市自治区绿色GDP总量排名的第10位；GDP总量为28178.65亿元，位列全国内陆31个省市自治区GDP总量排名的第11位。2014年，上海市的GDP总量为23567.70亿元，排名第12位；绿色GDP总量为22294.93亿元，排名第12位。2015年，上海市的GDP总量为25123.45亿元，排名第12位；绿色GDP总量为23975.71亿元，排名第12位。2014至2016年，上海市GDP总量的平均增幅为9.38%，绿色GDP总量的平均增幅为7.58%。相比而言，2014至2016年期间，上海市的绿色GDP总量增幅低于GDP总量增幅1.80%。

从经济总量的人均值来看，上海市2016年的人均绿色GDP已达110731.85元，位列全国内陆31个省市自治区人均绿色GDP排名的第2位；人均GDP值为116455.14元，位列全国内陆31个省市自治区人均GDP排名的第2位。2014年，上海市的人均GDP值为97159.15元，排名第3位；人均绿色GDP值为91912.09元，排名第3位。2015年，上海市的人均GDP值为104019.22元，排名第3位；人均绿色GDP值为99267.21元，排名第3位。2014至2016年，上海市人均GDP的平均增幅为12.53%，人均绿色GDP的平均增幅为8.05%。相比而言，2014至2016年期间，上海市人均绿色GDP平均增幅低于人均GDP平均增幅4.48%。

综上，课题组对上海市2014至2016年的绿色GDP、人均绿色GDP、绿色发展绩效指数的测算结果表明，上海市地处中国东部相对发达地区，经过多年的发展，绿色发展程度相对较高，其绿色发展前景可观。

2. 浙江省

浙江省地处中国东南沿海长江三角洲南翼，东临东海，南接福建，西与江西、安徽相连，北与上海、江苏接壤。境内最大的河流钱塘江，因江流曲折，称之江，又称浙江，省以江名，简称"浙"。省会杭州。浙江是吴越文化、江南文化的发源地，是中国古代文明的发祥地之一。浙江地形复杂，山地和丘陵占70.4%，平原和盆地占23.2%，河流和湖泊占6.4%，耕地面积仅208.17万公顷，故有"七山一水两分田"之说。地势由西南向东北倾斜，大致可分为浙北平原、浙西丘陵、浙东丘陵、中部金衢盆地、浙南山地、东南沿海平原及滨海岛屿六个地形区。浙江地处亚热带中部，属季风性湿润气候，气温适中，四季分明，光照充足，雨量充沛。因受海洋影响，温、湿条件比同纬度的内陆季风区优越，是我国自然条件较优越的地区之一。浙江海域面积26万平方公里，是全国岛屿最多的省份，其中面积502.65平方公里的舟山岛为中国第四大岛。在"2016中国海洋宝岛榜"中，浙江有21个海岛上榜，占总数的1/5。浙江是我国高产综合性农业区，杭嘉湖平原、宁绍平原是著名的粮仓和丝、茶产地，舟山渔场是中国最大的渔场，茶叶、蚕丝、水产品、柑橘、竹制品等在全国占有重要地位。非金属矿产资源丰富，东海大陆架盆地有良好的石油和天然气开发前景。2016年底全省总人口数为4910万人。初步核算，全年地区生产总值（GDP）46485亿元，比上年增长7.5%。浙江与安徽、江苏、上海共同构成的长江三角洲城市群已成为国际6大世界级城市群之一。

"十三五"时期，国内外发展环境都将发生深刻变化，经济发展步入新常态，产业分工孕育新机遇，信息技术引发新变革，改革创新带来新动能，将对浙江省社会发展带来诸多影响。经济发展变化带来新难题，新常态下经济增长从高速增长向中高速平稳增长过渡，预计"十三五"时期浙江GDP年均增速为7%以上。经济增长速度放缓、财政增收难度加大，民生支出刚性增长与财政收入增幅下降之间的矛盾将会显现，对继续提升民生支出标准带来压力。同时，随着新一轮科技革命和产业变革兴起，产业结构加快调整，结构性失业、创新人才短缺、经济效益分化加剧、收入分配差距扩大等问题将不断凸显。浙江省提出要以"更进一步、更快一步，继续发挥先行和示范作用"为总要求，以构建惠及全体居民的基本公共服务体系为重点，以社会重点领域体制改革创新为动力，以优化社会环境为保障，以促进社会和谐为目标，确保浙江省社会发展继续走在全国前列。具体目标分为以下六大方面：居民生活更加幸福、公共服务更加健全、社会服务业更加成熟、社会结构更加优化、生态环境更加优美、社会治理更加科学。生态环境建设是"十三五"时期浙江省的重点任务之一，提出要建设生态宜居的美丽浙江。以改善生态环境和人居质量为核心，实行最严格的环境保护制度，加大环境问题综合治理力度，全力推进治水、治气、治土、治城、治村，加快建设美丽浙江。

浙江是典型的山水江南，被称为"丝绸之府""鱼米之乡"。浙江是中国第三批自由贸易试验区，是中国经济最活跃的省份之一，在充分发挥国有经济主导作用的前提下，以民营经济的发展带动经济的起飞，形成了具有鲜明特色的"浙江经济"。浙江是中国省内经济发展程度差异最小的省份之一，杭州、宁波、绍兴、温州是浙江的四大经济支柱。浙江区域特色经济发达。全省的区域性块状经济已经涉及制造、加工、建筑、运输、养殖、纺织、工贸、服务等十几个领域，100多个工业行业和30多个农副产品加工业。浙江商品市场数量多、规模大、形式新，综合设施完善、辐射领域广泛、抗风险能力强，近年来保持持续繁荣，是促进结构转型、刺激经济繁荣，活跃商品流通、保障百姓需求的主要原动力之一。但取得丰硕成绩的同时，浙江省经济社会发展中还存在不少矛盾和问题。主要是：发展不平衡不充分的一些突出问题尚未解决，发展质量和效益还不高，创新发展能力还不够强，传统产业改造提升还需加速；风险意识有待加强，部分地区金融风险还需下大力解决，公共安全风险管控能力亟待提升；生态环境保护和治理任务依然艰巨，民生领域还有不少短板。

浙江省 2014—2016 年绿色发展综合绩效年度变化如图 4—2、表 4—2 所示：

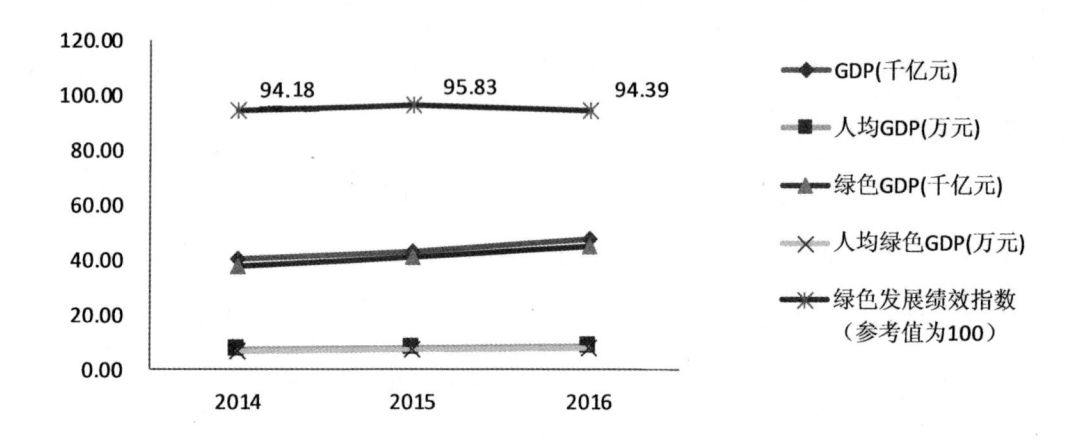

图 4—2　2014 至 2016 年浙江省绿色发展综合绩效年度变化曲线

表 4—2　　　　　　　2014—2016 年浙江省绿色发展综合绩效年度变化数据

年度 指标	2014	2015	2016
绿色发展绩效指数（参考值为100）	94.18	95.83	94.39
绿色发展绩效指数排名	3	1	2
GDP（千亿元）	40.17	42.89	47.25
GDP 排名	4	4	4
人均 GDP（万元）	7.29	7.74	8.45
人均 GDP 排名	5	5	6
绿色 GDP（千亿元）	37.83	41.10	44.60
绿色 GDP 排名	4	4	4
人均绿色 GDP（万元）	6.87	7.42	7.98
人均绿色 GDP 排名	5	5	6

从绿色发展的程度看，浙江省 2016 年的绿色发展绩效指数为 94.39，位列全国内陆 31 个省市自治区绿色发展绩效指数排名的第 2 位。经测算，浙江省 2014 年、2015 年、2016 年连续三年的绿色发展绩效指数平均值为 94.80。其中，2014 年浙江省的绿色发展绩效指数为 94.18，排名第 3 位；2015 年浙江省

的绿色发展绩效指数为95.83，排名第1位；2016年浙江省的绿色发展绩效指数为94.39，排名第2位。该数据初步表明，浙江省已经具有较高程度的绿色发展能力，并且已经保持了相对稳定的发展水平。

从经济总量来看，浙江省2016年的绿色GDP总量为44598.73亿元，位列全国内陆31个省市自治区绿色GDP总量排名的第4位；GDP总量为47251.36亿元，位列全国内陆31个省市自治区GDP总量排名的第4位。2014年，浙江省的GDP总量为40173.03亿元，排名第4位；绿色GDP总量为37834.09亿元，排名第4位。2015年，浙江省的GDP总量为42886.49亿元，排名第4位；绿色GDP总量为41097.49亿元，排名第4位。2014至2016年，浙江省GDP总量的平均增幅为8.47%，绿色GDP总量的平均增幅为8.64%。相比而言，2014至2016年期间，浙江省的绿色GDP总量增幅高于GDP总量增幅0.17%。

从经济总量的人均值来看，浙江省2016年的人均绿色GDP已达79783.05元，位列全国内陆31个省市自治区人均绿色GDP排名的第6位；人均GDP值为84528.37元，位列全国内陆31个省市自治区人均GDP排名的第6位。2014年，浙江省的人均GDP值为72935.78元，排名第5位；人均绿色GDP值为68689.35元，排名第5位。2015年，浙江省的人均GDP值为77426.41元，排名第5位；人均绿色GDP值为74196.59元，排名第5位。2014至2016年，浙江省人均GDP的平均增幅为7.67%，人均绿色GDP的平均增幅为8.01%。相比而言，2014至2016年期间，浙江省的人均绿色GDP平均增幅高于人均GDP平均增幅0.34%。

综上，课题组对浙江省2014至2016年的绿色GDP、人均绿色GDP、绿色发展绩效指数的测算结果表明，与上海市相近，浙江省地处中国东部相对发达地区，经过多年的发展，绿色发展程度相对较高，其绿色发展前景可观。

3. 北京市

北京，简称"京"，是中华人民共和国的首都，是全国的政治中心、文化中心，是世界著名古都和现代化国际城市。地处华北大平原的北部，东面与天津市毗连，其余均与河北省相邻。北京是首批国家历史文化名城和世界上拥有世界文化遗产数量最多的城市，三千多年的历史孕育了故宫、天坛、八达岭长城、颐和园等众多名胜古迹。早在七十万年前，周口店地区就出现了原始人群部落"北京人"。公元前1045年，北京成为蓟、燕等诸侯国的都城。公元938年以来，北京先后成为辽陪都、金中都、元大都、明清国都。1949年10月1日成为中华人民共和国首都。北京市山区面积10200平方公里，约占总面积的62%，平原区面积为6200平方公里，约占总面积的38%，全市平均海拔43.5米。北京的气候为典型的北温带半湿润大陆性季风气候，夏季高温多雨，冬季寒冷干燥，春、秋短促。北京被全球权威机构GaWC评为世界一线城市。联合国报告指出，北京人类发展指数居中国城市第二位。2016年，北京市人均可支配收入达到52530元，住户存款总额和人均住户存款均居全国第一。

"十三五"时期是我国全面建成小康社会的决胜阶段，也是落实首都城市战略定位、加快建设国际一流的和谐宜居之都的关键阶段。"十三五"期间，北京市经济社会的发展目标是：（1）经济保持中高速增长。在发展质量和效益不断提高的基础上，地区生产总值年均增长6.5%，2020年地区生产总值和城乡居民人均收入比2010年翻一番。主要经济指标平衡协调，劳动生产率大幅提高。（2）人民生活水平和质量普遍提高。公共服务体系更加完善，基本公共服务均等化程度进一步提高。就业更加稳定，城镇登记失业率低于4%，收入差距缩小，中等收入人口比重上升，教育实现现代化，群众健康水平普遍提升，人均期望寿命高于82.4岁。（3）市民素质和城市文明程度显著提高。市民思想道德素质、科学文化素质明显提高。文化事业和文化产业蓬勃发展，率先建成公共文化服务体系，全国文化中心地位进一步彰显。（4）生态环境质量显著提升。生产方式和生活方式绿色、低碳水平进一步提升。单位生产总值能耗、水耗持续下降，城乡建设用地控制在2800平方公里内，碳排放总量得到有效控制。主要污染物排放总量持续削减，生活垃圾无害化处理率达99.8%以上，污水处理率高于95%，重要河湖水生态系统逐步恢复，森林覆盖率达到44%，环境容量生态空间进一步扩大。（5）各方面体制机制建设更加完善。人民民主更加健全，基本建成法治中国的首善之区。

北京经济社会发展基础良好，淘汰落后产能成效显著，服务业发展空间大，新型城镇化建设迈上新台阶，京津冀协同发展后劲足，加上区位优势突出，集政治中心、经济中心、文化中心于一身，为北京的发展营造了良好的环境。近五年是北京从"集聚资源求增长"向"疏解功能谋发展"转型的关键阶段，服务经济、知识经济、绿色经济、总部经济特征更加明显，新技术、新产业、新业态、新模式成为首都经济新的增长点。投资结构不断优化，对支撑经济增长补足民生短板发挥了重要作用。在生态领域，北京的城市治理不断推硬招、出实招，尤其是在生态环境的改善上，取得了实效。但北京的长期高速增长引发了"减量发展"诉求，一是城市规模巨大且人居环境退化引发的"精简"诉求。二是城市功能密集且结构失衡引发的"减负"诉求。三是城镇空间庞大且蔓延无序引发的"紧缩"诉求。北京减量发展是倒逼经济发展方式转变的重大改革，是贯彻落实北京新一轮总规的必要途径，旨在用较少资源与合理结构支撑经济社会可持续发展。

北京市2014—2016年绿色发展综合绩效年度变化如图4—3、表4—3所示：

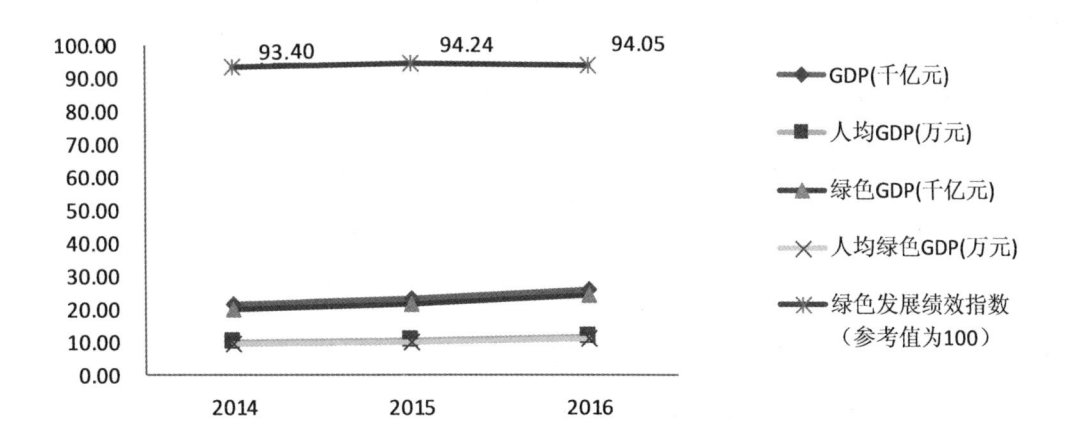

图4—3 2014—2016年北京市绿色发展综合绩效年度变化曲线

表4—3　　　　　2014—2016年北京市绿色发展综合绩效年度变化数据

指标＼年度	2014	2015	2016
绿色发展绩效指数（参考值为100）	93.40	94.24	94.05
绿色发展绩效指数排名	7	4	3
GDP（千亿元）	21.33	23.01	25.67
GDP排名	13	13	12
人均GDP（万元）	9.91	10.60	11.81
人均GDP排名	2	2	1
绿色GDP（千亿元）	19.92	21.69	24.14
绿色GDP排名	13	13	12
人均绿色GDP（万元）	9.26	9.99	11.11
人均绿色GDP排名	2	2	1

从绿色发展的程度看，北京市2016年的绿色发展绩效指数为94.05，位列全国内陆31个省市自治区绿色发展绩效指数排名的第3位。经测算，北京市2014年、2015年、2016年连续三年的绿色发展绩效指数平均值为93.90。其中，2014年北京市的绿色发展绩效指数为93.40，排名第7位；2015年北京市的绿色发展绩效指数为94.24，排名第4位；2016年北京市的绿色发展绩效指数为94.05，排名第3位。该数据初步表明，北京市已经具有较高程度的绿色发展能力，并且已经保持了相对稳定的发展水平。

从经济总量来看，北京市2016年的绿色GDP总量为24141.81亿元，位列全国内陆31个省市自治区绿色GDP总量排名的第12位；GDP总量为25669.10亿元，位列全国内陆31个省市自治区GDP总量排名的第12位。2014年，北京市的GDP总量为21330.80亿元，排名第13位；绿色GDP总量为19922.28亿元，排名第13位。2015年，北京市的GDP总量为23014.60亿元，排名第13位；绿色GDP总量为21687.88亿元，排名第13位。2014至2016年，北京市GDP总量的平均增幅为9.72%，绿色GDP总量的平均增幅为8.89%。相比而言，2014至2016年期间，北京市的绿色GDP总量增幅低于GDP总量增幅0.83%。

从经济总量的人均值来看，北京市 2016 年的人均绿色 GDP 已达 111104.08 元，位列全国内陆 31 个省市自治区人均绿色 GDP 排名的第 1 位；人均 GDP 值为 118132.91 元，位列全国内陆 31 个省市自治区人均 GDP 排名的第 1 位。2014 年，北京市的人均 GDP 值为 99139.25 元，排名第 2 位；人均绿色 GDP 值为 92592.85 元，排名第 2 位。2015 年，北京市的人均 GDP 值为 106033.63 元，排名第 2 位；人均绿色 GDP 值为 99921.15 元，排名第 2 位。2014 至 2016 年，北京市人均 GDP 的平均增幅为 9.19%，人均绿色 GDP 的平均增幅为 7.88%。相比而言，2014 至 2016 年期间，北京市的人均绿色 GDP 平均增幅低于人均 GDP 平均增幅 1.31%。

综上，课题组对北京市 2014 至 2016 年的绿色 GDP、人均绿色 GDP、绿色发展绩效指数的测算结果表明，北京市虽然经济规模并非全国前列，但其独特的政治、经济、文化地位为其推进绿色发展，提供了独特的条件，尤其是在人均指标方面，北京市展现出明显的优势。

4. 重庆市

重庆位于中国内陆西南部、长江上游地区。幅员 8.24 万平方公里，辖 38 个区县（26 区、8 县、4 自治县）。2016 年常住人口 3048.43 万，人口以汉族为主，土家族、苗族等少数民族人口 194 万人。地貌以丘陵、山地为主，其中山地占 76%，有"山城"之称。属亚热带季风性湿润气候。长江横贯全境，流程 691 公里，与嘉陵江、乌江等河流交汇。旅游资源丰富，有长江三峡、世界文化遗产大足石刻、世界自然遗产武隆喀斯特和南川金佛山等壮丽景观。重庆是中国著名历史文化名城。有文字记载的历史达 3000 多年，是巴渝文化的发祥地。因嘉陵江古称"渝水"，故重庆又简称"渝"。北宋崇宁元年（1102 年），改渝州为恭州。南宋淳熙十六年（1189 年），宋光宗赵惇先封恭王再即帝位，称为"双重喜庆"，遂升恭州为重庆府，重庆由此而得名。1891 年，成为中国最早对外开埠的内陆通商口岸。1929 年，正式建市。

抗日战争时期，重庆是国民政府陪都和世界反法西斯战争远东指挥中心。新中国成立后，先后为中央直辖市、四川省辖市、国家计划单列市。重庆市是中国中西部地区唯一的直辖市，是国家重要中心城市、长江上游地区经济中心、重要现代制造业基地、西南地区综合交通枢纽、西部开发开放的重要战略支撑、国家"一带一路"建设节点和长江经济带的西部中心枢纽和内陆开放高地。

"十三五"时期重庆社会发展目标是：经济发展实现新跨越，经济保持年均增长9%左右，到2020年全市地区生产总值迈上2.5万亿元台阶，转变经济发展方式和经济结构战略性调整取得重要进展，加快建设国家重要现代制造业基地、国内重要功能性金融中心、西部创新中心和内陆开放高地，充分发挥西部开发开放战略支撑功能和长江经济带西部中心枢纽功能，基本建成长江上游地区经济中心；生态文明建设全面加强，生产方式和生活方式绿色、低碳水平明显提升，长江干流和主要支流水质保持总体稳定，大气环境质量进一步改善，森林覆盖率和森林蓄积量稳步提高，能源利用效率不断提高，单位地区生产总值能耗、二氧化碳排放强度和主要污染物排放量持续减少，生态环境质量明显提升，建成生态文明城市；社会治理创新取得新的成效，继续完善社会管理体制，优化社会治理格局，充分释放社会组织活力。抓住发展动力转换这个关键，统筹投资、消费、出口"三驾马车"和改革、开放、创新"三大动力"，统筹区域协调发展，统筹城乡协调发展，统筹推进"四化"深度融合、协调互动，培育形成经济发展的"混合动力"；强化完善社会治理体系这个基本保障，创新社会治理体制，改进社会治理方式，最大限度增加和谐因素，增强社会发展活力，确保全市人民安居乐业、社会更加安定有序。

重庆经济建设基本形成大农业、大工业、大交通、大流通并存的格局，是西南地区和长江上游最大的经济中心城市。近五年来，重庆市综合经济实力有了较大提升。地区生产总值年均增长10.8%，人均生产总值超过全国平均水平，去年达到63689元。经济结构调整取得新进展。改革开放释放动力活力。全面深化改革整体框架基本建立，国资国企、简政放权、投融资、生态文明、医疗卫生、教育文化等领域取得一批改革成果。内陆开放高地建设担当起新使命，两江新区开发开放的示范作用日益增强，自贸试验区、中新互联互通项目等国家开放平台落地实施，中欧班列（重庆）成为陆上丝绸之路经济带贸易主通道，建成一批国家开放口岸，利用外资每年保持100亿美元以上。与此同时，重庆发展不平衡不充分问题仍然突出，主要是：发展质量和效益不高，经济的韧性不够，还需进一步调整结构；对建设"内陆开放高地"和"山清水秀美丽之地"认识不足，工作中存在不少弱项和问题；创新创业创造氛围不浓，创新生态有待改善，全社会研发经费支出占比还低于全国平均水平；民营经济发展活力不强，营商环境还需优化；城乡区域发展不平衡，基础设施领域还有不少短板，基本公共服务欠账较多，居民人均收入仍低于全国平均水平；发展中的各种矛盾和问题相互交织，优化法治环境、创新社会治理任务依然艰巨；政府职能转变还不到位，一些部门和工作人员贯彻新发展理念的自觉性主动性不强，能力和水平亟待提升。

重庆市2014—2016年绿色发展综合绩效年度变化如图4—4、表4—4所示：

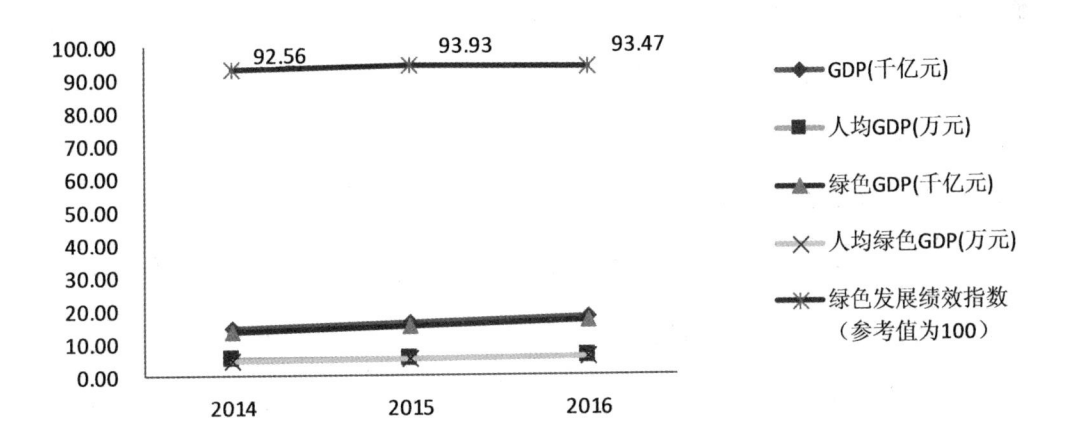

图4—4 2014—2016年重庆市绿色发展综合绩效年度变化曲线

表4—4　　　2014—2016年重庆市绿色发展综合绩效年度变化数据

年度 指标	2014	2015	2016
绿色发展绩效指数（参考值为100）	92.56	93.93	93.47
绿色发展绩效指数排名	9	6	4
GDP（千亿元）	14.26	15.72	17.56
GDP排名	21	20	20
人均GDP（万元）	4.77	5.21	5.76
人均GDP排名	12	11	10
绿色GDP（千亿元）	13.20	14.77	16.41
绿色GDP排名	20	19	18
人均绿色GDP（万元）	4.41	4.89	5.38
人均绿色GDP排名	11	11	10

从绿色发展的程度看，重庆市2016年的绿色发展绩效指数为93.47，位列全国内陆31个省市自治区绿色发展绩效指数排名的第4位。经测算，重庆市2014年、2015年、2016年连续三年的绿色发展绩效指数平均值为93.32。其中，2014年重庆市的绿色发展绩效指数为92.56，排名第9位；2015年重庆市的绿色发展绩效指数为93.93，排名第6位；2016年重庆市的绿色发展绩效指数为93.47，排名第4位。该数据初步表明，重庆市正在逐步提升自身的绿色发展能力，并已经开始崭露头角。

从经济总量来看，重庆市2016年的绿色GDP总量为16411.77亿元，位列全国内陆31个省市自治区绿色GDP总量排名的第18位；GDP总量为17559.25亿元，位列全国内陆31个省市自治区GDP总量排名的第20位。2014年，重庆市的GDP总量为14262.60亿元，排名第21位；绿色GDP总量为13201.22亿元，排名第20位。2015年，重庆市的GDP总量为15717.27亿元，排名第20位；绿色GDP总量为14763.90亿元，排名第19位。2014至2016年，重庆市GDP总量的平均增幅为10.97%，绿色GDP总量的平均增幅为11.89%。相比而言，2014至2016年期间，重庆市的绿色GDP总量增幅高于GDP总量增幅0.92%。

从经济总量的人均值来看，重庆市2016年的人均绿色GDP已达53836.79元，位列全国内陆31个省市自治区人均绿色GDP排名的第10位；人均GDP值为57600.96元，位列全国内陆31个省市自治区人均GDP排名的第10位。2014年，重庆市的人均GDP值为47678.68元，排名第12位；人均绿色GDP值为44130.59元，排名第11位。2015年，重庆市的人均GDP值为52103.46元，排名第11位；人均绿色GDP值为48943.00元，排名第11位。2014至2016年，重庆市人均GDP的平均增幅为9.89%，人均绿色GDP的平均增幅为10.88%。相比而言，2014至2016年期间，重庆市的人均绿色GDP平均增幅高于人均GDP平均增幅0.99%。

综上，重庆市作为我国西部地区唯一的直辖市，与其他直辖市一样，其经济规模并不是很大，但却在保持较高的经济增长速度的同时，绿色化程度也在稳步提升。如何继续保持绿色化程度不下滑，并稳步提升经济总量，可能是重庆市绿色发展中需要重点思考的问题。

5. 江苏省

江苏，简称苏，位于中国大陆东部沿海，介于东经116°18′—121°57′，北纬30°45′—35°20′之间。1667年因江南布政使司东西分置而建省。省名为"江南江淮扬徐海通等处承宣布政使司"与"江南苏松常镇太等处承宣布政使司"合称之简称。江苏辖江临海，扼淮控湖，经济繁荣，教育发达，文化昌盛。地跨长江、淮河南北，拥有吴、金陵、淮扬、中原四大多元文化及地域特征。江苏地处中国东部，地理上跨越南北，气候、植被也同样同时具有南方和北方的特征。江苏省东临黄海，与上海市、浙江省、安徽省、山东省接壤。江苏与上海、浙江共同构成的长江三角洲城市群已成为6大世界级城市群之一。江苏人均GDP、地区发展与民生指数（DLI）均居全国省域第一，已步入"中上等"发达国家水平。

经过"十二五"时期的奋斗，江苏省经济综合实力和发展水平得到显著提升，发展动力正在加快转换，发展空间不断拓展优化，发展的稳定性、竞争力和抗风险能力明显增强。特别是"一带一路"建设与长江经济带建设、长三角一体化等国家战略在江苏交汇叠加，为江苏提供了新的重大机遇。"十三五"时期，江苏根据五大发展理念和发展阶段的新变化新任务新要求，在保持发展战略连续性、稳定性的基础上，与时俱进丰富完善发展战略，深化拓展战略内涵，努力实现更高质量、更有效率、更加公平、更可持续的发展。"十三五"时期，江苏经济社会发展的战略导向是：（1）实施创新驱动发展战略。进一步强化创新在发展全局中的核心位置，把创新贯穿于经济社会发展的全过程。（2）实施科教与人才强省战略。更好发挥其基础性作用，依托江苏科教、人才优势，进一步强化科技第一生产力、教育根本基础、人才第一资源的地位。（3）实施新型城镇化和城乡发展一体化战略。结合江苏不同区域实际，推进以人为核心的新型城镇化。（4）实施区域协调发展战略。全面融入国家区域发展总体布局，充分发挥各地比较优势，促进区域互补、南北联动、跨江融合、陆海统筹，培育区域经济新增长点，缩小区域发展差距。（5）实施经济国际化战略。紧紧抓住"一带一路"建设机遇，坚持内外需协调、进出口平衡、更高水平引进来和更大步伐走出去并重、引资和引技引智并举。（6）实施可持续发展战略。坚持绿色发展、绿色惠民，着力推进生产方式、生活方式、消费方式绿色化，加快建设资源节约型、环境友好型社会，推进美丽宜居新江苏建设，促进经济发展与生态文明相辅相成、人与自然和谐共生。（7）实施民生共享战略。坚持以人为本、民生优先、共享发展，把民生需求作为经济社会发展根本导向，鼓励创业致富、勤劳致富，提高基本公共服务均等化水平。

江苏地处长江经济带，下辖的13个设区市全部进入百强，是唯一所有地级市都跻身百强的省份。江苏省域经济综合竞争力居全国第一，是中国经济最活跃的省份之一。近些年来，江苏综合经济实力显著提升。经济总量连跨三个万亿元台阶，超过7万亿元，年均增长9.6%，高于全国1.8个百分点；人均GDP超过8.8万元，位居全国各省（区）首位。这一阶段成为江苏发展史上综合实力提升最快、转型发展进展最大、人民群众得到实惠最多的时期之一。生态省建设深入推进,在全国率先划定生态保护红线区域,生态环境保护长效机制逐步健全,可持续发展能力不断增强。资源节约集约利用水平显著提高,单位GDP能耗水耗和二氧化碳排放下降幅度、主要污染物减排均超额完成国家下达的任务。蓝天、清水、绿地工程加快实施,大气污染防治区域联防联控机制基本建立,太湖水质逐年改善,长江、淮河流域治污规划实施成效居全国前列。城乡环境整治取得显著成效,基本完成自然村环境整治任务。绿色江苏建设加快推进,林木覆盖率达到22.5%。整体的经济社会发展在取得成绩的同时还存在着诸多较明显的问题,主要是:新旧动能接续转换任务艰巨,自主创新能力和经济发展质量需进一步提高;实体经济发展面临不少困难,支持实体经济发展的政策措施、营商环境需进一步加强和改善;生态环境还存在许多短板和突出问题,大气、水、土壤污染治理任务繁重;发展不平衡不充分问题仍然比较突出,城乡区域协调发展水平需进一步提升;互联网金融、房地产、政府性债务、安全生产等领域的风险隐患不容忽视。

江苏省2014—2016年绿色发展综合绩效年度变化如图4—5、表4—5所示:

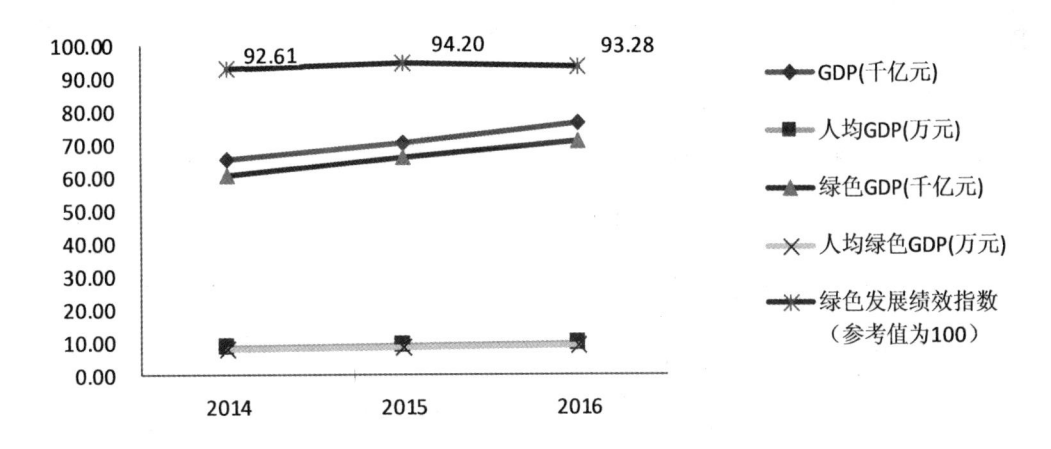

图4—5 2014—2016年江苏省绿色发展综合绩效年度变化曲线

表 4—5　　　　　2014—2016 年江苏省绿色发展综合绩效年度变化数据

指标＼年度	2014	2015	2016
绿色发展绩效指数（参考值为100）	92.61	94.20	93.28
绿色发展绩效指数排名	8	5	5
GDP（千亿元）	65.09	70.12	76.09
GDP 排名	2	2	2
人均 GDP（万元）	8.18	8.79	9.51
人均 GDP 排名	4	4	4
绿色 GDP（千亿元）	60.28	66.05	70.97
绿色 GDP 排名	2	2	2
人均绿色 GDP（万元）	7.57	8.28	8.87
人均绿色 GDP 排名	4	4	4

从绿色发展的程度看，江苏省 2016 年的绿色发展绩效指数为 93.28，位列全国内陆 31 个省市自治区绿色发展绩效指数排名的第 5 位。经测算，江苏省 2014 年、2015 年、2016 年连续三年的绿色发展绩效指数平均值为 93.36。其中，2014 年江苏省的绿色发展绩效指数为 92.61，排名第 8 位；；2015 年江苏省的绿色发展绩效指数为 94.20，排名第 5 位；2016 年江苏省的绿色发展绩效指数为 93.28，排名第 5 位。该数据初步表明，江苏省初步具有相应的绿色发展能力，其绿色发展水平保持了相对稳定。

从经济总量来看，江苏省 2016 年的绿色 GDP 总量为 70971.50 亿元，位列全国内陆 31 个省市自治区绿色 GDP 总量排名的第 2 位；GDP 总量为 76086.17 亿元，位列全国内陆 31 个省市自治区 GDP 总量排名的第 2 位。2014 年，江苏省的 GDP 总量为 65088.32 亿元，排名第 2 位；绿色 GDP 总量为 60280.90 亿元，排名第 2 位。2015 年，江苏省的 GDP 总量为 70116.38 亿元，排名第 2 位；绿色 GDP 总量为 66046.83 亿元，排名第 2 位。2014 至 2016 年，江苏省 GDP 总量的平均增幅为 8.12%，绿色 GDP 总量的平均增幅为 9.57%。相比而言，2014 至 2016 年期间，江苏省的绿色 GDP 总量增幅高于 GDP 总量增幅 1.45%。

从经济总量的人均值来看，江苏省 2016 年的人均绿色 GDP 已达 88729.90 元，位列全国内陆 31 个省市自治区人均绿色 GDP 排名的第 4 位；人均 GDP 值为

95124.36 元，位列全国内陆 31 个省市自治区人均 GDP 排名的第 4 位。2014 年，江苏省的人均 GDP 值为 81768.63 元，排名第 4 位；人均绿色 GDP 值为 75729.20 元，排名第 4 位。2015 年，江苏省的人均 GDP 值为 87905.90 元，排名第 4 位；人均绿色 GDP 值为 82803.84 元，排名第 4 位。2014 至 2016 年，江苏省人均 GDP 的平均增幅为 7.82%，人均绿色 GDP 的平均增幅为 9.38%。相比而言，2014 至 2016 年期间，江苏省的人均绿色 GDP 平均增幅高于人均 GDP 平均增幅 1.56%。

综上，江苏省经济规模正在迅猛增加，与广东省携手共进，遥遥领先于其他省市自治区。同时，江苏省的绿色 GDP、人均绿色 GDP、绿色发展绩效指数等绿色发展绩效指标都在稳步提升。

6. 广东省

广东，《吕氏春秋》称"百越"，《史记》称"南越"，《汉书》称"南粤"，简称"粤"，在历史长河中，广州、广东等地名次第出现，逐渐演化成广东省及其辖境。广东地处祖国大陆最南部。东邻福建，北接江西、湖南，西连广西，南邻南海，珠江口东西两侧分别与香港、澳门特别行政区接壤，西南部雷州半岛隔琼州海峡与海南省相望。截至 2016 年 12 月 31 日，全省有 21 个地级市，20 个县级市、34 个县、3 个自治县、64 个市辖区、4 个乡、7 个民族乡、1128 个镇、461 个街道办事处。广东省在语言风俗、传统、历史文化等方面都有着独特风格，是岭南文化的重要传承地。通行粤语、客家语和闽语，而且粤、客两大方言的中心都在广东。广东省在秦以前，作为中华民族先民的南越族人民已经开始从事农业活动，是中国历史上商品性农业最早发展的地区之一，也是中国最早出现资本主义生产方式的省份之一。自 1989 年起，广东国内生产总值在全国 31 个省市自治区中，连续占据第一位。广东已成为中国第一经济大省，经济总量占全国的 1/8，并超越香港和台湾，成为中国经济规模最大，经济综合竞争力、金融实力最强省份，已达到中上等收入国家水平、中等发达国家水平。

经过"十二五"时期的发展，广东省综合实力和核心竞争力明显提升。"十三五"时期，广东省经济社会发展面临新常态下的深度调整和转型攻坚。一方面，面临难得的历史机遇；另一方面，与发达国家和地区仍有较大差距，自身发展还面临不少突出问题和挑战。"十三五"时期，广东经济社会发展的目标是：(1)率先全面建成小康社会。确立2018年为率先全面建成小康社会的目标年。到2020年地区生产总值约11万亿元，人均地区生产总值约10万元。城乡居民收入增长与经济增长同步。(2)基本建立比较完善的社会主义市场经济体制。率先在经济社会发展重要领域和关键环节改革上取得决定性成果，形成系统完备、科学规范、运行有效的制度体系。(3)基本建立开放型区域创新体系。加快建设创新驱动发展先行省，构建创新型经济体系和创新发展新模式。(4)基本建立具有全球竞争力的产业新体系。现代服务业和先进制造业发展水平不断提高，战略新兴产业快速发展，农业现代化取得明显进展，产业结构进一步优化。(5)基本形成绿色低碳发展新格局。单位生产总值能耗水耗、单位生产总值二氧化碳以及主要污染物排放的控制水平处于全国前列。城市集中式饮用水源水质高标准稳定达标，空气质量总体保持良好。耕地保有量保持稳定，森林覆盖率进一步提高，生态环境明显改善。

1978年以来，广东在全国率先实行改革开放政策，促进了经济快速协调发展，已成为中国第一经济大省，经济最发达、最具市场活力和投资吸引力的地区之一，珠江三角洲地区已经成为世界知名的加工制造出口基地，是世界产业转移的首选地区之一。广东省以中国第一经济大省的地位，在许多经济指标上都列各省第一位。如地区生产总值、社会消费品零售总额、居民储蓄存款、专利申请量、税收、进出口总额、旅游总收入、移动电话拥有量、互联网用户、货物运输周转总量等。其中进出口总额年均占全国约1/4；累计吸引外商投资占全国约1/4。2016年广东人均GDP达到72787元，是全国的1.3倍。2016年，广东省围绕"三个定位、两个率先"目标，坚持稳中求进工作总基调，主动适应、把握和引领经济发展新常态，牢固树立新发展理念，以推进供给侧结构性改革为主线，适度扩大总需求，引导形成良好社会预期，统筹做好稳增长、促改革、调结构、惠民生、防风险各项工作，促进全省经济社会保持平稳健康发展。初步核算，全省生产总值达 7.95 万亿元，比上年增长 7.5%；来源于广东的财政总收入达 2.28 万亿元，比上年增长 9%，地方一般公共预算收入达 1.039 万亿元，增长 10.3%；居民人均可支配收入突破 3 万元，增长 8.7%；城镇登记失业率 2.47%；居民消费价格上涨 2.3%。

广东省 2014—2016 年绿色发展综合绩效年度变化如图 4—6、表 4—6 所示：

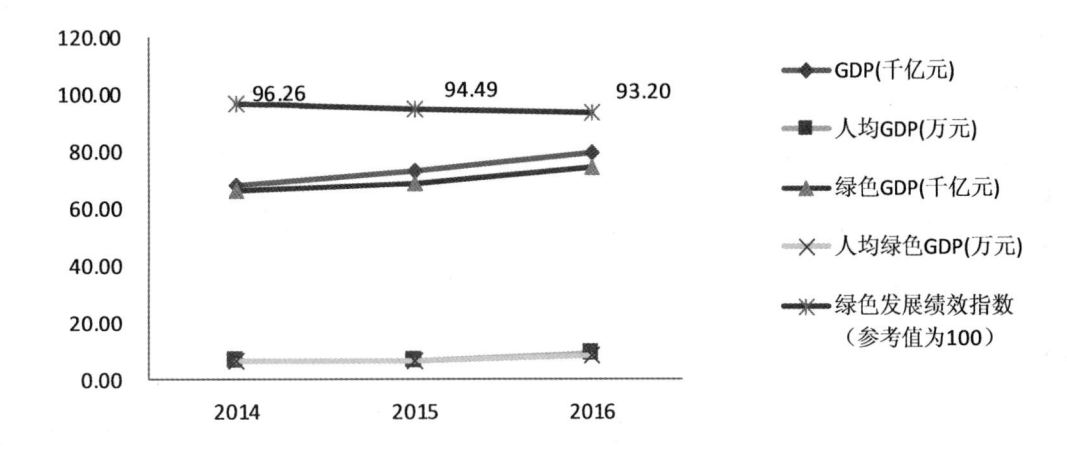

图 4—6　2014—2016 年广东省绿色发展综合绩效年度变化曲线

表 4—6　　　　　2014—2016 年广东省绿色发展综合绩效年度变化数据

年度 指标	2014	2015	2016
绿色发展绩效指数（参考值为100）	96.26	94.49	93.20
绿色发展绩效指数排名	1	3	6
GDP（千亿元）	67.81	72.81	79.51
GDP 排名	1	1	1
人均 GDP（万元）	6.32	6.71	8.68
人均 GDP 排名	8	9	5
绿色 GDP（千亿元）	65.72	68.80	74.11
绿色 GDP 排名	1	1	1
人均绿色 GDP（万元）	6.09	6.34	8.09
人均绿色 GDP 排名	7	6	5

从绿色发展的程度看，广东省2016年的绿色发展绩效指数为93.20，位列全国内陆31个省市自治区绿色发展绩效指数排名的第6位。经测算，广东省2014年、2015年、2016年连续三年的绿色发展绩效指数平均值为94.65。其中，2014年广东省的绿色发展绩效指数为96.26，排名第1位；2015年广东省的绿色发展绩效指数为94.49，排名第3位；2016年广东省的绿色发展绩效指数为93.20，排名第6位。该数据初步表明，广东省初步具有相应的绿色发展能力，当仍需保持相应发展水平。

从经济总量来看，广东省2016年的绿色GDP总量为74106.20亿元，位列全国内陆31个省市自治区绿色GDP总量排名的第1位；GDP总量为79512.05亿元，位列全国内陆31个省市自治区GDP总量排名的第1位。2014年，广东省的GDP总量为67809.85亿元，排名第1位；绿色GDP总量为65273.17亿元，排名第1位。2015年，广东省的GDP总量为72812.55亿元，排名第1位；绿色GDP总量为68802.37亿元，排名第1位。2014至2016年，广东省GDP总量的平均增幅为8.29%，绿色GDP总量的平均增幅为4.69%。相比而言，2014至2016年期间，广东省的绿色GDP总量增幅低于GDP总量增幅3.60%。

从经济总量的人均值来看，广东省2016年的人均绿色GDP已达80858.71元，位列全国内陆31个省市自治区人均绿色GDP排名的第5位；人均GDP值为86757.14元，位列全国内陆31个省市自治区人均GDP排名的第5位。2014年，广东省的人均GDP值为63231.86元，排名第8位；人均绿色GDP值为60866.44元，排名第7位。2015年，广东省的人均GDP值为67114.53元，排名第9位；人均绿色GDP值为63418.17元，排名第6位。2014至2016年，广东省人均GDP的平均增幅为17.77%，人均绿色GDP的平均增幅为4.11%。相比而言，2014至2016年期间，广东省的人均绿色GDP平均增幅低于人均GDP平均增幅13.66%。

综上，广东省经济总量在全国内陆31个省市自治区中独占鳌头。但是，从2014至2016年的人均指标和绿色指标来看，广东省的绿色发展受到人口因素的影响较大。尤其是其GDP、人均绿色GDP增幅明显低于其绿色GDP、人均GDP增幅值得关注。

7. 福建省

福建，简称"闽"，位于我国东南沿海，东隔台湾海峡与台湾省相望。陆地平面形状似一斜长方形，东西最大间距约480公里，南北最大间距约530公里。全省大部分属中亚热带，闽东南部分地区属南亚热带。土地总面积12.4万平方公里，海域面积13.6万平方公里。陆地海岸线长达3752公里，位居全国第二位。福建位于东海与南海的交通要冲，海路可以到达南亚、西亚、东非，是历史上海上丝绸之路、郑和下西洋的起点，也是海上商贸集散地。与中国其他地方不同，福建沿海的文明是海洋文明，而内地客家地区是农业文明。生态环境质量保持全优。实行最严格的环境执法监管，实现省级环保督察全覆盖。全省12条主要河流优良水质比例达95.8%。近岸海域一、二类海水水质面积占比88.9%。9个设区城市空气质量优良天数比例达96.2%，高于全国平均水平18.2个百分点。森林覆盖率65.95%，保持全国首位。5个县（区）成为第一批国家生态文明建设示范县（区），6个设区市成为国家森林城市，创森工作走在全国前列。

"十三五"时期，福建经济社会发展的主要目标是：（1）综合实力大幅提升。经济保持稳定较快、高于全国平均增长，地区生产总值年均增长8.5%，一般公共预算总收入达5800亿元以上，全社会固定资产投资年均增长15%，消费品零售总额年均增长11%。（2）城乡区域更加协调。新型城镇化建设加快推进，发展格局进一步优化，福州、厦漳泉两大都市区同城化步伐加快，辐射作用进一步加强，中小城市和特色小城镇加快培育，区域间协作协同效益显著。（3）改革开放取得重大进展。重点领域和关键环节改革取得实质性突破，若干领域走在全国前列，若干区域成为全国改革排头兵和试验田。（4）创新创业活力显著增强。理论创新、制度创新、科技创新、文化创新等上新水平，创新在全社会蔚然成风。基本形成适应创新驱动发展要求的制度环境和人文环境。（5）人民生活水平全面提高。城乡居民人均收入年均增长8%，提前比

2010年翻一番，到2018年现行国定扶贫标准贫困人口全部脱贫、2020年现行省定扶贫标准规定的贫困人口全部脱贫。（6）人民生活水平全面提高。城乡居民人均收入年均增长8%，提前比2010年翻一番，到2018年现行国定扶贫标准贫困人口全部脱贫、2020年现行省定扶贫标准贫困人口全部脱贫。

福建地处东南沿海，地理位置优越，山海资源丰富，生态环境优越，文化底蕴深厚，产业升级成效显著，对台联系紧密，战略地位十分重要。近年来，福建省对外开放水平持续提升，闽台经济融合进一步深化，海峡西岸经济区是以福建为主体，面对台湾，邻近港澳，北承长江三角洲，南接珠江三角洲，西连内陆，涵盖周边，具有自身特点、独特优势、辐射集聚的经济区域，是我国沿海经济带的重要组成部分，在全国区域经济发展布局中处于重要地位。福建省在海峡西岸经济区中居主体地位与台湾地区地缘相近、血缘相亲、文缘相承、商缘相连、法缘相循，具有对台交往独特优势。与此同时，福建省在发展中面临不少困难和挑战，工作中还存在一些不足，主要是：经济发展与发达省份相比还存在较大差距，发展不平衡不充分问题仍然突出；发展质量和效益还不高，创新能力、人才支撑不够强；民生领域存在不少短板，稳定脱贫任务艰巨，城乡区域发展与收入分配差距依然较大，群众在就业、教育、医疗、居住、养老等方面面临不少难题；社会治理能力有待加强；生态环境保护压力较大，应对重大自然灾害能力有待提升；体制机制创新和政府职能转变还不到位，营商环境还需进一步优化。

福建省2014—2016年绿色发展综合绩效年度变化如图4—7、表4—7所示：

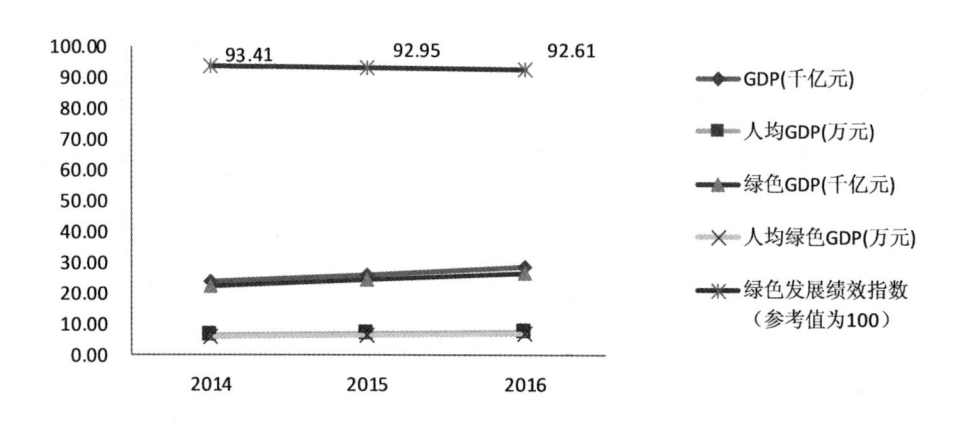

图4—7　2014—2016年福建省绿色发展综合绩效年度变化曲线

表4—7　　　　　　2014—2016年福建省绿色发展综合绩效年度变化数据

指标 \ 年度	2014	2015	2016
绿色发展绩效指数（参考值为100）	93.41	92.95	92.61
绿色发展绩效指数排名	6	9	7
GDP（千亿元）	24.06	25.98	28.52
GDP排名	11	11	10
人均GDP（万元）	6.32	6.77	7.36
人均GDP排名	9	8	8
绿色GDP（千亿元）	22.47	24.15	26.41
绿色GDP排名	11	10	11
人均绿色GDP（万元）	5.90	6.29	6.82
人均绿色GDP排名	8	7	7

从绿色发展的程度看，福建省2016年的绿色发展绩效指数为92.61，位列全国内陆31个省市自治区绿色发展绩效指数排名的第7位。经测算，福建省2014年、2015年、2016年连续三年的绿色发展绩效指数平均值为92.99。其中，2014年福建省的绿色发展绩效指数为93.41，排名第6位；2015年福建省的绿色发展绩效指数为92.95，排名第9位；2016年福建省的绿色发展绩效指数为92.61，排名第7位。该数据初步表明，福建省具备较好的绿色发展基础，但仍需花大力气保持其相对的稳定。

从经济总量来看，福建省2016年的绿色GDP总量为26410.61亿元，位列全国内陆31个省市自治区绿色GDP总量排名的第11位；GDP总量为28519.15亿元，位列全国内陆31个省市自治区GDP总量排名的第10位。2014年，福建省的GDP总量为24055.76亿元，排名第11位；绿色GDP总量为22469.64亿元，排名第11位。2015年，福建省的GDP总量为25979.82亿元，排名第11位；绿色GDP总量为24148.29亿元，排名第10位。2014至2016年，福建省GDP总量的平均增幅为8.88%，绿色GDP总量的平均增幅为7.48%。相比而言，2014至2016年期间，福建省的绿色GDP总量增幅低于GDP总量增幅1.40%。

从经济总量的人均值来看，福建省2016年的人均绿色GDP已达68174.01元，位列全国内陆31个省市自治区人均绿色GDP排名的第7位；人均GDP值为 73616.80 元，位列全国内陆 31 个省市自治区人均 GDP 排名的第 8 位。2014 年，福建省的人均 GDP 值为 63204.83 元，排名第 9 位；人均绿色 GDP 值为 59037.40 元，排名第 8 位。2015 年，福建省的人均 GDP 值为 67673.40 元，排名第 8 位；人均绿色 GDP 值为 62902.55 元，排名第 7 位。2014 至 2016 年，福建省人均 GDP 的平均增幅为 7.92%，人均绿色 GDP 的平均增幅为 6.61%。相比而言，2014 至 2016 年期间，福建省的人均绿色 GDP 平均增幅低于人均 GDP 平均增幅 1.31%。

综上，福建省是我国东南沿海大省，其经济规模较为庞大，并拥有得天独厚的沿海、沿边开放资源，这应该是为其绿色发展创造了极好的条件。但从本次的研究结果来看，福建省的绿色发展在其经济规模、绿色发展的人均效率方面，还有很大提升空间。

8. 海南省

海南省位于中国最南端。北以琼州海峡与广东省划界，西隔北部湾与越南相对，东面和南面在南海中与菲律宾、文莱、印度尼西亚和马来西亚为邻。海南省的行政区域包括海南岛、西沙群岛、中沙群岛、南沙群岛的岛礁及其海域，是全国面积最大的省。全省陆地（主要包括海南岛和西沙、中沙、南沙群岛）总面积 3.54 万平方公里，海域面积约 200 万平方公里。海南岛岛屿轮廓形似一个椭圆形大雪梨，长轴呈东北至西南向，长约 290 公里，西北至东南宽约 180 公里，面积 3.39 万平方公里，是国内仅次于台湾岛的第二大岛。海岸线总长 1823 公里，有大小港湾 68 个。海南岛北与广东雷州半岛相隔的琼州海峡宽约 18 海里，是海南岛与大陆之间的"海上走廊"，也是北部湾与南海之间的海运通道。西沙群岛和中沙群岛在海南岛东南面约 300 海里的南海海面上。中沙群岛大部分淹没于水下，仅黄岩岛露出水面。西沙群岛有岛屿 22 座，陆地面积 8 平方公里，其中永兴岛最大（2.13 平方公里）。南沙群岛位于南海的南部，是分布最广和暗礁、暗沙、暗滩最多的一组群岛，陆地面积仅 2 平方公里，其中曾母暗沙是中国最南端的领土。2018年4月13日，党中央决定支持海南全岛建设自由贸易试验区，支持海南逐步探索、稳步推进中国特色自由贸易港建设，分步骤、分阶段建立自由贸易港政策和制度体系。2018年6月3日，经海南省委、省政府深入调研、统筹规划，决定设立海口江东新区，将其作为建设中国（海南）自由贸易试验区的重点先行区域。

"十三五"时期，海南将立足生态环境、经济特区、国际旅游岛"三大优势"，着力深化体制机制改革、着力优化空间布局和经济结构、着力建设全国生态文明示范区、着力打造"一带一路"建设支点、着力建设基本公共服务均等化先行区，实施海洋强省战略，实施依法治省战略。具体表现为：（1）生态环境是海南发展的最大优势和生命线。必须坚持在保护中发展，在发展中保护。严守生态红线，促进经济社会发展与人口、资源、环境相协调，实现人与自然和谐共生。着力打造现代服务业、热带特色高效农业、新型工业等绿色低碳特色产业体系，加快建设全国生态文明示范区，形成经济社会发展与生态环境保护互促共赢的良好局面。（2）经济特区是中央在改革开放的总体布局中赋予海南的历史使命和责任担当。继续发扬经济特区敢闯敢试、敢为人先的精神，擦亮特区品牌，凸显特区特色，锐意改革，勇于创新，继续不断放大政策效应和释放改革开放红利，在打造更具活力的体制机制、拓展更加开放的发展局面上走在全国前列，充分调动广大干部群众的积极性，通过锲而不舍、艰苦奋斗创造美好未来。（3）建设国际旅游岛是海南的最大机遇和最强比较优势。以国际旅游岛建设为总抓手，用好用足用活国际旅游岛特殊政策，以更大的力度解放思想、深化改革、扩大开放，在省域"多规合一"改革试点、新一轮农垦改革、行政审批制度改革、司法体制改革、农村综合改革、科技体制改革、财税金融体制改革、投融资体制改革等方面取得更大进展，推动优化空间布局和经济结构，着力打造"一带一路"建设支点、推进建设基本公共服务均等化先行区，争创中国特色社会主义实践范例，谱写美丽中国海南篇章。

海南省区位优势明显，气候良好，自然资源独特，海陆空交通建设取得明显进展，为发展旅游业，建成旅游岛提供了条件。尽管海南省发展起步晚，但后发优势明显，自然环境没有遭到大量破坏，这是海南发展的最大优势所在。

近年来，海南开展的大规模基础设施建设为海南经济社会发展增添了新的动力。国家实施的海洋强国战略，设立三沙市，为海南的发展提供了难得的历史机遇。同时，海南仍属欠发达省份，经济基础薄弱，投资结构和产业结构不合理；区域之间、城乡之间发展不平衡；市场发育不充分，制约发展的体制机制问题依然存在；对外开放力度、社会文明程度与国际旅游岛要求不相适应；社会治理能力和基层组织建设有待加强；专业型、领军型高端人才不足；保持和提升综合环境质量难度加大。

海南省2014—2016年绿色发展综合绩效年度变化如图4—8、表4—8所示：

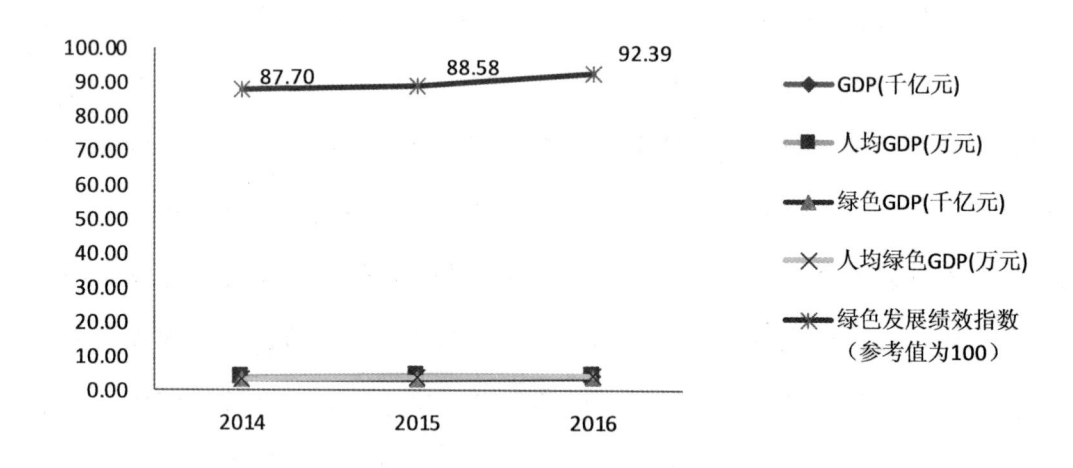

图4—8　2014—2016年海南省绿色发展综合绩效年度变化曲线

表4—8　2014—2016年海南省绿色发展综合绩效年度变化数据

指标＼年度	2014	2015	2016
绿色发展绩效指数（参考值为100）	87.70	88.58	92.39
绿色发展绩效指数排名	13	15	8
GDP（千亿元）	3.50	3.70	4.04
GDP排名	28	28	28
人均GDP（万元）	3.87	4.07	4.41
人均GDP排名	20	17	16
绿色GDP（千亿元）	3.07	3.28	3.74
绿色GDP排名	28	28	28
人均绿色GDP（万元）	3.40	3.60	4.07
人均绿色GDP排名	16	16	15

从绿色发展的程度看,海南省2016年的绿色发展绩效指数为92.39,位列全国内陆31个省市自治区绿色发展绩效指数排名的第8位。经测算,海南省2014年、2015年、2016年连续三年的绿色发展绩效指数平均值为89.56。其中,2014年海南省的绿色发展绩效指数为87.70,排名第13位;2015年海南省的绿色发展绩效指数为88.58,排名第15位;2016年海南省的绿色发展绩效指数为92.39,排名第8位。该数据初步表明,海南省的绿色发展水平已经有较大幅度的提升。

从经济总量来看,海南省2016年的绿色GDP总量为3736.78亿元,位列全国内陆31个省市自治区绿色GDP总量排名的第28位;GDP总量为4044.51亿元,位列全国内陆31个省市自治区GDP总量排名的第28位。2014年,海南省的GDP总量为3500.72亿元,排名第28位;绿色GDP总量为3069.97亿元,排名第28位。2015年,海南省的GDP总量为3702.76亿元,排名第28位;绿色GDP总量为3279.73亿元,排名第28位。2014至2016年,海南省GDP总量的平均增幅为7.45%,绿色GDP总量的平均增幅为6.84%。相比而言,2014至2016年期间,海南省的绿色GDP总量增幅低于GDP总量增幅0.61%。

从经济总量的人均值来看,海南省2016年的人均绿色GDP已达40744.25元,位列全国内陆31个省市自治区人均绿色GDP排名的第15位;人均GDP值为44099.64元,位列全国内陆31个省市自治区人均GDP排名的第16位。2014年,海南省的人均GDP值为38747.07元,排名第20位;人均绿色GDP值33979.37元,排名第16位。2015年,海南省的人均GDP值为40653.04元,排名第17位;人均绿色GDP值为36008.53元,排名第16位。2014至2016年,海南省人均GDP的平均增幅为6.76%,人均绿色GDP的平均增幅为5.88%。相比而言,2014至2016年期间,海南省的人均绿色GDP平均增幅低于人均GDP平均增幅0.88%。

综上,海南省位于中国南端,热带物产丰富。最近几年,"国际旅游岛"在海南省的落地给海南省注入了新的经济活力。对于海南省而言,通过积极倡导绿色生活方式,积极打造更加绿色的生产、生活样态,极有可能塑造新的中国"南方绿色明珠"。

9. 湖北省

湖北省位于中华人民共和国的中部，简称鄂。东邻安徽，南界江西、湖南，西连重庆，西北与陕西接壤，北与河南毗邻。东西长约 740 公里，南北宽约 470 公里。全省土地总面积 18.59 万平方公里，占全国总面积的 1.94%。最东端是黄梅县，最西端是利川市，最南端是来凤县，最北端是郧西县。全省地势大致为东、西、北三面环山，中间低平，略呈向南敞开的不完整盆地。在全省总面积中，山地占 56%，丘陵占 24%，平原湖区占 20%。湖北省境内除长江、汉江干流外，省内各级河流河长 5 公里以上的有 4228 条，河流总长 5.92 万公里，其中河长在 100 公里以上的河流 41 条。湖北素有"千湖之省"之称。境内湖泊主要分布在江汉平原上。现有湖泊 755 个，湖泊水面面积合计 2706.851 平方公里。湖北省地处亚热带，位于典型的季风区内。湖北省地处长江中游，位居华中腹地，是中华民族灿烂文化的重要发祥地之一。在湖北郧县等地考古发现远古时代郧阳人、长阳人的化石表明，早在七八十万年前，就有人在这块土地上辛勤劳作，繁衍生息，创造了光辉灿烂的历史文化。目前，湖北共下辖 13 个地级行政区，包括 12 个地级市、1 个自治州；103 个县级行政区。

"十三五"时期，湖北省将处于发展的黄金机遇期、积蓄能量释放期、综合优势转化期、四化同步发展加速推进期，也面临矛盾叠加、风险隐患增多的严峻挑战，但机遇大于挑战。"十三五"时期，湖北省经济社会发展目标是：（1）经济保持平稳较快增效发展。经济增速继续保持高于全国、中部领先，在结构优化、转型提质的基础上，全省生产总值和城乡居民人均可支配收入比 2010 年提前翻一番。（2）人民生活水平明显提高。（3）社会文明程度显著提高。（4）生态环境质量进一步改善。生态省建设全面推进，"绿满荆楚"行动目标全面实现。能源资源开发利用效率大幅提高，节能减排水平进一步提升，全面完成国家下达的约束性指标任务。水、大气、土壤污染等环境问题得到有效遏制，人居环境显著改善。主体功能区布局和生态安全屏障基本形成。在长江经济带率先形成节约能源资源和保护生态环境的产业结构、增长方式和消费模式。(5)依法治理水平全面提高。"十三五"规划提出,经过五年努力,确保实现第一个百年奋斗目标,在中部地区率先全面建成小康社会,在此基础上进一步巩固全面小康社会的建设成果,提升全面小康社会的水平和品质,持续推动湖北科学发展、跨越式发展,力争在创新驱动、转变经济发展方式、绿色发展、全面深化改革和法治建设上走在全国前列,为实现第二个百年奋斗目标奠定坚实的总量基础、结构基础、产业基础、动力基础、"底盘"基础、社会基础和生态基础。

近年来,湖北经济发展保持"稳中有进、进中向好"的良好态势,延续了"高于全国、中部靠前"的发展势头。主要经济指标均高于和好于全国平均水平,增速在全国位次前移。在新常态下,湖北正在努力保持经济平稳较快增长,加快推进产业结构优化升级,加快推进农业现代化,深入实施"一元多层次"战略体系,进一步加大改革开放力度,加强生态文明建设,更大力度保障和改善民生,加快"五个湖北"建设,以实现"建成支点、走在前列"的宏伟目标。同时,发展过程中还存在不少问题和不足。发展不平衡不充分问题较为突出,尤其是地区、城乡发展分化明显,农村基础设施、公共服务和乡村治理仍然薄弱;经济结构不优、质量效益不高的状况没有根本改变,产业转型升级任务较重,实体经济发展困难较多;各类风险矛盾交织,防范化解风险压力大;民生领域存在不少短板,脱贫攻坚任务艰巨。

湖北省2014—2016年绿色发展综合绩效年度变化如图4—9、表4—9所示:

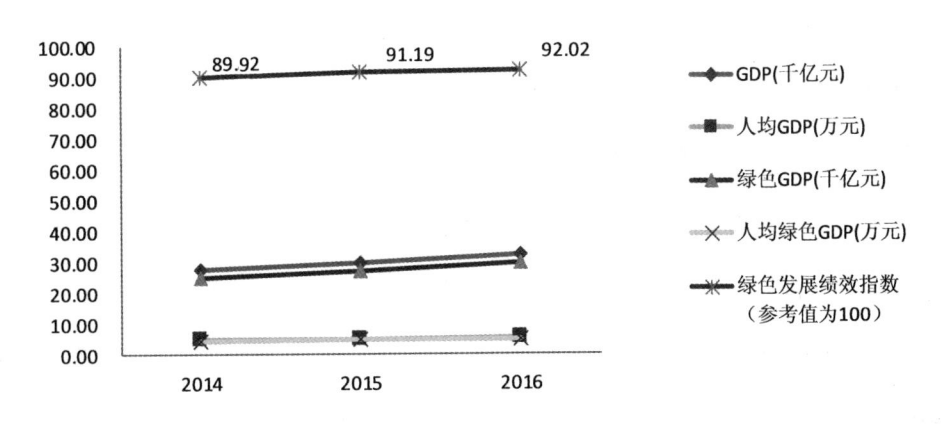

图4—9 2014—2016年湖北省绿色发展综合绩效年度变化曲线

表4—9　　2014—2016年湖北省绿色发展综合绩效年度变化数据

指标＼年度	2014	2015	2016
绿色发展绩效指数（参考值为100）	89.92	91.19	92.02
绿色发展绩效指数排名	10	11	9
GDP（千亿元）	27.38	29.55	32.30
GDP排名	9	8	7
人均GDP（万元）	4.71	5.05	5.49
人均GDP排名	13	13	11
绿色GDP（千亿元）	24.62	26.95	29.72
绿色GDP排名	8	6	6
人均绿色GDP（万元）	4.23	4.61	5.05
人均绿色GDP排名	13	12	11

从绿色发展的程度看，湖北省2016年的绿色发展绩效指数为92.02，位列全国内陆31个省市自治区绿色发展绩效指数排名的第9位。经测算，湖北省2014年、2015年、2016年连续三年的绿色发展绩效指数平均值为91.04。其中，2014年湖北省的绿色发展绩效指数为89.92，排名第10位；2015年湖北省的绿色发展绩效指数为91.19，排名第11位；2016年湖北省的绿色发展绩效指数为92.02，排名第9位。该数据初步表明，湖北省的绿色发展水平开始逐步提升，连续几年重视绿色发展的施政效果也正在显现。

从经济总量来看，湖北省2016年的绿色GDP总量为29719.28亿元，位列全国内陆31个省市自治区绿色GDP总量排名的第6位；GDP总量为32297.91亿元，位列全国内陆31个省市自治区GDP总量排名的第7位。2014年，湖北省的GDP总量为27379.22亿元，排名第9位；绿色GDP总量为24619.27亿元，排名第8位。2015年，湖北省的GDP总量为29550.19亿元，排名第8位；绿色GDP总量为26947.07亿元，排名第6位。2014至2016年，湖北省GDP总量的平均增幅为8.62%，绿色GDP总量的平均增幅为9.46%。相比而言，2014至2016年期间，湖北省的绿色GDP总量增幅高于GDP总量增幅0.84%。

从经济总量的人均值来看，湖北省2016年的人均绿色GDP已达50500.06

元，位列全国内陆31个省市自治区人均绿色GDP排名的第11位；人均GDP值为54881.75元，位列全国内陆31个省市自治区人均GDP排名的第11位。2014年，湖北省的人均GDP值为47075.69元，排名第13位；人均绿色GDP值42330.24元，排名第13位。2015年，湖北省的人均GDP值为50500.20元，排名第13位；人均绿色GDP值为46051.56元，排名第12位。2014至2016年，湖北省人均GDP的平均增幅为7.97%，人均绿色GDP的平均增幅为8.98%。相比而言，2014至2016年期间，湖北省的人均绿色GDP平均增幅低于人均GDP平均增幅1.01%。

综上，湖北省地处我国中部腹地，资源丰富，绿色发展潜力充裕，表现不俗。尤其是最近几年，湖北省委省政府明确提出"市场决定取舍、绿色决定生死、民生决定目的"的三维施政纲要，狠抓湖北省的绿色发展已经初显成效，湖北省正在向"建成支点，走在前列"稳步迈进。

10. 天津市

天津，简称津，意为天子经过的渡口，别名津沽、津门等。天津始于隋朝大运河的开通。在南运河和北运河的交汇处、现在的金钢桥三岔河口地方，史称"三会海口"，是天津最早的发祥地。天津因漕运而兴，明永乐二年十一月二十一日（1404年12月23日）正式筑城，是中国古代唯一有确切建城时间记录的城市。1949年新中国成立后，天津作为直辖市，经济建设和社会事业全面发展，进一步巩固了中国重要综合性工业基地和商贸中心的地位。1978年改革开放以来，天津沿海港口城市优势不断增强，对外交流日益广泛，各项事业蓬勃发展。当前，天津面临千载难逢的发展机遇，京津冀协同发展、自由贸易试验区建设、国家自主创新示范区建设、滨海新区开发开放四大战略与"一带一路"建设叠加，为天津发展创造了良好条件。2014年12月12日，位于天津市滨海新区的中国（天津）自由贸易试验区正式获得国家批准设立。2015年4月21日，中国（天津）自由贸易试验区正式挂牌，成为中国北方地区第一个自贸区。

"十三五"时期，天津着力打造经济升级版，提升社会发展整体效能，增强改革开放新优势，其国民经济和社会发展规划是：一是经济保持平稳较快增长，实体经济不断壮大，产业结构优化升级，质量效益明显提高，协同发展取得新进展，开放型经济和城市国际化程度达到新水平，综合实力和城市影响力大幅提升，全市生产总值年均增长8.5%，服务业增加值占全市生产总值比重超过55%。二是建设充满活力、竞争力强的创新创业之都。三是加快推进生态文明建设，基本形成资源节约型、环境友好型的空间格局、产业结构、生产方式、生活方式，空气质量、水质达标率显著提高，林木绿化率大幅提升，建设生态良好、环境优美的绿色宜居之都。四是增强文化软实力，市民思想道德素质、科学文化素质、健康素质明显提高，建设社会文明的魅力人文之都。五是建设共有共享、安全安定的和谐幸福之都。"十三五"期间，基本实现"一基地三区"定位，全面建成高质量小康社会。与此同时，坚持推动以科技创新为核心的全面创新，积极培育新产业、新业态、新技术、新模式，促进三次产业融合发展，构筑现代产业发展新体系，建设全国产业创新中心和国际创新城市。

天津市地理位置优越，是北京通往东北、华东地区铁路的交通咽喉和远洋航运的港口，有"河海要冲"和"畿辅门户"之称。天津处于环渤海经济圈的中心，是目前中国北方经济中心、环渤海地区经济中心、中国北方国际航运中心、中国北方国际物流中心、国际港口城市和生态城市、国际航运融资中心，滨海新区被誉为"中国经济第三增长极"。腹地辽阔，辐射华北、东北、西北13个省市自治区，对外面向东北亚，是中国北方最大的沿海开放城市。滨海新区的天津港是世界等级最高、中国最大的人工深水港，吞吐量世界第四的综合性港口。天津正处在新的历史起点上，京津冀协同发展、自由贸易试验区建设、自主创新示范区建设、滨海新区开发开放四大国家战略与"一带一路"倡议叠加，机遇千载难逢，发展潜力巨大。同时，发展中的短板和矛盾问题依然突出，面临诸多风险挑战，主要是综合实力还不够强，经济总量不大，产业结构不够优化；创新能力亟待提升，民营经济发展不充分，全社会创新创造创业活力有待进一步释放；资源约束趋紧，污染防治任务依然艰巨；社会保障体系不够完善，公共服务水平不够高，基层社会治理有待加强；安全基础比较薄弱，安全生产形势依然严峻；市民文明素质和社会文明程度仍需提高，人才发展总体水平不高，高层次人才尤其是领军型人才紧缺。

天津市2014—2016年绿色发展综合绩效年度变化如图4—10、表4—10所示：

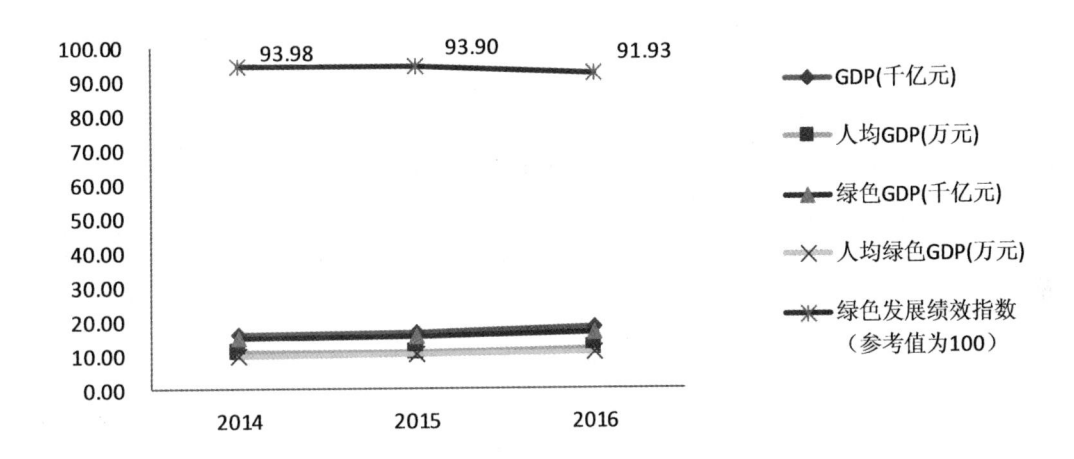

图4—10 2014—2016年天津市绿色发展综合绩效年度变化曲线

表4—10　　2014—2016年天津市绿色发展综合绩效年度变化数据

指标＼年度	2014	2015	2016
绿色发展绩效指数（参考值为100）	93.98	93.90	91.93
绿色发展绩效指数排名	4	7	10
GDP（千亿元）	15.73	16.54	17.89
GDP排名	17	19	19
人均GDP（万元）	10.37	10.69	11.45
人均GDP排名	1	1	3
绿色GDP（千亿元）	14.78	15.53	16.44
绿色GDP排名	16	17	17
人均绿色GDP（万元）	9.74	10.04	10.53
人均绿色GDP排名	1	1	3

从绿色发展的程度看,天津市2016年的绿色发展绩效指数为91.93,位列全国内陆31个省市自治区绿色发展绩效指数排名的第10位。经测算,天津市2014年、2015年、2016年连续三年的绿色发展绩效指数平均值为93.27。其中,2014年天津市的绿色发展绩效指数为93.98,排名第4位;2015年天津市的绿色发展绩效指数为93.90,排名第7位;2016年天津市的绿色发展绩效指数为91.93,排名第10位。该数据初步表明,天津市的绿色发展水平出现了小幅震荡,其绿色发展水平还需要逐步提升。

从经济总量来看,天津市2016年的绿色GDP总量为16441.68亿元,位列全国内陆31个省市自治区绿色GDP总量排名的第17位;GDP总量为17885.39亿元,位列全国内陆31个省市自治区GDP总量排名的第19位。2014年,天津市的GDP总量为15726.93亿元,排名第17位;绿色GDP总量为14780.18亿元,排名第16位。2015年,天津市的GDP总量为16538.19亿元,排名第19位;绿色GDP总量为15528.75亿元,排名第17位。2014至2016年,天津市GDP总量的平均增幅为6.66%,绿色GDP总量的平均增幅为5.07%。相比而言,2014至2016年期间,天津市的绿色GDP总量增幅低于GDP总量增幅1.59%。

从经济总量的人均值来看,天津市2016年的人均绿色GDP已达105252.38元,位列全国内陆31个省市自治区人均绿色GDP排名的第3位;人均GDP值为114494.34元,位列全国内陆31个省市自治区人均GDP排名的第3位。2014年,天津市的人均GDP值为103684.25元,排名第1位;人均绿色GDP值97442.53元,排名第1位。2015年,天津市的人均GDP值为106906.37元,排名第1位;人均绿色GDP值为10083.00元,排名第1位。2014至2016年,天津市人均GDP的平均增幅为5.10%,人均绿色GDP的平均增幅为3.08%。相比而言,2014至2016年期间,天津市的人均绿色GDP平均增幅低于人均GDP平均增幅2.02%。

综上,天津市作为我国紧邻北京市的直辖市,几乎拥有与北京市不相上下的发展优势和条件。其人均GDP、人均绿色GDP值值得称赞。但其经济社会发展规模、绿色发展效率都还有很大提升空间。

11. 西藏自治区

西藏地处祖国西南边陲,全区面积120.22万平方公里,居全国各省(区、市)第二位。北与新疆维吾尔自治区及青海省毗邻,东隔金沙江与四川省相望,东南与云南省山水相连,南面和西面与印度、尼泊尔、不丹、缅甸四国及克什米尔地区接壤,边境线长4000多公里,占全国陆地边境线的1/6,是我国西南边疆的重要门户和屏障,战略位置十分重要。全区平均海拔4000米以上,南北最宽900多公里,东西最长达2000多公里,境内群山巍峨,河流、湖泊广布,高寒缺氧,地广人稀,资源丰富。西藏位于青藏高原的西部和南部,占青藏高原面积的一半以上,海拔4000米以上的地区占全区总面积的85.1%,素有"世界屋脊"和"地球第三极"之称,是世界上海拔最高的地方。其中,海拔8844.43米的世界第一高峰珠穆朗玛峰就耸立在中尼边界上。唐宋时期称西藏为"吐蕃",元明时期称"乌斯藏",清代初期称为"唐古特""图伯特"等,清康熙年间起称"西藏"至今。1951年5月23日,西藏和平解放。1965年9月9日,西藏自治区正式成立。

"十三五"时期,西藏自治区经济和社会发展规划是:人民生活水平全面提升,地区生产总值保持两位数增长,全社会固定资产投资翻一番,消费水平显著提升,城乡居民人均可支配收入比2010年翻一番以上,接近全国平均水平,城乡居民住房条件显著改善,各族群众就业比较充分;解决区域性整体贫困,贫困人口脱贫;教育、文化、医疗、社会保障等公共服务体系更加健全,基本公共服务能力和均等化水平全面提升,主要指标接近或达到西部地区平均水平;地区生产总值保持两位数增长,全社会固定资产投资翻一番,居民消费水平显著提升;特色优势产业实力显著增强,三次产业协调发展,自我发展能力明显增强,城镇化水平进一步提升;基础设施条件全面改善,能源保障水平大幅提高,骨干水利工程建设取得重大进展,信息网络基础设施明显改善,经济社会信息化水平全面提高;生态文明建设取得明显成效,主体功能区布局基本形成，生态安全屏障功能明显增强，江河源头区、草原、河湖、湿地、天然林等生态系统及生物多样性得到有效保护，耕地保有量保持稳定，主要污染物和碳排放总量、单位生产总值能耗和水资源消耗量控制在国家核定范围，城镇环境空气质量保持优良；创建民族团结模范区，各族群众思想道德素质和科学文化素质明显提高，优秀传统文化得到全面保护传承，全社会法治意识不断增强，社会治理体系不断完善，治理能力全面提高。

西藏是重要的国家安全屏障、重要的生态安全屏障、重要的战略资源储备基地、重要的高原特色农产品基地、重要的中华民族特色文化保护地、重要的世界旅游目的地、重要的"西电东送"接续基地、面向南亚开放的重要通道。近年来，西藏经济社会发展成绩喜人：（1）经济发展取得历史性成就。地区生产总值增速连续五年居全国前三，年均增长10.8%，高于全国平均水平近4个百分点。五年累计完成全社会固定资产投资7039亿元。经济结构进一步优化，三次产业结构更趋合理，全区经济总量迈上新台阶，发展新动能加速孕育。（2）社会稳定走向长治久安。多措并举维护社会和谐稳定，扎实推进依法治藏。不断创新社会治理，进一步完善人民内部矛盾有效调处机制，加强信访工作。互联网管理不断加强。稳步推进平安西藏建设，2016年西藏自治区综治考评进入全国优秀行列。（3）生态文明建设全面加强。启动实施"两江四河"造林绿化工程。建立区、市、县、乡四级河长制，全面落实大气、水、土壤污染防治，生态环境保护制度体系初步建成，生物多样性得到有效保护。地（市）环境空气质量平均优良率达95%以上。生态系统保持完好，国家生态安全屏障不断筑牢。同时，西藏经济社会发展仍面临不少困难和问题。过度依赖投资拉动的经济增长方式还在延续，增长动力急需转换，发展质量亟待提高，发展环境亟待优化，科技、人才支撑亟待增强，构建现代化经济体系任重道远；按照全面建成小康社会要求，经济社会发展不平衡不充分问题仍然突出，脱贫攻坚和改善民生的任务依然艰巨。这些都需要认真对待并采取切实有效的措施加以解决。

西藏自治区2014—2016年绿色发展综合绩效年度变化如图4—11、表4—11所示：

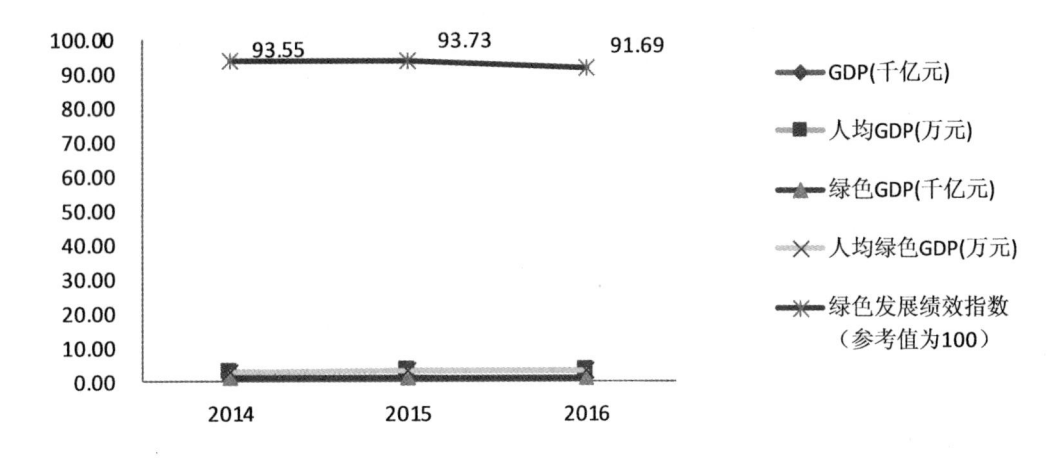

图4—11 2014—2016年西藏自治区绿色发展综合绩效年度变化曲线

表4—11　　　　　　2014—2016年西藏自治区绿色发展综合绩效年度变化数据

年度 指标	2014	2015	2016
绿色发展绩效指数（参考值为100）	93.55	93.73	91.69
绿色发展绩效指数排名	5	8	11
GDP（千亿元）	0.92	1.03	1.15
GDP排名	31	31	31
人均GDP（万元）	2.90	3.17	3.48
人均GDP排名	28	27	27
绿色GDP（千亿元）	0.86	0.96	1.05
绿色GDP排名	31	31	31
人均绿色GDP（万元）	2.71	2.97	3.19
人均绿色GDP排名	27	27	26

从绿色发展的程度看，西藏自治区2016年的绿色发展绩效指数为91.69，位列全国内陆31个省市自治区绿色发展绩效指数排名的第11位。经测算，西藏自治区2014年、2015年、2016年连续三年的绿色发展绩效指数平均值为92.99。其中，2014年西藏自治区的绿色发展绩效指数为93.55，排名第5位；2015年西藏自治区的绿色发展绩效指数为93.73，排名第8位；2016年西藏自治区的绿色发展绩效指数为91.69，排名第11位。该数据初步表明，西藏自治区的绿色发展水平出现了小幅震荡，其绿色发展水平还有很大提升空间。

从经济总量来看，西藏自治区 2016 年的绿色 GDP 总量为 1054.54 亿元，位列全国内陆 31 个省市自治区绿色 GDP 总量排名的第 31 位；GDP 总量为 1150.07 亿元，位列全国内陆 31 个省市自治区 GDP 总量排名的第 31 位。2014 年，西藏自治区的 GDP 总量为 920.83 亿元，排名第 31 位；绿色 GDP 总量为 861.45 亿元，排名第 31 位。2015 年，西藏自治区的 GDP 总量为 1026.39 亿元，排名第 31 位；绿色 GDP 总量为 962.02 亿元，排名第 31 位。2014 至 2016 年，西藏自治区 GDP 总量的平均增幅为 11.80%，绿色 GDP 总量的平均增幅为 11.63%。相比而言，2014 至 2016 年期间，西藏自治区的绿色 GDP 总量增幅低于 GDP 总量增幅 0.17%。

从经济总量的人均值来看，西藏自治区 2016 年的人均绿色 GDP 为 31903.56 元，位列全国内陆 31 个省市自治区人均绿色 GDP 排名的第 26 位；人均 GDP 值为 34793.67 元，位列全国内陆 31 个省市自治区人均 GDP 排名的第 27 位。2014 年，西藏自治区的人均 GDP 值为 28997.95 元，排名第 28 位；人均绿色 GDP 值 27127.95 元，排名第 27 位。2015 年，西藏自治区的人均 GDP 值为 31681.64 元，排名第 27 位；人均绿色 GDP 值为 29694.86 元，排名第 27 位。2014 至 2016 年，西藏自治区人均 GDP 的平均增幅为 9.54%，人均绿色 GDP 的平均增幅为 9.59%。相比而言，2014 至 2016 年期间，西藏自治区的人均绿色 GDP 平均增幅高于人均 GDP 平均增幅 0.05%。

综上，西藏自治区因其独特的自然环境及其长期形成的生产生活方式，使之成为我国开发程度较低的地区，也是我国生态环境保持最好的地区之一。但是，绿色发展并不是不发展，而是既要"绿色"，也要"发展"。由于历史原因，西藏自治区面临的最大挑战可能的是发展问题。

12. 山东省

山东，古代为齐鲁之地，位于中国东部沿海、黄河下游、京杭大运河的中北段，省会设在济南。陆地南北最长约 420 公里，东西最宽 700 余公里，陆地总面积15.67万平方公里,约占全国总面积的1.6%,居全国第十九位。西部连接内陆,从北向南分别与河北、河南、安徽、江苏四省接壤;中部高突,泰山是全境最高点;东部山东半岛伸入黄海,北隔渤海海峡与辽东半岛相对、拱卫京津与渤海湾,东隔黄海与朝鲜半岛相望,东南则临靠较宽阔的黄海、遥望东海及日本南部列岛。山东的海岸线全长3024.4公里,大陆海岸线占全国海岸线的1/6,仅次于广东省,居全国第二位。沿海岸线有天然港湾20余处;有近陆岛屿296个,其中庙岛群岛由18个岛屿组成,面积52.5平方公里,为山东沿海最大的岛屿群;沿海滩涂面积约3000平方公里,15米等深线以内水域面积约1.3万余平方公里。这些优越的地理条件,在海上运输和海洋资源开发利用上,都将大有作为。山东的气候属暖温带季风气候类型。降水集中,雨热同季,春秋短暂,冬夏较长。山东是传统儒家文化发源地,儒家思想的创始人有曲阜的孔子、邹城的孟子,以及墨家思想的创始人滕州的墨子、军事家孙子等,均出生于今山东。姜太公在临淄建立齐国,成就了齐桓公、管仲、晏婴、鲍叔牙、孙武、孙膑、邹衍等一大批名人志士,齐国还创建了世界上第一所官方举办、私家主持的高等学府——稷下学宫。

"十三五"时期,山东省国民经济和社会发展规划是:经济保持中高速增长,在提高发展平衡性、包容性、可持续性的基础上,提前实现经济总量和城乡居民人均收入比2010年翻一番,城乡居民收入增幅超过地区生产总值增幅,农村居民收入增幅超过城镇居民收入增幅;产业迈向中高端水平,发展质量效益明显提高,以现代农业为基础、先进制造业为支柱、战略性新兴产业为引领、服务业为主导的现代产业新体系基本形成,创新型省份建设达到更高水平;基本公共服务均等化水平稳步提高,教育现代化加快推进,劳动年龄人口受教育年限明显增加,脱贫攻坚任务顺利完成,社会保障体系健全完善,人民生活水平和质量普遍提高;人民思想道德素质、科学文化素质、健康素质明显提高,社会法治意识不断增强;发展协调性全面增强,空间发展格局更加优化,城乡、地区差距进一步缩小;生态环境质量显著改善,生产方式和生活方式绿色、低碳水平上升,能源资源利用效率大幅提高,水和大气质量持续提升,主体功能区布局和生态安全屏障基本形成;覆盖城乡的公共文化服务体系基本建成，文化发展主要指标达到全国先进水平；省域内治理体系和治理能力现代化水平不断提高，重要领域和关键环节改革取得决定性成果。

近年来，山东省经济综合实力大幅提升，地区生产总值迈上两个万亿元台阶，一般公共预算收入突破6000亿元；规模以上工业增加值年均增长8.4%；粮食产量稳定在900亿斤以上；三次产业结构实现"二三一"到"三二一"的历史性转变。发展动力和活力显著增强，主要领域改革主体框架基本确立，简政放权、行政体制、财税金融、企业事业、农业农村、对外开放等改革取得实质性进展。区域城乡发展更趋协调，城镇化率年均提高1.6个百分点，850万农业转移人口成为城镇居民；城镇人居环境持续改善，美丽乡村建设成效明显；对口支援和扶贫协作工作取得新成绩。生态山东建设成效显著，生态补偿制度率先建立，城际联防联控制度初步形成，省市县乡村五级河长体系全部落实，大气、水、土壤等环境质量持续改善，污染物总量控制约束性指标全面完成。也应该同时看到，山东省经济社会发展中仍然存在很多矛盾和问题，面临不少困难和风险。发展的质量和效益不够高，创新引领能力不够强，结构性制约凸显；区域城乡发展仍不平衡，基本公共服务均等化水平有待提升；食品药品安全、安全生产还存在薄弱环节，生态环保任重道远；民生领域有不少短板，就业、教育、医疗、居住、养老等方面缺口还比较大；政府职能转变还不到位，政府工作人员的法治思维、专业素养、开放意识需要进一步提升；不正之风和腐败问题时有发生。

山东省2014—2016年绿色发展综合绩效年度变化如图4—12、表4—12所示：

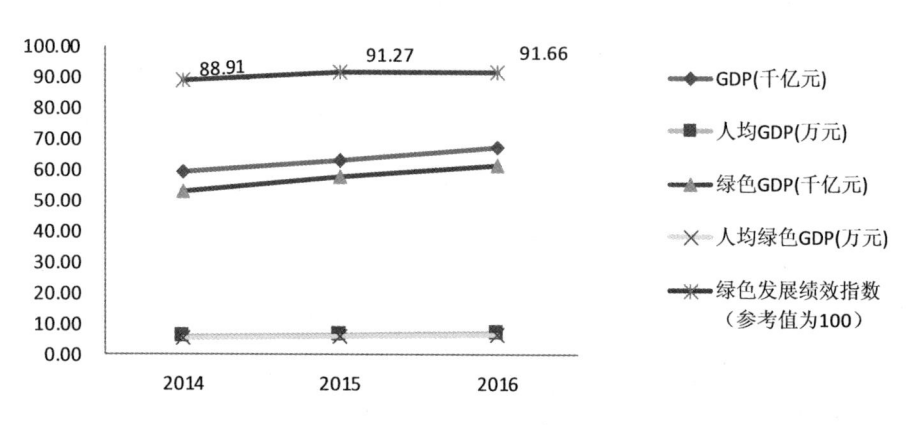

图4—12 2014—2016年山东省绿色发展综合绩效年度变化曲线

表4—12　　　　　　　2014—2016年山东省绿色发展综合绩效年度变化数据

指标 \ 年度	2014	2015	2016
绿色发展绩效指数（参考值为100）	88.91	91.27	91.66
绿色发展绩效指数排名	12	10	12
GDP（千亿元）	59.43	63.00	67.01
GDP排名	3	3	3
人均GDP（万元）	6.07	6.40	6.74
人均GDP排名	10	10	9
绿色GDP（千亿元）	52.84	57.50	61.42
绿色GDP排名	3	3	3
人均绿色GDP（万元）	5.40	5.84	6.18
人均绿色GDP排名	9	9	9

从绿色发展的程度看，山东省2016年的绿色发展绩效指数为91.66，位列全国内陆31个省市自治区绿色发展绩效指数排名的第12位。经测算，山东省2014年、2015年、2016年连续三年的绿色发展绩效指数平均值为90.61。其中，2014年山东省的绿色发展绩效指数为88.91，排名第12位；2015年山东省的绿色发展绩效指数为91.27，排名第10位；2016年山东省的绿色发展绩效指数为91.66，排名第12位。该数据初步表明，山东省的绿色发展水平已经处于相对稳定的水平。

从经济总量来看，山东省2016年的绿色GDP总量为61418.40亿元，位列全国内陆31个省市自治区绿色GDP总量排名的第3位；GDP总量为67008.19亿元，位列全国内陆31个省市自治区GDP总量排名的第3位。2014年，山东省的GDP总量为59426.59亿元，排名第3位；绿色GDP总量为52836.65亿元，排名第3位。2015年，山东省的GDP总量为63002.33亿元，排名第3位；绿色GDP总量为57503.91亿元，排名第3位。2014至2016年，山东省GDP总量的平均增幅为6.19%，绿色GDP总量的平均增幅为8.82%。相比而言，2014至2016年期间，山东省的绿色GDP总量增幅高于GDP总量增幅2.63%。

从经济总量的人均值来看，山东省2016年的人均绿色GDP为61745.65

元，位列全国内陆31个省市自治区人均绿色GDP排名的第9位；人均GDP值为67365.23元，位列全国内陆31个省市自治区人均GDP排名的9位。2014年，山东省的人均GDP值为60707.52元，排名第10位；人均绿色GDP值53975.53元，排名第9位。2015年，山东省的人均GDP值为63981.24元，排名第10位；人均绿色GDP值为58397.39元，排名第9位。2014至2016年，山东省人均GDP的平均增幅为5.37%，人均绿色GDP的平均增幅为8.15%。相比而言，2014至2016年期间，山东省的人均绿色GDP平均增幅高于人均GDP平均增幅2.78%。

综上，山东省迅猛增长的经济总量使之迅速位居全国前三名，占中国GDP总量的1/9。其人口数量也在稳步增长，并跃居全国人口数量的第二大省。由此，山东省的绿色发展，又面临着人口数量庞大与经济增速不能放缓的双重压力。对于山东省的绿色发展而言，加速形成绿色生产方式，指引形成绿色生活方式，二者决不可偏废。

13. 四川省

四川地处中国西部，是西南、西北和中部地区的重要接合部，是承接华南华中、连接西南西北、沟通中亚南亚东南亚的重要交汇点和交通走廊。辖区面积48.6万平方公里，居中国第5位，辖21个市（州），183个县（市、区），是中国的资源大省、人口大省、经济大省。全省地貌东西差异大，地形复杂多样。四川位于中国大陆地势三大阶梯中的第一级和第二级，即处于第一级青藏高原和第二级长江中下游平原的过渡带，高差悬殊，西高东低的特点明显。西部为高原、山地，海拔多在4000米以上；东部为盆地、丘陵，海拔多在1000—3000米之间。全省可分为四川盆地、川西北高原和川西南山地三大部分。自古以来四川就享有"天府之国"的美誉。优越的地理条件和经济条件，使四川成为中国经济开发最早的地区之一。四川主要属于巴蜀文化区，区域文化自成体系。语言文化、戏曲文化、茶文化、酒文化、饮食文化、织锦文化、盐文化等都具有浓郁的地方风格，如四川方言、川戏、川茶、川酒、川菜、川药及蜀绣、蜀锦、川派盆景等文化品牌都带有强烈的地方特色。川菜位居中国八大菜系之列，五粮液等川酒为国宴珍品，竹叶青、蒙顶茶、峨眉毛峰等名茶享誉全国。

四川省"十三五"规划的综合判断是：要把握我国发展重大战略机遇期内涵的深刻变化，立足"欠发达、不平衡"的基本省情，顺应国内外转型发展的基本趋势，主动适应、把握、引领新常态，抢抓发展机遇，有效应对挑战，更加注重优化经济结构，更加注重增强发展动力，更加注重补齐发展"短板"，更加注重体制机制创新。在目标制定上，统筹好中高速增长和中高端发展的关系；在动力培育上，统筹好需求侧管理和供给侧改革的关系；在产业支撑上，统筹好改造提升传统产业和培育发展新兴产业的关系；在区域发展上，统筹好竞相跨越和协同发展的关系；在资源配置上，统筹好政府和市场的关系。"十三五"时期，四川省的国民经济和社会发展的目标是：（1）在提高发展平衡性、包容性、可持续性的基础上，地区生产总值年均增长7%以上，到2020年地区生产总值和城乡居民人均收入比2010年翻一番以上，人均地区生产总值与全国平均水平的差距进一步缩小。（2）基本公共服务均等化水平稳步提高。城乡居民收入保持较快增长，收入差距明显缩小。（3）公民素质和社会文明程度普遍提升。（4）长江上游生态屏障、美丽四川建设取得新成效，生产方式和生活方式加快向低碳、绿色转变。资源综合利用水平提高，能源和水资源消耗、建设用地得到有效控制，主要污染物排放总量进一步减少，资源节约型和环境友好型社会建设取得重大进展。（5）市场在资源配置中的决定性作用得到充分发挥，开放型经济新体制基本形成。依法治省方略全面落实，治理体系和治理能力现代化取得重大进展。

近年来，四川主动适应把握引领经济发展新常态，综合实力迈上新台阶。地区生产总值跃升至全国第6位，年均增长8.5%。地方一般公共预算收入年均增长9.7%。累计完成全社会固定资产投资13.2万亿元，年均增长12.2%。三次产业比重由13.6∶47.1∶39.3转变为11.6∶38.7∶49.7，结构持续优化。基础设施条件显著改善，高速公路通车总里程6820公里，铁路运营里程4919公里,高速铁路出川大通道加快建设;开工建设大中型水利工程44处,水利设施投资位居全国前列;光纤网络覆盖全省所有乡镇,率先建成"全光网省"。全省始终坚持绿色发展,把美丽四川建设摆在突出位置,生态文明建设水平整体提升。森林覆盖率达到38%、提高2.8个百分点,长江上游生态屏障基本建成。水电装机容量达7564万千瓦,稳居全国第一,清洁能源发电量占总发电量的90.3%,初步建成国家重要的清洁能源基地。单位工业增加值能耗累计下降35%。同时,全省经济社会发展中还存在一些困难和问题。主要是:区域发展不平衡、差距较大,尤其是藏区彝区发展滞后,脱贫攻坚任务繁重;城镇化率、城乡居民收入均低于全国平均水平,农村基础设施薄弱,教育、文化、医疗、养老等公共服务能力亟待提高;资源环境约束日益趋紧,污染防治任务艰巨;一些领域风险不容忽视。

四川省2014—2016年绿色发展综合绩效年度变化如图4—13、表4—13所示:

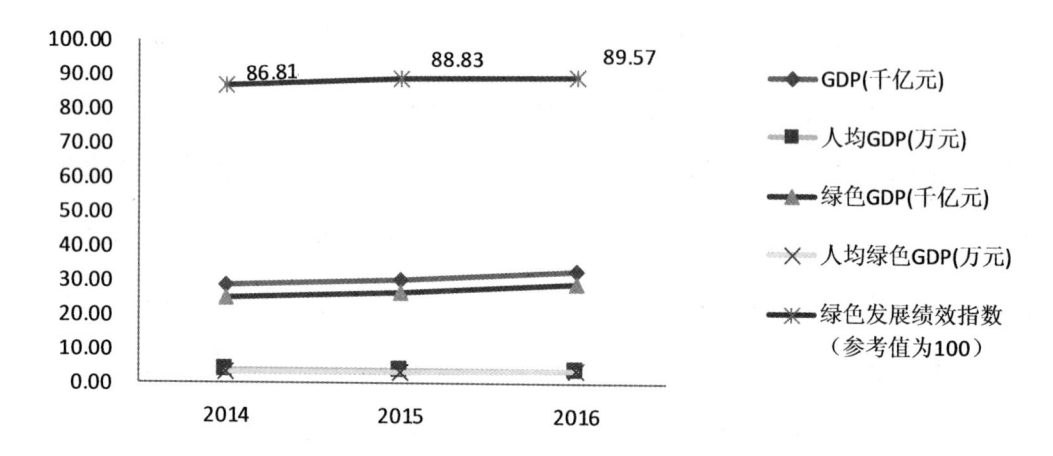

图4—13 2014—2016年四川省绿色发展综合绩效年度变化曲线

表4—13 2014—2016年四川省绿色发展综合绩效年度变化数据

年度 指标	2014	2015	2016
绿色发展绩效指数(参考值为100)	86.81	88.83	89.57
绿色发展绩效指数排名	16	14	13
GDP(千亿元)	28.54	30.05	32.68
GDP排名	8	6	6
人均GDP(万元)	3.51	3.66	3.96

续表

指标 \ 年度	2014	2015	2016
人均 GDP 排名	23	23	24
绿色 GDP（千亿元）	24.77	26.70	29.27
绿色 GDP 排名	7	7	7
人均绿色 GDP（万元）	3.04	3.25	3.54
人均绿色 GDP 排名	23	22	22

从绿色发展的程度看，四川省 2016 年的绿色发展绩效指数为 89.57，位列全国内陆 31 个省市自治区绿色发展绩效指数排名的第 13 位。经测算，四川省 2014 年、2015 年、2016 年连续三年的绿色发展绩效指数平均值为 88.40。其中，2014 年四川省的绿色发展绩效指数为 86.81，排名第 16 位；2015 年四川省的绿色发展绩效指数为 88.83，排名第 14 位；2016 年四川省的绿色发展绩效指数为 89.57，排名第 13 位。该数据初步表明，四川省的绿色发展水平已经处于相对稳定的中游水平。

从经济总量来看，四川省 2016 年的绿色 GDP 总量为 29270.32 亿元，位列全国内陆 31 个省市自治区绿色 GDP 总量排名的第 7 位；GDP 总量为 32680.50 亿元，位列全国内陆 31 个省市自治区 GDP 总量排名的第 6 位。2014 年，四川省的 GDP 总量为 28536.66 亿元，排名第 8 位；绿色 GDP 总量为 24772.78 亿元，排名第 7 位。2015 年，四川省的 GDP 总量为 30053.10 亿元，排名第 6 位；绿色 GDP 总量为 26697.04 亿元，排名第 7 位。2014 至 2016 年，四川省 GDP 总量的平均增幅为 7.02%，绿色 GDP 总量的平均增幅为 7.79%。相比而言，2014 至 2016 年期间，四川省的绿色 GDP 总量增幅高于 GDP 总量增幅 0.77%。

从经济总量的人均值来看，四川省 2016 年的人均绿色 GDP 为 35427.65 元，位列全国内陆 31 个省市自治区人均绿色 GDP 排名的第 22 位；人均 GDP 值为 39555.19 元，位列全国内陆 31 个省市自治区人均 GDP 排名的第 24 位。2014 年，四川省的人均 GDP 值 35056.46 元，排名第 23 位；人均绿色 GDP 值 30432.65 元，排名第 23 位。2015 年，四川省的人均 GDP 值为 36632.25 元，排名第 23 位；人均绿色 GDP 值为 32541.49 元，排名第 22 位。2014 至 2016 年，四川省人均 GDP 的平均增幅为 6.24%，人均绿色 GDP 的平均增幅为 6.91%。相比而言，2014 至 2016 年期间，四川省的人均绿色 GDP 平均增幅高于人均 GDP 平均增幅 0.67%。

综上，四川省位于中国大陆西南腹地，自古就有"天府之国"之美誉。其经济社会发展迅速，经济规模日渐扩大。如何通过提高绿色生产效率，加速缓解人口增长与经济规模扩大之间的矛盾，同样是四川省要积极面对的问题。

14. 江西省

江西简称"赣"，因公元 733 年唐玄宗设江南西道而得省名，又因为江西最大河流为赣江而得简称，是中国内陆省份之一。江西位于中国东南部，在长江中下游南岸，以山地、丘陵为主，地处中亚热带，季风气候显著，四季变化分明。境内水热条件差异较大，多年平均气温自北向南依次增高，南北温差约 3℃。全省面积 16.69 万平方公里，2016 年底，全省总人口 4592 余万，辖 11 个设区市、100 个县（市、区）。全省共有 55 个民族，其中汉族人口占 99% 以上，少数民族中人口较多的有畲族、苗族、回族、壮族、满族等。江西省地处中国东南偏中部长江中下游南岸，古称"吴头楚尾，粤户闽庭"，乃"形胜之区"，东邻浙江、福建，南连广东，西靠湖南，北毗湖北、安徽而共接长江。江西 97.7% 的面积属于长江流域，水资源比较丰富，河网密集，河流总长约 18400 公里，有全国最大的淡水湖——鄱阳湖。已发现野生高等植物 5117 种，野生脊椎动物 845 种。全省现有世界遗产地 5 处，世界文化与自然双遗产地 1 处，世界地质公园 4 处，国际重要湿地 1 处，国家级风景名胜区 14 处，林业自然保护区 186 个（国家级 15 个），森林公园 180 个（国家级 46 个），湿地公园 84 处（国家级 28 处）。江西矿产资源丰富，已查明有资源储量的矿产有九大类 139 种，在全国居前 10 位的有 81 种，有色、稀土和贵金属矿产优势明显，是亚洲超大型的铜工业基地之一，有"世界钨都""稀土王国""中国铜从绿色发展的程度看，江西省2016年的绿色发展绩效指数为89.46，位列全国内陆31个省市自治区绿色发展绩效指数排名的第14位。经测算，江西省2014年、2015年、2016年连续三年的绿色发展绩效指数平均值为89.84。其中，2014年江西省的绿色发展绩效指数为89.48，排名第11位；2015年江西省的绿色发展绩效指数为90.58，排名第12位；2016年江西省的绿色发展绩效指数为89.46，排名第14位。该数据初步表明，江西省的绿色发展水平已经处于相对稳定的中游水平。

从经济总量来看，江西省2016年的绿色GDP总量为16549.38亿元，位列全国内陆31个省市自治区绿色GDP总量排名的第15位；GDP总量为18499.00亿元，位列全国内陆31个省市自治区GDP总量排名的第17位。2014年，江西省的GDP总量为15714.63亿元，排名第18位；绿色GDP总量为14061.96亿元，排名第18位。2015年，江西省的GDP总量为16723.78亿元，排名第18位；绿色GDP总量为15148.69亿元，排名第18位。2014至2016年，江西省GDP总量的平均增幅为8.54%，绿色GDP总量的平均增幅为7.75%。相比而言，2014至2016年期间，江西省的绿色GDP总量增幅低于GDP总量增幅0.79%。

从经济总量的人均值来看，江西省2016年的人均绿色GDP为36037.55元，位列全国内陆31个省市自治区人均绿色GDP排名的第21位；人均GDP值为40283.00元，位列全国内陆31个省市自治区人均GDP排名的22位。2014年，江西省的人均GDP值34597.26元，排名第25位；人均绿色GDP值30958.75元，排名第21位。2015年，江西省的人均GDP值为36629.73元，排名第24位；人均绿色GDP值为33179.84元，排名第21位。2014至2016年，江西省人均GDP的平均增幅为7.94%，人均绿色GDP的平均增幅为7.10%。相比而言，2014至2016年期间，江西省的人均绿色GDP平均增幅低于人均GDP平均增幅0.84%。

综上，江西省的GDP、绿色GDP、人均GDP、人均绿色GDP数值并不高。对于江西省而言，想办法继续通过提高绿色发展效率，大幅提振经济规模，可能仍是一项需要长期坚持的重要工作。

15. 河北省

河北，简称冀，省会石家庄，河北在战国时期大部分属于赵国和燕国，所以河北又被称为燕赵之地。河北位于东经113°27′至119°50′，北纬36°05′至42°40′之间，地处华北，漳河以北，东临渤海、内环京津，西为太行山地，北为燕山山地，燕山以北为张北高原，其余为河北平原，面积为18.88万平方公里。东南部、南部衔山东、河南两省，西倚太行山与山西省为邻，西北与内蒙古自治区交界，东北部与辽宁接壤。辖石家庄、唐山、邯郸等11个地级市。河北省是中国唯一兼有高原、山地、丘陵、平原、湖泊和海滨的省份。是中国重要粮棉产区。工业生产中的一些行业和产品在中国居重要地位。河北地处中原地区，文化博大精深，自古有"燕赵多有慷慨悲歌之士"的说法，是英雄辈出的地方。2017年4月，河北雄安新区设立，是继深圳经济特区和上海浦东新区之后又一具有全国意义的国家级新区。

"十三五"时期，是河北发展历史上重大机遇最为集中的时期，是河北各种优势和潜力最能得到有效释放的时期，是河北破解难题补齐短板最为紧要和关键的时期，是河北推进结构性调整又好又快发展最为宝贵和有利的时期。机遇承载使命，挑战考验担当。"十三五"时期，河北省国民经济和社会发展规划是：在提高发展平衡性、包容性、可持续性的基础上，经济保持中高速增长，全省生产总值年均增长7%左右，到2020年突破4万亿元，比2010年翻一番以上；创新能力显著提升，全社会研发经费支出明显提高，产业迈向中高端水平，钢铁、水泥、玻璃等行业过剩产能化解任务全面完成，新增长点形成规模；城镇化进程进一步加快，城乡发展一体化水平显著提高，全省常住人口城镇化率达到60%左右，户籍人口城镇化率达到45%左右；重点领域和关键环节改革取得决定性成果，改革红利充分释放，参与国际经济合作竞争的能力和水平进一步提升，基本构筑起开放型经济体系；居民收入增长高于经济增长，城乡居民人均可支配收入比2010年翻一番以上，就业持续增加，社会保障体系更加健全，公共服务水平稳步提高，现行标准下贫困人口实现脱贫，贫困县全部摘帽，解决区域性整体贫困；环境治理大见成效，污染治理和生态修复实现重大突破，空气质量明显好转，生产方式和生活方式更加绿色、低碳水平上升，污染严重的城市力争退出全国空气质量后10位，森林覆盖率提高到35%；公民思想道德素质、法治素质明显提高，人民民主更加健全，社会事业全面发展，公共文化服务体系基本建成，社会治理体系更加完善，社会更加和谐稳定。

近年来，河北省落实新发展理念，综合实力大幅提升。2016年，河北省经济总量跨上新台阶，全省生产总值突破3万亿元、增长6.8%左右，规模以上工业增加值增长5%。结构调整步伐加快，装备制造业增加值超过钢铁工业成为第一大支柱产业，战略性新兴产业增速超过传统产业，服务业对经济增长的贡献率超过第二产业。全省发展稳的态势在持续、进的力度在加大、新的动能在成长、向好因素在累积。坚持不懈治理污染，生态环境质量得到新改善。持续加力防治大气污染，坚决落实中央环保督察反馈意见，集中开展散煤、焦化、露天矿山、道路车辆污染整治专项行动，推进重点区域无煤化和燃煤清洁利用，大力整治成品油市场，强化重污染天气应急响应。开展水污染防治百日会战，完成13条城市黑臭水体整治，潘家口、大黑汀水库网箱养鱼清理工作成效明显。山水林田湖生态修复国家试点获批，启动太行山绿化和"矿山披绿"攻坚战。在全国率先实行省级环保督察，改革省以下环保机构监测监察执法垂直管理体制，开展"利剑斩污"专项执法行动，查处环境违法企业3300多家，有力打击和震慑了环境违法行为。但河北省经济社会发展还面临着许多困难和挑战，主要有：一是结构性矛盾依然突出。产业结构重，资源消耗大，环境代价高，发展质量和效益偏低；区域发展不平衡，城镇化率和城镇发展质量不高。二是新旧动能转换不快。科技创新能力弱，新兴产业尚未形成有效支撑，传统产业改造升级任务艰巨，改革开放亟待突破。三是生态环境治理任重道远。大气、水、土壤环境问题依然严峻，生态保护和修复任务繁重。四是风险隐患不容忽视。部分地区政府债务偏高，违法违规金融活动时有发生，安全发展面临不少挑战。五是民生领域仍有短板。脱贫攻坚任务重，就业、教育、医疗、养老等方面还不能很好满足人民群众的需要。六是营商环境尚需改善。政府部门服务质量和效率有待进一步提高，一些工作人员不担当不作为，"四风"问题和消极腐败现象不同程度存在。

河北省2014—2016年绿色发展综合绩效年度变化如图4—15、表4—15所示：

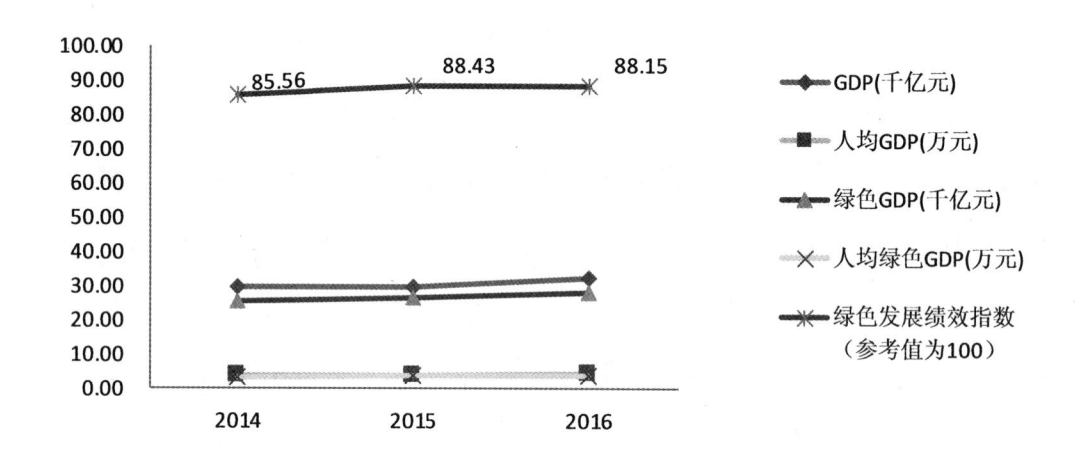

图4—15　2014—2016年河北省绿色发展综合绩效年度变化曲线

表4—15　　　　2014—2016年河北省绿色发展综合绩效年度变化数据

指标＼年度	2014	2015	2016
绿色发展绩效指数（参考值为100）	85.56	88.43	88.15
绿色发展绩效指数排名	19	17	15
GDP（千亿元）	29.42	29.81	32.07
GDP排名	6	7	8
人均GDP（万元）	3.98	4.01	4.29
人均GDP排名	17	18	19
绿色GDP（千亿元）	25.17	26.36	28.27
绿色GDP排名	6	8	8
人均绿色GDP（万元）	3.41	3.55	3.78
人均绿色GDP排名	15	17	17

从绿色发展的程度看,河北省2016年的绿色发展绩效指数为88.15,位列全国内陆31个省市自治区绿色发展绩效指数排名的第15位。经测算,河北省2014年、2015年、2016年连续三年的绿色发展绩效指数平均值为87.38。其中,2014年河北省的绿色发展绩效指数为85.56,排名第19位;2015年河北省的绿色发展绩效指数为88.43,排名第17位;2016年河北省的绿色发展绩效指数为88.15,排名第15位。该数据初步表明,河北省的绿色发展水平已经处于相对稳定的中游水平。

从经济总量来看,河北省2016年的绿色GDP总量为28271.32亿元,位列全国内陆31个省市自治区绿色GDP总量排名的第8位;GDP总量为32070.45亿元,位列全国内陆31个省市自治区GDP总量排名的第8位。2014年,河北省的GDP总量为29421.15亿元,排名第6位;绿色GDP总量为25172.80亿元,排名第6位。2015年,河北省的GDP总量为29806.11亿元,排名第7位;绿色GDP总量为26357.29亿元,排名第8位。2014至2016年,河北省GDP总量的平均增幅为4.45%,绿色GDP总量的平均增幅为4.73%。相比而言,2014至2016年期间,河北省的绿色GDP总量增幅低于GDP总量增幅0.29%。

从经济总量的人均值来看,河北省2016年的人均绿色GDP为37846.48元,位列全国内陆31个省市自治区人均绿色GDP排名的第17位;人均GDP值为42932.33元,位列全国内陆31个省市自治区人均GDP排名的第19位。2014年,河北省的人均GDP值39844.46元,排名第17位;人均绿色GDP值34091.01元,排名第15位。2015年,河北省的人均GDP值为40142.91元,排名第18位;人均绿色GDP值为35498.03元,排名第17位。2014至2016年,河北省人均GDP的平均增幅为3.87%,人均绿色GDP的平均增幅为4.11%。相比而言,2014至2016年期间,河北省的人均绿色GDP平均增幅高于人均GDP平均增幅0.24%。

综上,河北省紧邻北京市、天津市,地理位置优越,经济总量可观。河北省既要保持"发展",又要守住"绿色",也还有很大提升空间。

16. 安徽省

安徽建省于清朝康熙六年（1667年），省名取当时安庆、徽州两府首字合成，因境内有皖山、春秋时期有古皖国而简称皖。安徽是中国史前文明的重要发源地之一，拥有淮河、新安、庐州、皖江四大文化圈，文化底蕴深厚，源远流长，曾培育出道教文化、建安文学、桐城派、北宋理学、徽文化等。安徽居中靠东，沿江通海，是长三角的重要组成部分，处于全国经济发展的战略要冲和国内几大经济板块的对接地带，经济、文化和长江三角洲其他地区有着历史和天然的联系。特别是延绵八百里的沿江城市群和皖江经济带，内拥长江黄金水道，外承沿海地区经济辐射，具有得天独厚的发展条件。全省南北长约570公里，东西宽约450公里。总面积14.01万平方公里，约占中国国土面积的1.45%。2016年末全省户籍人口7027万人，常住人口6196万人。安徽现有合肥、淮北、亳州、宿州、蚌埠、阜阳、淮南、滁州、六安、马鞍山、芜湖、宣城、铜陵、池州、安庆、黄山16个地级市，7个县级市、54个县、44个市辖区。它历史悠久，人文荟萃，山川秀美，区位优越，地理地貌融合中国南北差异，是美丽中国的缩影。

安徽省"十三五"时期经济社会发展的目标是：三次产业结构进一步优化，产业迈向中高端水平，农业现代化取得明显进展，先进制造业加快发展，新产业新业态不断成长，服务业比重稳步上升，形成一批在国内外有重要影响力的战略性新兴产业集聚发展基地。科技进步对经济增长贡献率明显提升。经济效益、社会效益进一步提高，投资效率和企业效率明显上升，全要素生产率明显提高，财政收入跃上新台阶。经济增长速度全国争先、中部领先，年均增8.5%左右，到2020年地区生产总值达到3.6万亿元，努力向4万亿元冲刺。人民生活水平和质量普遍提高，人均主要经济指标在全国的位次进一步提升，城乡居民收入差距逐步缩小。公共文化服务体系基本建立，文化产业成为支柱性产业，体现徽风皖韵的文化影响力进一步彰显。生产方式和生活方式绿色、低碳水平不断上升,大气、水、土壤等污染得到有效整治,生态环境质量阶段性改善,城市重污染天气天数逐年降低,重点流域水质优良比例不断提升。能源资源开发利用效率大幅提高,能源和水资源消耗、建设用地、碳排放总量和强度得到有效控制,主要污染物排放总量持续下降。主体功能区布局和生态安全屏障基本形成。重点领域和关键环节改革取得决定性成果。

近年来,安徽省以实施五大发展行动计划为总抓手,较好完成稳增长、促改革、调结构、惠民生、防风险各项任务。着力促进实体经济发展,出台促进经济平稳健康发展"30条"和支持"三重一创"、科技创新、制造强省、技工大省建设等若干"10条"意见,实施"四送一服"双千工程。着力下好创新"先手棋",全力推进"四个一"创新主平台建设,全面构建技术、平台、金融、政策四大创新支撑体系,合肥综合性国家科学中心、量子信息与量子科技创新研究院、大气环境污染监测先进技术与装备国家工程实验室等启动建设。着力推动开放型经济发展,成功举办"锦绣安徽迎客天下"全球推介、第十届中博会、中国国际徽商大会、"四百"对接等重大活动,对外贸易大幅度回升。着力加强重点污染防治,积极抓好中央环保督察反馈问题整改,省级环保督察实现全覆盖,整体环境质量稳中趋好。着力打好脱贫攻坚年度战役,扎实开展"重精准、补短板、促攻坚"专项整改行动,集中力量攻克深度贫困地区,再战再捷目标圆满实现。着力抓好民生工作,居民增收提速,公共服务提质,社会保障提标,社会大局和谐稳定。全省生产总值增长8.5%,财政收入增长11.1%,城镇、农村常住居民人均可支配收入增长8.5%和8.9%,居民消费价格涨幅1.2%,城镇登记失业率2.88%,单位生产总值能耗下降5%,实现了经济稳中有进、结构优化、稳中向好。但安徽省经济社会发展也面临着不少压力和挑战,如:全省发展不平衡不充分的问题比较突出,面临不少困难和挑战;发展质量和效益还不高,创新能力还需大幅提升,生态环境保护任重道远;企业经营成本较高,民间投资增长放缓,实体经济发展活力有待增强;脱贫攻坚任务艰巨,城乡居民收入距全国水平尚有不小差距,群众就业、教育、医疗、居住、养老等方面的现实问题还没有解决到位。

安徽省2014—2016年绿色发展综合绩效年度变化如图4—16、表4—16

所示：

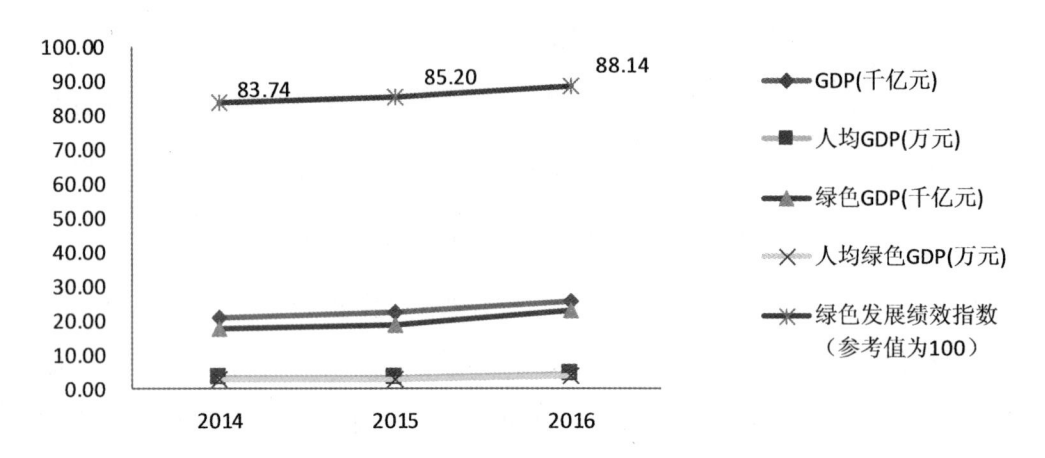

图4—16　2014—2016年安徽省绿色发展综合绩效年度变化曲线

表4—16　　　　2014—2016年安徽省绿色发展综合绩效年度变化数据

指标＼年度	2014	2015	2016
绿色发展绩效指数（参考值为100）	83.74	85.20	88.14
绿色发展绩效指数排名	22	26	16
GDP（千亿元）	20.85	22.01	25.58
GDP排名	14	14	13
人均GDP（万元）	3.01	3.17	4.13
人均GDP排名	27	28	20
绿色GDP（千亿元）	17.46	18.75	22.54
绿色GDP排名	14	14	13
人均绿色GDP（万元）	2.52	2.70	3.64
人均绿色GDP排名	28	28	20

从绿色发展的程度看，安徽省2016年的绿色发展绩效指数为88.14，位列全国内陆31个省市自治区绿色发展绩效指数排名的第16位。经测算，安徽省2014年、2015年、2016年连续三年的绿色发展绩效指数平均值为85.69。其中，2014年安徽省的绿色发展绩效指数为83.74，排名第22位；2015年安徽省的绿色发展绩效指数为85.20，排名第26位；2016年安徽省的绿色发展绩效指数为88.14，排名第16位。该数据初步表明，安徽省的绿色发展水平在2016年的相对水平有明显提升。

从经济总量来看，安徽省2016年的绿色GDP总量为22543.02亿元，位列全国内陆31个省市自治区绿色GDP总量排名的第13位；GDP总量为25576.00亿元，位列全国内陆31个省市自治区GDP总量排名的第13位。2014年，安徽省的GDP总量为20848.70亿元，排名第14位；绿色GDP总量为17457.68亿元，排名第14位。2015年，安徽省的GDP总量为22005.60亿元，排名第14位；绿色GDP总量为18748.37亿元，排名第14位。2014至2016年，安徽省GDP总量的平均增幅为10.89%，绿色GDP总量的平均增幅为7.39%。相比而言，2014至2016年期间，安徽省的绿色GDP总量增幅低于GDP总量增幅3.50%。

从经济总量的人均值来看，安徽省2016年的人均绿色GDP为36386.12元，位列全国内陆31个省市自治区人均绿色GDP排名的第20位；人均GDP值为41281.58元，位列全国内陆31个省市自治区人均GDP排名的第20位。2014年，安徽省的人均GDP值30058.68元，排名第27位；人均绿色GDP值25169.67元，排名第28位。2015年，安徽省的人均GDP值为31667.29元，排名第28位；人均绿色GDP值为26979.96元，排名第28位。2014至2016年，安徽省人均GDP的平均增幅为17.80%，人均绿色GDP的平均增幅为7.14%。相比而言，2014至2016年期间，安徽省的人均绿色GDP平均增幅低于人均GDP平均增幅10.66%。

综上，安徽省地处中国华东地区，经济上属于中国中东部经济区。其经济规模处于全国中游，这是其实现绿色发展较为有利的优势。从本次研究结果来看，安徽省很好地发挥了GDP总量增长所带来的绿色发展绩效优势，但其绿色发展水平确实还有很大提升空间。

17. 广西壮族自治区

广西壮族自治区简称"桂"，地处祖国南疆，北回归线横贯全区中部。土地总面积23.76万平方公里，占全国土地总面积约2.5%，居各省、自治区、直辖市第九位；大陆海岸线总长1595公里，沿海港口资源、海洋生物资源、滨海旅游资源丰富。有壮、汉、瑶、苗、侗、仫佬、毛南、回、京、彝、水、仡佬12个世居民族。2016年全区常住人口4838万人。广西是中国唯一临海的少数民族自治区、西部唯一的沿海地区，是中国对外开放、走向东盟、走向世界的重要门户和前沿，是大西南最便捷的出海口。广西境内喀斯特地貌广布，集中连片分布于桂西南、桂西北、桂中和桂东北，约占土地总面积的37.8%，发育类型之多世界少见。广西属亚热带季风气候区，孕育了大量珍贵的动植物资源。尤其盛产水果，被誉为"水果之乡"，品种有火龙果、番石榴、荔枝、金橘、蜜橘、龙眼。广西首府南宁是中国—东盟博览会的举办地。区内聚居着以汉、壮、瑶、苗、侗、京、回等民族，汉语方言有粤语、西南官话（桂柳话）、客家语、平话、湘语、闽语六种，壮语方言有北部方言和南部方言，其他少数民族语言有苗语、瑶语等。广西以北部湾港为依托，建立起了现代化的港口群、临港产业经济带、国际产能合作示范区等多位一体的发展格局；主动布局并利用国内外一流科技创新资源；实施"一带一路"创新载体共建行动。

"十三五"时期，广西发展仍处于可以大有作为的重要战略机遇期。未来五年，广西将由低中等收入向中上等收入跨越，由乡村社会向城市社会转型，产业由中低端向中高端水平提升，工业化由中期阶段向中后期阶段发展，人民生活由总体小康向全面小康迈进，进入新的发展阶段，保持经济持续较快发展的空间广阔、潜力巨大。广西"十三五"时期的发展目标是：提高地区发展平衡性、包容性、可持续性的基础上，生产总值年均增长7.5%以上，比2010年翻一番以上。投资效率、企业效益、财政实力明显提高，消费对经济增长贡献加大。工业化向中高端水平迈进，先进制造业和服务业比重持续提升，农业现代化取得明显进展，城镇人口数量超过农村人口，科技进步贡献率大幅提高。城乡居民人均收入增长7.5%以上，比2010年翻一番以上，城乡差距缩小。现行标准农村贫困人口全部脱贫。公共服务体系更加健全，基本公共服务水平稳步提高。公民素质和社会文明程度明显提高。生态环境保护力度加大，生态安全屏障建设基本形成，能源资源开发利用效率大幅提高，节能减排降碳实现国家下达的目标，空气、水体、土壤环境质量优良。生态文明制度建立健全，生态经济体系基本建成。国际通道、战略支点、重要门户基本建成，更高层次的开放型经济体系基本形成，基本建成面向东盟的国际大通道、西南中南地区开放发展新的战略支点、21世纪海上丝绸之路与丝绸之路经济带有机衔接的重要门户。民主制度更加完善和健全，民主形式和内容更加丰富，法治政府基本建成，司法公信力明显提高，社会治理体系和治理能力现代化取得重大进展。

近年来，广西经济综合实力跃上新台阶，地区生产总值、固定资产投资、规模以上工业总产值、金融机构存贷款余额等指标超过万亿元，年均增长10.1%。经济结构调整步伐加快，农业农村发展态势良好，城镇化水平提升，"双核驱动、三区统筹"区域发展协调推进。基础设施建设实现大跨越，高铁经济圈和高速公路网基本建成。生态文明建设扎实推进，节能减排降碳目标如期完成，生态经济启动发展，美丽广西乡村建设成果丰硕，生态环境质量全国一流。开放合作深化拓展，广西成为中国与东盟开放合作的前沿和窗口，成功承办一系列国家重大外事活动，桂港、桂澳、桂台和参与泛珠三角区域合作不断深化，与周边省份经济联系日趋紧密。同时，广西发展还面临诸多困难和挑战：区发展不平衡不充分问题比较突出，主要是：经济总量小，人均水平低，质量效益不高；产业结构性矛盾和创新能力不足问题并存，高素质人才短缺，新旧动能转换不畅，稳增长基础不牢固；基础设施和公共服务供给不足，脱贫任务艰巨，民生短板突出；政府职能转变还不到位，营商环境有待进一步改善等。

广西壮族自治区2014—2016年绿色发展综合绩效年度变化如图4—17、表4—17所示：

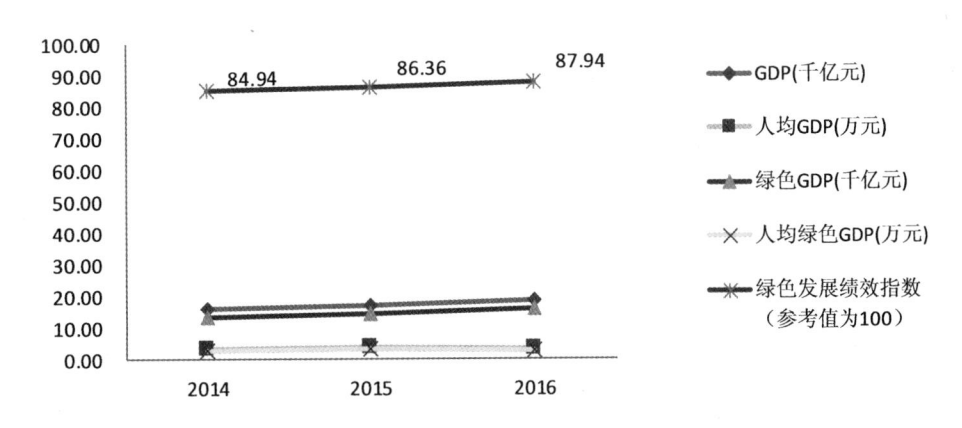

图4—17　2014—2016年广西壮族自治区绿色发展综合绩效年度变化曲线

表4—17　　　　2014—2016年广西壮族自治区绿色发展综合绩效年度变化数据

指标＼年度	2014	2015	2016
绿色发展绩效指数（参考值为100）	84.94	86.36	87.94
绿色发展绩效指数排名	21	23	17
GDP（千亿元）	15.67	16.80	18.32
GDP排名	19	17	18
人均GDP（万元）	3.30	3.50	3.28
人均GDP排名	26	25	29
绿色GDP（千亿元）	13.31	14.51	16.11
绿色GDP排名	19	20	19
人均绿色GDP（万元）	2.80	3.03	2.89
人均绿色GDP排名	26	25	29

从绿色发展的程度看，广西壮族自治区2016年的绿色发展绩效指数为87.94，位列全国内陆31个省市自治区绿色发展绩效指数排名的第17位。经测算，广西壮族自治区2014年、2015年、2016年连续三年的绿色发展绩效指数平均值为86.41。其中，2014年广西壮族自治区的绿色发展绩效指数为84.94，排名第21位；2015年广西壮族自治区的绿色发展绩效指数为86.36，排名第23位；2016年广西壮族自治区的绿色发展绩效指数为87.94，排名第17位。该数据初步表明，广西壮族自治区的绿色发展水平在2016年的相对水平有明显提升。

从经济总量来看，广西壮族自治区2016年的绿色GDP总量为16108.22亿元，位列全国内陆31个省市自治区绿色GDP总量排名的第19位；GDP总量为18317.64亿元，位列全国内陆31个省市自治区GDP总量排名的第18位。2014年，广西壮族自治区的GDP总量为1572.89亿元，排名第19位；绿色GDP总量为13312.76亿元，排名第19位。2015年，广西壮族自治区的GDP总量为16803.12亿元，排名第17位；绿色GDP总量为14511.95亿元，排名第20位。2014至2016年，广西壮族自治区GDP总量的平均增幅为8.13%，绿色GDP总量的平均增幅为9.02%。相比而言，2014至2016年期间，广西壮族自治区的绿色GDP总量增幅高于GDP总量增幅0.89%。

从经济总量的人均值来看，广西壮族自治区2016年的人均绿色GDP为28872.96元，位列全国内陆31个省市自治区人均绿色GDP排名的第29位；人均GDP值为32833.20元，位列全国内陆31个省市自治区人均GDP排名的第29位。2014年，广西壮族自治区的人均GDP值32967.80元，排名第26位；人均绿色GDP值28003.28元，排名第26位。2015年，广西壮族自治区的人均GDP值为35035.70元，排名第25位；人均绿色GDP值为30258.45元，排名第25位。2014至2016年，广西壮族自治区人均GDP的平均增幅为-0.11%，人均绿色GDP的平均增幅为8.21%。相比而言，2014至2016年期间，广西壮族自治区的人均绿色GDP平均增幅高于人均GDP平均增幅8.32%。

综上，广西壮族自治区地处亚热带季风气候区，孕育了大量珍贵的动植物资源。从本次研究结果来看，广西壮族自治区基本保持了原有的经济增长速度，并在其绿色化程度上有了明显提升。如何继续保持这种发展态势，是广西壮族自治区值得思考的问题。

18. 贵州省

贵州省简称"黔"或"贵"，位于我国西南地区东南部，东毗湖南、南邻广西、西连云南、北接四川和重庆。全省面积17.62万平方公里，辖贵阳、遵义、六盘水、安顺、毕节、铜仁6个地级市，黔东南、黔南、黔西南3个民族自治州；有9个县级市、52县、11民族自治县、15个市辖区和1特区。2016年末全省常住人口3555万人。贵州是古生物的发源地之一，地层中蕴藏着各个时代丰富的古生物化石，被誉为"了解和研究地球生命发展演化史的宝库"。贵州全境地貌属于中国西部高原山地，境内地势西高东低，自中部向北、东、南三面倾斜，平均海拔在1100米左右。贵州高原山地居多，素有"八山一水一分田"之说。贵州的气候温暖湿润，属亚热带湿润季风气候区。气温变化小，冬暖夏凉，气候宜人。由于特定的地理位置和复杂的地形地貌，使贵州的气候和生态条件复杂多样，立体农业特征明显，农业生产的地域性、区域性较强，适宜于进行农业的整体综合开发，适宜于发展特色农业。

"十三五"时期，贵州省贫困落后是主要矛盾、加快发展是根本任务的基本省情没有变，既要"赶"又要"转"的双重任务没有变，快于全国快于西部的发展态势没有变，可以大有作为，也必须奋发有为。必须增强机遇意识、责任意识、忧患意识，倍加珍惜加快发展的好势头，倍加珍惜团结和谐的好局面，倍加珍惜干事创业的好状态，奋发图强，励精图治，凝心聚力肩负起科学发展、后发赶超、同步小康的历史使命。贵州省"十三五"时期的发展目标是：全省地区生产总值年均增长10%左右，到2020年，确保达到1.8万亿元，力争2万亿元，人均超过5万元。农业现代化水平显著提高，第一产业增长5%；工业化和信息化融合发展水平进一步提高，第二产业增长11%左右，新兴产业增加值占地区生产总值的比重达到20%；服务业快速发展，第三产业增长11%左右，旅游总收入年均增长18%以上。生产方式和生活方式绿色、低碳水平上升。万元生产总值用水量下降20%，耕地保有量6555万亩，新增建设用地规模控制在120万亩，单位生产总值能源消耗、单位生产总值二氧化碳排放、主要污染物减排达到国家下达的目标要求，非化石能源占一次能源消费比重达到15%。森林覆盖率提高到60%，县级以上城市空气质量优良天数比率达到85%以上。现行标准下农村贫困人口全部实现脱贫，贫困县和贫困乡镇全部减贫摘帽。农村常住居民和城镇居民人均可支配收入年均分别增长12%左右和10%左右。城镇新增就业350万人，城镇登记失业率控制在4.2%以内。综合立体交通基本形成，铁路里程达到4000公里以上，其中高铁里程达到1500公里以上，高速公路通车里程达到7000公里。引进省外到位资金达到1万亿元左右，进出口年均增长20%以上，实际利用外资年均增长20%以上。社会公平正义得到有效维护，社会治理水平提升，民族关系更加团结和睦，社会更加和谐稳定。

随着贵州省持续快速发展，工业化、城镇化进入加速发展阶段，基础条件日益改善，发展环境不断优化，资源红利、生态红利、劳动力红利、政策红利、改革红利正在叠加释放。同时，也要清醒地看到，受国内外宏观经济环境的传导影响，贵州省一些长期积累的发展性矛盾、结构性矛盾、体制性矛盾逐步显现出来,保持经济持续快速增长面临很大挑战。主要是:贫困人口多、贫困面大、贫困程度深,脱贫攻坚任务艰巨,全省90%以上的贫困人口、贫困乡镇和贫困村处于集中连片地区,都是难啃的"硬骨头",要实现全部脱贫困难不小;经济下行压力仍然较大,企业赢利能力下降,市场预期不稳、信心不足,大企业投资意愿不强,中小企业经营困难,要保持经济持续快速增长、加快做大经济总量、提高人均水平、缩小与全国的差距难度增大;产业结构不合理、资源开发利用水平不高、经济发展方式粗放,转型升级步伐缓慢,大部分传统产业企业生产技术水平不高、核心竞争力不强;城乡发展差距大,区域发展不平衡,社会事业发展滞后,公共产品和公共服务供给不足,民生保障兜底还不牢,公共安全、生态环境、社会信用等方面仍存在不少问题和风险。

贵州省2014—2016年绿色发展综合绩效年度变化如图4—18、表4—18所示:

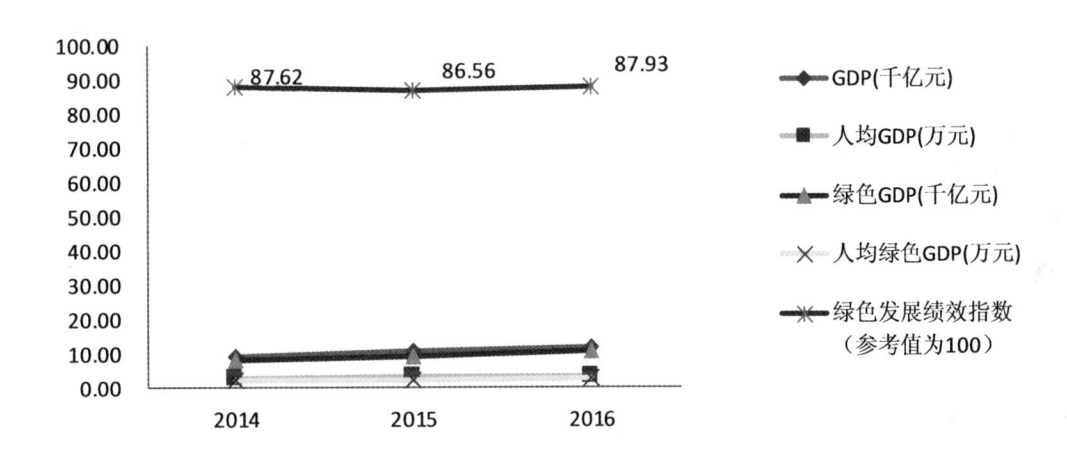

图4—18 2014—2016年贵州省绿色发展综合绩效年度变化曲线

表4—18 2014—2016年贵州省绿色发展综合绩效年度变化数据

年度 指标	2014	2015	2016
绿色发展绩效指数(参考值为100)	87.62	86.56	87.93
绿色发展绩效指数排名	14	21	18
GDP(千亿元)	9.27	10.50	11.78
GDP排名	26	25	25
人均GDP(万元)	2.64	2.98	3.31

续表

指标＼年度	2014	2015	2016
人均 GDP 排名	30	29	28
绿色 GDP（千亿元）	8.12	9.09	10.36
绿色 GDP 排名	25	25	25
人均绿色 GDP（万元）	2.31	2.58	2.91
人均绿色 GDP 排名	30	29	28

从绿色发展的程度看，贵州省2016年的绿色发展绩效指数为87.93，位列全国内陆31个省市自治区绿色发展绩效指数排名的第18位。经测算，贵州省2014年、2015年、2016年连续三年的绿色发展绩效指数平均值为87.37。其中，2014年贵州省的绿色发展绩效指数为87.62，排名第14位；2015年贵州省的绿色发展绩效指数为86.56，排名第21位；2016年贵州省的绿色发展绩效指数为87.93，排名第18位。该数据初步表明，贵州省的绿色发展水平出现了不同程度的震荡，还未形成较为稳定的绿色发展趋势。

从经济总量来看，贵州省2016年的绿色GDP总量为10355.65亿元，位列全国内陆31个省市自治区绿色GDP总量排名的第25位；GDP总量为11776.73亿元，位列全国内陆31个省市自治区GDP总量排名的第25位。2014年，贵州省的GDP总量为9266.39亿元，排名第26位；绿色GDP总量为8119.64亿元，排名第25位。2015年，贵州省的GDP总量为10502.56亿元，排名第25位；绿色GDP总量为9091.42亿元，排名第25位。2014至2016年，贵州省GDP总量的平均增幅为12.73%，绿色GDP总量的平均增幅为11.95%。相比而言，2014至2016年期间，贵州省的绿色GDP总量增幅低于GDP总量增幅0.78%。

从经济总量的人均值来看，贵州省2016年的人均绿色GDP为29129.81元，位列全国内陆31个省市自治区人均绿色GDP排名的第28位；人均GDP值为33127.23元，位列全国内陆31个省市自治区人均GDP排名的第28位。2014年，贵州省的人均GDP值26414.72元，排名第30位；人均绿色GDP值23145.81元，排名第30位。2015年，贵州省的人均GDP值为29756.51元，排名第29位；人均绿色GDP值为25758.38元，排名第29位。2014至2016年，贵州省人均GDP的平均增幅为11.98%，人均绿色GDP的平均增幅为-4.33%。相比而言，2014至2016年期间，贵州省的人均绿色GDP平均增幅低于人均GDP平均增幅16.31%。

综上，由于历史等原因，贵州省经济总量相对较小。从本次研究结果来看，贵州省如何利用已经拥有的生态资源，大幅提升人均绿色生产效率，推进绿色生活方式变革，仍可能是贵州省面临的重大严峻问题。

19. 吉林省

从公元1653年清政府设置宁古塔昂邦章京之始，吉林省建置至今历经365年。吉林省简称"吉"，位于中国东北地区的中部。这里是中国的粮仓和工业的摇篮，省会长春市是全国著名的汽车城、电影城、科教文化城。吉林省在全国的位置主要体现为两个大约2%：面积18.74万平方公里，占全国的1.95%；2016年末总人口2733.03万人，占全国的2%。现辖1个副省级市、7个地级市、延边朝鲜族自治州和长白山管委会，60个县（市、区）。全省城镇化率55.3%，居全国第13位。吉林省地处由中国东北地区、朝鲜、韩国、日本、蒙古和俄罗斯东西伯利亚构成的东北亚地理中心位置，在联合国开发计划署积极支持的图们江地区国际合作开发中居于重要地位，具有与东北亚区域开展合作的优越区位条件，是中国面向东北亚开放的重要窗口。吉林省是中国重要的工业基地和商品粮生产基地。吉林省加工制造业比较发达，汽车、石化、农产品加工为三大支柱产业，医药健康、装备制造、光电子（航天）信息、新材料、旅游等为优势产业。吉林省地处享誉世界的"黄金玉米带"，是著名的"黑土地之乡"，农业生产条件得天独厚。多年来，吉林省粮食商品率、人均粮食占有量以及人均肉类占有量居全国第1位。吉林省拥有自然保护区51个，占全省面积的56%。吉林省森林覆盖率达44.2%，东部地区达到70%以上，是国家生态建设试点省。吉林省矿产资源比较丰富，油页岩、硅灰石、火山渣等矿产储量和矿泉水总允许开采量均居全国首位，开发潜力巨大。

"十三五"时期，吉林省经济和社会发展目标是：经济保持中高速增长，在提高发展质量和效益的基础上，力争城镇居民收入达到全国平均水平；区域发展更加协调，国土空间主体功能进一步细化，东部绿色转型发展区、中部创新转型核心区、西部生态经济区建设深入推进，形成各具特色、良性互动、协调共进的区域发展格局；结构调整取得实质进展，投资效率和企业效益明显提升，消费对经济增长贡献率明显提高，出口实现大幅增长，科技进步对经济增长贡献显著提升，农业现代化实现率先突破，工业结构进一步优化；民生改善持续加强，现行标准贫困人口全部脱贫，贫困县全部摘帽，人民生活更加殷实富裕，收入差距缩小，中等收入人口比重上升；就业岗位更加充分，公共服务体系更加健全，基本公共服务水平进一步提升，人均受教育年限明显提高，基本实现教育现代化；人民文明素质和社会文明程度明显提高，文化事业产业加快发展；改革开放事业全面深化，形成同市场完全对接、充满内在活力的体制机制，建成系统完备、科学规范、运行有效的制度体系，基本建成法治政府，社会治理能力明显提高；深度融入"一带一路"建设，形成全方位大开放格局；生态文明建设取得新进展，基本建立系统完整的生态文明制度体系，生态资源优势进一步巩固提升，环境污染得到全面控制，全面完成节能减排目标，循环经济和低碳生活模式取得积极进展。

近年来，吉林省经济发展稳中向好，综合实力持续增强。地区生产总值从2012年的11939.2亿元增加到2016年的12896.96亿元，跨越4个千亿元台阶。一汽大众奥迪Q工厂一期工程等一批重大产业、民生项目相继落地建成，固定资产投资年均规模保持在万亿元以上，民间投资占比超过70%。社会消费品零售总额年均增长10.5%，消费对经济增长的贡献率逐年提高，达到60%左右。现代农业产业体系、生产体系、经营体系加快建设，粮食总产连续五年超过700亿斤。创新驱动发展战略深入实施，长春新区等创新平台载体支撑作用明显增强，"吉林一号"卫星成功发射，目前在轨运行卫星达到10颗，长客公司生产的"复兴号"新一代高铁投入运营，一批国内外专家、知名科学家等高端人才走进吉林，累计申请专利7.7万件、授权4.3万件，科技进步贡献率达到

55.5%。同时，推动吉林全面振兴发展仍面临不少困难和问题：老工业基地长期积累的体制机制问题仍然突出，深化改革、理顺体制、搞活机制任务十分艰巨；经济下行压力较大，创新能力不足，不平衡不充分的发展问题比较突出；财政收支矛盾依然很大，城乡居民增收渠道需进一步拓展；民生领域还有不少短板，生态环境问题仍很突出，社会稳定形势不容乐观，风险隐患仍然存在。

吉林省2014—2016年绿色发展综合绩效年度变化如图4—19、表4—19所示：

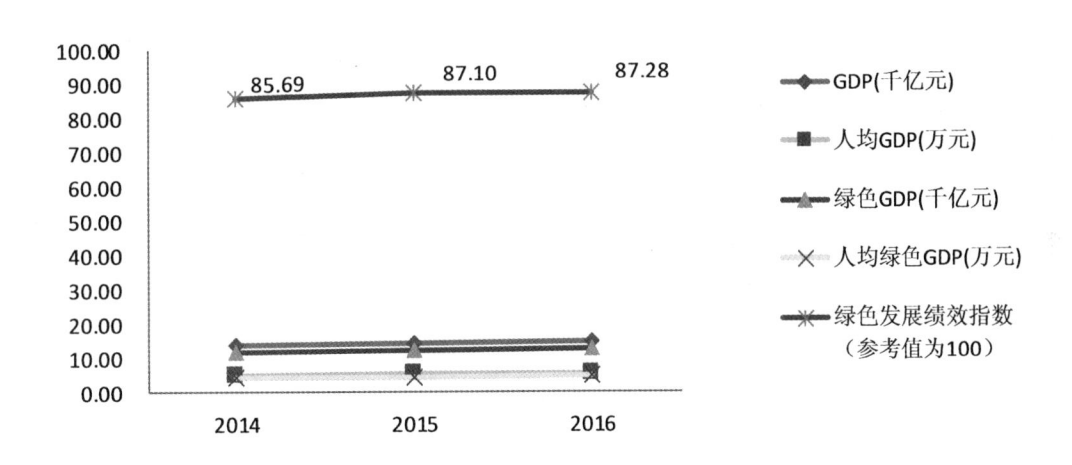

图4—19 2014—2016年吉林省绿色发展综合绩效年度变化曲线

表4—19　　　　　2014—2016年吉林省绿色发展综合绩效年度变化数据

年度 指标	2014	2015	2016
绿色发展绩效指数（参考值为100）	85.69	87.10	87.28
绿色发展绩效指数排名	18	19	19
GDP（千亿元）	13.80	14.06	14.78
GDP排名	22	22	22
人均GDP（万元）	5.01	5.11	5.41
人均GDP排名	11	12	12
绿色GDP（千亿元）	11.83	12.25	12.90
绿色GDP排名	22	22	22
人均绿色GDP（万元）	4.30	4.45	4.72
人均绿色GDP排名	12	13	12

从绿色发展的程度看，吉林省 2016 年的绿色发展绩效指数为 87.28，位列全国内陆 31 个省市自治区绿色发展绩效指数排名的第 19 位。经测算，吉林省 2014 年、2015 年、2016 年连续三年的绿色发展绩效指数平均值为 86.69。其中，2014 年吉林省的绿色发展绩效指数为 85.69，排名第 18 位；2015 年吉林省的绿色发展绩效指数为 87.10，排名第 19 位；2016 年吉林省的绿色发展绩效指数为 87.28，排名第 19 位。该数据初步表明，吉林省的绿色发展水平相对稳定。

从经济总量来看，吉林省 2016 年的绿色 GDP 总量为 12896.96 亿元，位列全国内陆 31 个省市自治区绿色 GDP 总量排名的第 22 位；GDP 总量为 14776.80 亿元，位列全国内陆 31 个省市自治区 GDP 总量排名的第 22 位。2014 年，吉林省的 GDP 总量为 13803.14 亿元，排名第 22 位；绿色 GDP 总量为 11828.35 亿元，排名第 22 位。2015 年，吉林省的 GDP 总量为 14063.13 亿元，排名第 22 位；绿色 GDP 总量为 12249.18 亿元，排名第 22 位。2014 至 2016 年，吉林省 GDP 总量的平均增幅为 3.50%，绿色 GDP 总量的平均增幅为 3.55%。相比而言，2014 至 2016 年期间，吉林省的绿色 GDP 总量增幅高于 GDP 总量增幅 0.05%。

从经济总量的人均值来看，吉林省 2016 年的人均绿色 GDP 为 47189.22 元，位列全国内陆 31 个省市自治区人均绿色 GDP 排名的 12 位；人均 GDP 值为 54067.46 元，位列全国内陆 31 个省市自治区人均 GDP 排名的 12 位。2014 年，吉林省的人均 GDP 值 50149.83 元，排名第 11 位；人均绿色 GDP 值 42975.00 元，排名第 12 位。2015 年，吉林省的人均 GDP 值为 51076.99 元，排名第 12 位；人均绿色 GDP 值为 44488.78 元，排名第 13 位。2014 至 2016 年，吉林省人均 GDP 的平均增幅为 3.93%，人均绿色 GDP 的平均增幅为 3.49%。相比而言，2014 至 2016 年期间，吉林省的人均绿色 GDP 平均增幅低于人均 GDP 平均增幅 0.44%。

综上，吉林省的人均 GDP、人均绿色 GDP 却相对较高，但其经济规模并不大，似乎还没有充分发挥出吉林省应有的绿色发展优势。如何利用好吉林省的独特的地理优势和生态资源，实现吉林省的绿色发展仍是需要积极探索的问题。

20. 湖南省

湖南省位于我国中部、长江中游，因大部分区域处于洞庭湖以南而得名"湖南"，因省内最大河流湘江流贯全境而简称"湘"，省会长沙市。湖南自古盛植木芙蓉，五代时就有"秋风万里芙蓉国"之说，因此又有"芙蓉国"之称。湖南总面积21.18万平方公里，居全国各省区市第10位、中部第1位。全省辖13个市、1个自治州、122个县（市、区）。2016年末全省常住总人口数为6822万人。湖南人文荟萃，英才辈出，曾经有过"惟楚有材，于斯为盛"的鼎盛气象。近现代以来，湖南是维新运动最富生气的一省、辛亥武昌起义首应之区，三湘大地孕育了一大批彪炳史册、光照寰宇的杰出人物。新民主主义革命时期，湖南是全国农民运动的中心、中国革命的重要策源地、抗日战争重要的正面战场，发生了秋收起义、湘南暴动、桑植起义、平江起义、通道转兵、芷江受降等著名历史事件。毛泽东、刘少奇、任弼时、彭德怀等无产阶级革命家，为创建中国共产党、缔造中华人民共和国做出了卓越贡献。湖南东与江西交界，南枕南岭与广东、广西为邻，西以云贵高原东缘与贵州、重庆毗邻，北以滨湖平原与湖北接壤，处于东部沿海地区和中西部地区的过渡带、长江开放经济带和沿海开放经济带的接合部，具有承东启西、连南接北的枢纽作用。湖南交通便利，水陆空综合交通体系立体衔接、纵横交错、通江达海。

湖南省"十三五"的主要目标是：经济保持中高速增长，长株潭地区率先迈向基本现代化。经济结构进一步优化，工业化和信息化融合发展水平进一步提高，产业迈向中高端水平，先进制造业加快发展，新产业新业态不断成长，服务业比重进一步提升，农业现代化取得明显进展。投资效率和企业效率明显上升，出口和消费对经济增长的作用明显增大，经济外向度提升，经济增长的科技含量提高。人民生活水平和质量全面提高。就业比较充分，公共服务体系更加健全，基本公共服务均等化水平提高，劳动人口受教育年限明显增加。全民素质和社会文明程度显著提高。生态环境质量持续改善。低碳绿色生产方式和生活方式基本形成，能源和水资源消耗、建设用地、碳排放总量得到有效控制，主要污染物排放总量控制和工业固体废弃物综合利用率达标，主体功能区布局和生态安全屏障基本形成，森林覆盖率、湿地保有量和珍稀濒危物种栖息地有效保护率保持在较高水平，城乡生态环境明显改善。坚持绿色富省、绿色惠民，把生态文明建设摆在突出的位置，融入经济建设、政治建设、文化建设、社会建设和党的建设各方面和全过程，全面推进两型社会建设，加快推动生产方式和生活方式的绿色化，走生产发展、生活富裕、生态良好的文明发展之路，形成人与自然和谐发展的现代化建设新格局。

湖南省经过长期发展，全省物质技术基础日益雄厚，基础设施日益完备，生态环境日益改善，产业核心竞争力特别是科教水平不断提升，人力资本累积效应逐步显现。发展区位优势凸显。随着交通设施不断完善和国家"一带一路"建设、长江经济带战略深入推进，湖南省将由沿海开放的内陆变为内陆开放的前沿，具有巨大的商圈辐射优势和产业投资市场价值。发展潜能依然巨大。同时，湖南省也面临诸多挑战，发展不充分、不协调、不平衡的基本省情还没从根本上改变，诸多矛盾叠加、风险挑战并存的局面有待进一步扭转。经济总量不大、人均水平较低、综合实力不强，城镇化率、服务业比重和外贸依存度均低于全国平均水平。创新能力不强、发展方式粗放、城乡区域发展不平衡、资源环境约束趋紧、收入差距较大、消除贫困任务艰巨等问题突出。公共服务、社会保障、安全生产、社会治理等存在薄弱环节。县域经济、开放型经济、非公有制经济和金融服务业仍是发展短板。改革攻坚日益触及深层次体制矛盾和利益调整，经济环境不优等问题不同程度存在，改革举措落地需下更大功夫。

湖南省绿色发展综合绩效年度变化2014—2016年如图4—20、表4—20所示：

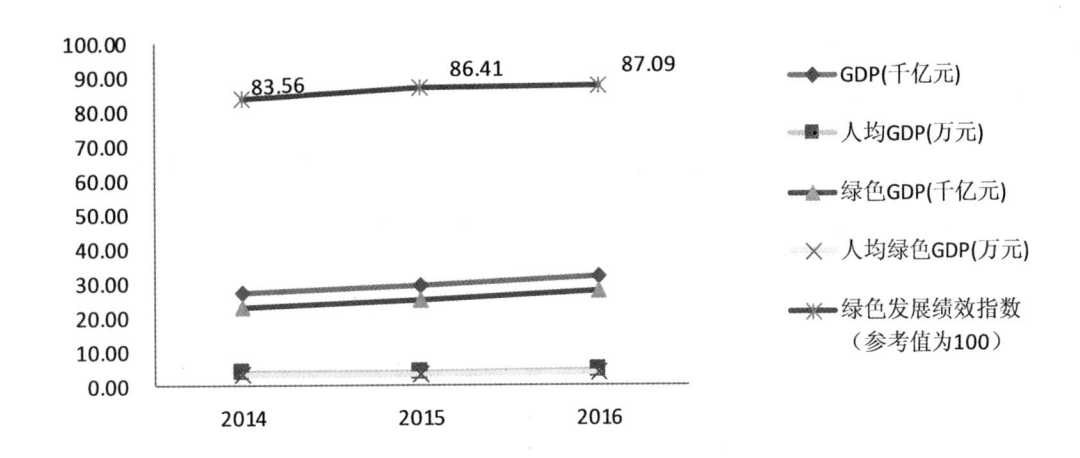

图 4—20 2014—2016 年湖南省绿色发展综合绩效年度变化曲线

表 4—20　　　　　2014—2016 年湖南省绿色发展综合绩效年度变化数据

指标＼年度	2014	2015	2016
绿色发展绩效指数（参考值为100）	83.56	86.41	87.09
绿色发展绩效指数排名	23	22	20
GDP（千亿元）	27.04	28.90	31.55
GDP 排名	10	9	9
人均 GDP（万元）	3.75	3.99	4.31
人均 GDP 排名	21	19	18
绿色 GDP（千亿元）	22.59	24.98	27.48
绿色 GDP 排名	10	9	9
人均绿色 GDP（万元）	3.14	3.45	3.75
人均绿色 GDP 排名	20	19	18

从绿色发展的程度看，湖南省 2016 年的绿色发展绩效指数为 87.09，位列全国内陆 31 个省市自治区绿色发展绩效指数排名的第 20 位。经测算，湖南省 2014 年、2015 年、2016 年连续三年的绿色发展绩效指数平均值为 85.69。其中，2014 年湖南省的绿色发展绩效指数为 83.56，排名第 23 位；2015 年湖南省的绿色发展绩效指数为 86.41，排名第 22 位；2016 年湖南省的绿色发展绩效指数为 87.09，排名第 20 位。该数据初步表明，湖南省的绿色发展水平具有

较为明显的提升。

从经济总量来看，湖南省2016年的绿色GDP总量为27477.17亿元，位列全国内陆31个省市自治区绿色GDP总量排名的第9位；GDP总量为31551.37亿元，位列全国内陆31个省市自治区GDP总量排名的第9位。2014年，湖南省的GDP总量为27037.32亿元，排名第10位；绿色GDP总量为22592.16亿元，排名第10位。2015年，湖南省的GDP总量为28902.21亿元，排名第9位；绿色GDP总量为24975.09亿元，排名第9位。2014至2016年，湖南省GDP总量的平均增幅为8.02%，绿色GDP总量的平均增幅为10.58%。相比而言，2014至2016年期间，湖南省的绿色GDP总量增幅高于GDP总量增幅2.56%。

从经济总量的人均值来看，湖南省2016年的人均绿色GDP为37543.22元，位列全国内陆31个省市自治区人均绿色GDP排名的第18位；人均GDP值为43109.97元，位列全国内陆31个省市自治区人均GDP排名的第18位。2014年，湖南省的人均GDP值37539.89元，排名第21位；人均绿色GDP值31368.03元，排名第20位。2015年，湖南省的人均GDP值为39909.04元，排名第19位；人均绿色GDP值为34486.36元，排名第19位。2014至2016年，湖南省人均GDP的平均增幅为7.21%，人均绿色GDP的平均增幅为9.87%。相比而言，2014至2016年期间，湖南省的人均绿色GDP平均增幅高于人均GDP平均增幅2.66%。

综上，湖南省地处我国中部。从本次研究结果来看，湖南省基本保持了原有的经济增长速度，并在其绿色化程度上有了明显提升。如何继续保持这种发展态势，是湖南省的绿色发展要思考的基本问题。

21. 云南省

云南简称"云"或"滇"，地处中国西南边陲，北回归线横贯南部。总面积39.4万平方公里，占全国总面积的4.1%。东与广西壮族自治区和贵州省毗邻，北以金沙江为界与四川省隔江相望，西北隅与西藏自治区相连，西部与缅甸唇齿相依，南部和东南部分别与老挝、越南接壤，共有陆地边境线4061公里。全省总面积约39.4万平方公里。辖8个地级市、8个自治州（合计16个地级行政区划单位），13个市辖区、13个县级市、74个县、29个自治县（合计129个县级行政区划单位）。云南是中国通往东南亚、南亚的窗口和门户，地处中国与东南亚、南亚三大区域的接合部，拥有国家一类口岸16个、二类口岸7个，与缅甸、越南、老挝三国接壤；与泰国和柬埔寨通过澜沧江—湄公河相连，并与马来西亚、新加坡、印度、孟加拉国等国邻近，是我国毗邻周边国家最多的省份之一。历史上著名的"史迪威公路"和"驼峰航线"就经过云南境内。在实施"一带一路"建设和长江经济带建设的推动下，努力构建云南全方位开放新格局，联通中国、东南亚、南亚三大市场，与各邻近国家建立互利、共赢合作关系，云南将更深程度融入世界经济体系。

云南省"十三五"期间的发展目标是：紧紧围绕与全国同步全面建成小康社会和建设全国民族团结进步示范区、生态文明建设排头兵、面向南亚东南亚辐射中心，努力实现以下新的目标要求，推动跨越式发展，具体为：（1）经济保持中高速增长。在提高发展平衡性、包容性、可持续性基础上，经济总量和质量效益全面提升，城乡居民收入增长幅度高于经济增长幅度。（2）产业结构迈向中高端。产业转型升级取得新突破，新产业新业态不断成长，高原特色农业现代化取得明显进展，现代服务业加快发展，具有云南特色的现代产业体系更加完善。（3）基础设施网络日趋完善。形成内畅外通、网络完善、运行高效的综合交通运输体系，建成跨区域、保障有力、绿色安全的能源保障体系。（4）农村贫困人口如期脱贫。实现现行标准下农村贫困人口全部脱贫，贫困县全部摘帽，区域性整体贫困得到解决。（5）创新驱动发展能力明显提升。创新驱动发展战略深入推进，创新引领发展的能力进一步增强，创新成果转化率大幅提高。（6）生态建设和环境保护实现新突破。生产方式和生活方式绿色、低碳水平上升，主要生态系统步入良性循环，森林覆盖率进一步提高。能源和资源开发利用效率大幅提高，能源和水资源消耗、碳排放总量得到有效控制，主要污染物排放总量大幅减少，环境质量和生态环境保持良好。

近年来，云南省综合经济实力显著增强。全省地区生产总值年均增长9.4%，财政收入年均增长7.1%，发展质量和效益不断提高。滚动实施"十、百、千"项目投资计划和"四个一百"重点项目，固定资产投资年均增长20.2%，发展基础不断夯实。全面实施扩内需、促消费各项措施，城乡居民人均可支配收入年均分别增长8.8%和10.7%，社会消费品零售总额年均增长12.3%。扎实推进重点领域污染防治，生态文明建设成效显著。守住发展和生态两条底线，基本形成节约资源和保护环境的空间格局、产业结构和生产生活方式，生态文明建设排头兵步伐加快。生态文明制度体系基本形成，主体功能区、低碳试点省和普洱市国家绿色经济试验示范区建设扎实推进。全面完成永久基本农田划定工作，开展耕地轮作休耕试点，土地矿产资源节约集约利用水平不断提升。"森林云南"建设深入推进，森林覆盖率提高到59.7%，全省90%以上的典型生态系统和85%以上的重要物种得到有效保护。昆明、普洱、临沧获得"国家森林城市"称号。实行最严格的环境保护制度，大气、水、土壤污染防治行动计划深入实施，单位GDP能耗累计下降24%、圆满完成国家下达目标任务。九大高原湖泊水质稳定趋好，六大水系主要出境、跨界河流断面水质达标率100%。全面推进地质灾害综合防治体系建设。着力开展城乡环境综合整治，人居环境持续改善。但云南的发展也存在着许多问题，主要表现在以下几个方面：云南省发展不平衡不充分、发展质量不高的问题更为突出。主要是：经济总量偏小、产业发展滞后，尤其是工业化水平不高，传统产业占比大，自主创新能力不足；县域经济薄弱，民营经济活力不足，营商环境不理想，民生事业欠账较多，基础设施滞后，城镇化水平低，区域发展不协调，脱贫攻坚任务艰巨；生态环境敏感脆弱，九大高原湖泊保护治理形势依然严峻；重大风险防控难度和压力不小。

云南省2014—2016年绿色发展综合绩效年度变化如图4—21、表4—21所示：

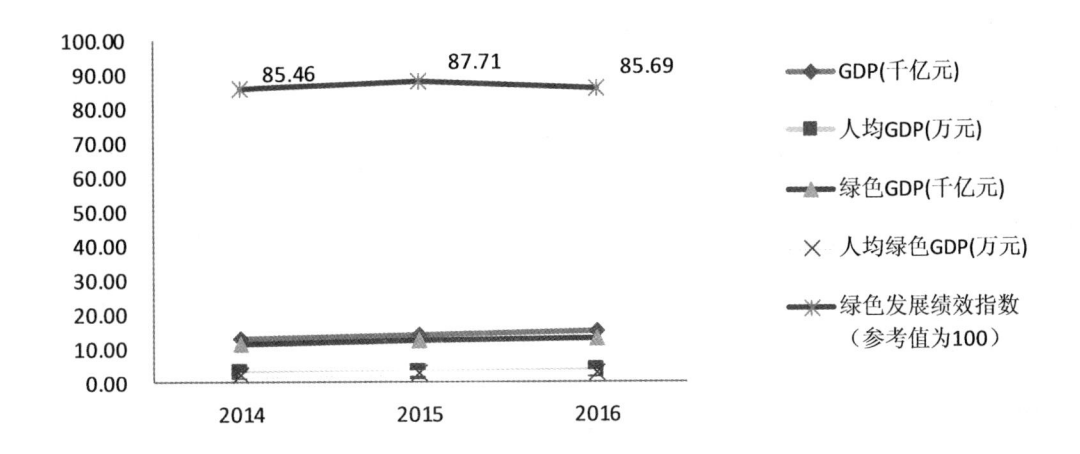

图 4—21 2014—2016 年云南省绿色发展综合绩效年度变化曲线

表 4—21 2014—2016 年云南省绿色发展综合绩效年度变化数据

指标 \ 年度	2014	2015	2016
绿色发展绩效指数（参考值为100）	85.46	87.71	85.69
绿色发展绩效指数排名	20	18	21
GDP（千亿元）	12.81	13.62	14.72
GDP 排名	23	23	23
人均 GDP（万元）	2.72	2.88	3.09
人均 GDP 排名	29	30	30
绿色 GDP（千亿元）	10.95	11.95	12.61
绿色 GDP 排名	23	23	23
人均绿色 GDP（万元）	2.32	2.52	2.64
人均绿色 GDP 排名	29	30	30

从绿色发展的程度看，云南省 2016 年的绿色发展绩效指数为 85.69，位列全国内陆 31 个省市自治区绿色发展绩效指数排名的第 21 位。经测算，云南省 2014 年、2015 年、2016 年连续三年的绿色发展绩效指数平均值为 86.29。其中，2014 年云南省的绿色发展绩效指数为 85.46，排名第 20 位；2015 年云南省的绿色发展绩效指数为 87.71，排名第 18 位；2016 年云南省的绿色发展绩效指数为 85.69，排名第 21 位。该数据初步表明，云南省的绿色发展水平相对稳定，仅有小幅震荡。

从经济总量来看，云南省2016年的绿色GDP总量为12613.77亿元，位列全国内陆31个省市自治区绿色GDP总量排名的第23位；GDP总量为14719.95亿元，位列全国内陆31个省市自治区GDP总量排名的第23位。2014年，云南省的GDP总量为12814.59亿元，排名第23位；绿色GDP总量为10951.76亿元，排名第23位。2015年，云南省的GDP总量为13619.17亿元，排名第23位；绿色GDP总量为11945.37亿元，排名第23位。2014至2016年，云南省GDP总量的平均增幅为7.20%，绿色GDP总量的平均增幅为9.13%。相比而言，2014至2016年期间，云南省的绿色GDP总量增幅高于GDP总量增幅1.93%。

从经济总量的人均值来看，云南省2016年的人均绿色GDP为26441.19元，位列全国内陆31个省市自治区人均绿色GDP排名的第30位；人均GDP值为30856.20元，位列全国内陆31个省市自治区人均GDP排名的第30位。2014年，云南省的人均GDP值27184.69元，排名第29位；人均绿色GDP值23232.91元，排名第29位。2015年，云南省的人均GDP值为28721.52元，排名第30位；人均绿色GDP值为25191.64元，排名第30位。2014至2016年，云南省人均GDP的平均增幅为6.59%，人均绿色GDP的平均增幅为8.62%。相比而言，2014至2016年期间，云南省的人均绿色GDP平均增幅高于人均GDP平均增幅2.03%。

综上，云南省是中国著名的旅游目的地。从本次研究结果来看，云南省的经济规模始终不是很大，人均GDP、人均绿色GDP指标更是要低于全国平均水平。如何通过提升绿色生产效率，在保持生态环境的同时，加快发展速度，是云南省绿色发展方面的主要问题。

22. 河南省

河南位于中国中东部、黄河中下游，因大部分地区位于黄河以南，故称河南。远古时期，黄河中下游地区河流纵横，森林茂密，野象众多，河南又被形象地描述为人牵象之地，这就是象形字"豫"的根源，也是河南简称"豫"的由来。《尚书·禹贡》将天下分为"九州"，豫州位居天下九州之中，现今河南大部分地区属九州中的豫州，故有"中原""中州"之称。资源丰富，是全国农产品主产区和重要的矿产资源大省，2016年，粮食种植面积10286.15公顷，比上年减少5946.60千公顷，粮食产量5973.40万吨，比上年增加26.80万吨；人口众多，是全国人口大省，劳动力资源丰富，消费市场巨大；区位优越，位居天地之中，素有"九州腹地、十省通衢"之称，是全国重要的综合交通枢纽和人流物流信息流中心；农业领先，是全国农业大省和粮食转化加工大省；发展较快，经济总量稳居全国第5位；潜力很大，正处于蓄势崛起、攻坚转型的关键阶段，发展活力和后劲不断增强。

"十三五"时期，河南省发展仍处于大有可为的重要战略机遇期没有改变，经济发展总体向好的基本面没有改变，正处于动力转换、结构优化的关键阶段。"十三五"时期，河南省经济社会发展在经济和生态文明领域的目标是：到2020年，惠及全省人民的小康社会全面建成，基本形成现代化建设框架格局，部分领域和区域实现现代化，综合竞争优势大幅提升，力争实现由经济大省向经济强省的跨越，综合实力进入全国第一方阵，成为促进中部崛起的核心支撑和带动全国发展的新空间，富强民主文明和谐美丽的现代化新河南建设展现出更加美好的前景。经济保持较高速度增长。在提高发展平衡性、包容性、可持续性的基础上，全省地区生产总值和城乡居民人均收入比2010年翻一番以上。主要经济指标年均增速高于全国平均水平，生产总值年均增长8%左右，高于全国平均水平1个百分点以上，力争经济社会发展主要人均指标达到全国平均水平。生态环境质量总体改善。资源节约型、环境友好型社会建设取得重大进展，生产方式和生活方式绿色、低碳水平上升。能源和水资源消耗、建设用地、碳排放总量控制在国家下达计划内，主要污染物排放总量大幅减少，空气和水环境质量明显提高。森林覆盖率和森林蓄积量持续增长。生态文明重大制度基本确立，生态系统步入良性循环。

河南是中华民族和华夏文明的重要发祥地之一，人文底蕴深厚，文化资源优势突出，人力资源丰富。交通十分便利，是全国承东启西、连南贯北的重要交通枢纽。地势平坦,自然环境良好,农业基础厚实,为河南经济社会发展提供了保障。河南也是全国重要的区域性综合能源基地,原煤产量、电力装机规模、发用电量、油气管道长度均居全国前列。当前,河南经济社会发展面临着诸多优势,是"一带一路"的必经之地,是国家制定中部崛起战略的受益省份之一。2016年,河南省坚持稳中求进工作总基调,以新发展理念为引领,主动适应经济发展新常态,全省经济社会保持平稳健康发展,实现了"十三五"良好开局。但是,河南经济社会发展也面临着一些困难和问题:一是发展方式落后,投资边际效益递减,能耗水平仍然较高,环境问题依然严重;二是结构矛盾突出,服务业和高新技术产业占比偏低,传统产业占比偏高,化解过剩产能任务繁重,城乡之间、地区之间发展水平和质量差异较大;三是增长动力不足,企业特别是行业龙头企业数量偏少,创新能力不足,新兴产业增长难以弥补传统产业下拉影响;四是风险隐患增多,企业风险、金融风险和政府债务风险都不容忽视;五是民生欠账较多,脱贫攻坚任务艰巨,城乡居民收入偏低,就业、教育、卫生、住房等公共服务水平较低,安全生产、公共安全等领域依然存在短板。同时,政府职能转变还不到位,一些政府工作人员能力素质不适应新时代要求,一些领域不正之风和腐败问题不容忽视。

河南省2014—2016年绿色发展综合绩效年度变化如图4—22、表4—22所示:

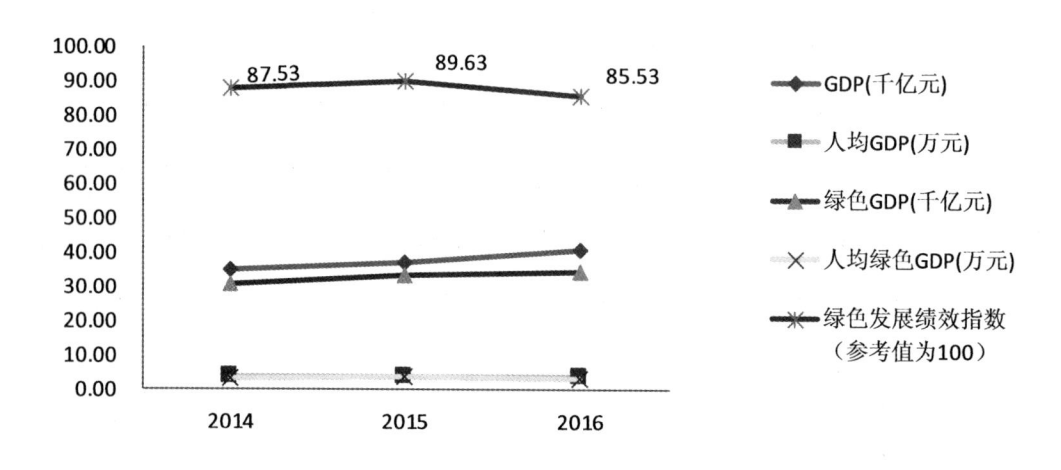

图4—22　2014—2016年河南省绿色发展综合绩效年度变化曲线

表4—22　　　　　2014—2016年河南省绿色发展综合绩效年度变化数据

指标 \ 年度	2014	2015	2016
绿色发展绩效指数（参考值为100）	87.53	89.63	85.53
绿色发展绩效指数排名	15	13	22
GDP（千亿元）	34.94	37.00	40.47
GDP排名	5	5	5
人均GDP（万元）	3.70	3.90	3.75
人均GDP排名	22	22	25
绿色GDP（千亿元）	30.58	33.16	34.62
绿色GDP排名	5	5	5
人均绿色GDP（万元）	3.24	3.50	3.21
人均绿色GDP排名	18	18	25

从绿色发展的程度看，河南省2016年的绿色发展绩效指数为85.53，位列全国内陆31个省市自治区绿色发展绩效指数排名的第22位。经测算，河南省2014年、2015年、2016年连续三年的绿色发展绩效指数平均值为87.56。其中，2014年河南省的绿色发展绩效指数为87.53，排名第15位。2015年河南省的绿色发展绩效指数为89.63，排名第13位；2016年河南省的绿色发展绩效指数为85.53，排名第22位。该数据初步表明，2014至2016年间，河南省的绿色发展水平出现了一定程度的震荡，尚未表现出明显的稳定态势。

从经济总量来看，河南省2016年的绿色GDP总量为34616.55亿元，位列全国内陆31个省市自治区绿色GDP总量排名的第5位；GDP总量为40471.79亿元，位列全国内陆31个省市自治区GDP总量排名的第5位。2014年，河南省的GDP总量为34938.24亿元，排名第5位；绿色GDP总量为33164.86亿元，排名第5位。2015年，河南省的GDP总量为37002.16亿元，排名第5位；绿色GDP总量为33164.86亿元，排名第5位。2014至2016年，河南省GDP总量的平均增幅为7.64%，绿色GDP总量的平均增幅为8.44%。相比而言，2014至2016年期间，河南省的绿色GDP总量增幅高于GDP总量增幅0.80%。

从经济总量的人均值来看，河南省2016年的人均绿色GDP为32088.01

元,位列全国内陆31个省市自治区人均绿色GDP排名的第25位;人均GDP值为37515.56元,位列全国内陆31个省市自治区人均GDP排名的第25位。2014年,河南省的人均GDP值37026.54元,排名第22位;人均绿色GDP值32409.68元,排名第18位。2015年,河南省的人均GDP值为39031.81元,排名第22位;人均绿色GDP值为34984.03元,排名第18位。2014至2016年,河南省人均GDP的平均增幅为0.78%,人均绿色GDP的平均增幅为8.02%。相比而言,2014至2016年期间,河南省的人均绿色GDP平均增幅高于人均GDP平均增幅7.24%。

综上,河南省是传统的"中原大省",资源丰富,但其人口基数庞大。如何通过提高绿色生产效率,加速缓解人口增长与经济规模扩大之间的矛盾,是河南省一直面临的严峻问题。

23. 青海省

青海省位于祖国西部,雄踞世界屋脊青藏高原的东北部。因境内有国内最大的内陆咸水湖——青海湖而得名,简称"青"。青海是长江、黄河、澜沧江的发源地,故被称为"江河源头",又称"三江源",素有"中华水塔"之美誉。全省总面积72.23万平方公里,占全国总面积的十三分之一,面积排在新疆、西藏、内蒙古之后,列全国各省、市、自治区的第四位。青海北部和东部同甘肃省相接,西北部与新疆维吾尔自治区相邻,南部和西南部与西藏自治区毗连,东南部与四川省接壤,是连接西藏、新疆与内地的纽带。青海全省平均海拔3000米以上。全省山脉纵横,峰峦重叠,湖泊众多,峡谷、盆地遍布。祁连山、巴颜喀拉山、阿尼玛卿山、唐古拉山等山脉横亘境内。青海湖是我国最大的内陆咸水湖,柴达木盆地以"聚宝盆"著称于世。全省地貌复杂多样,五分之四以上的地区为高原,东部多山,海拔较低,西部为高原和盆地。青海是农业区和牧区的分水岭,兼具了青藏高原、内陆干旱盆地和黄土高原的三种地形地貌,汇聚了大陆季风性气候、内陆干旱气候和青藏高原气候的三种气候形态，这里既有高原的博大、大漠的广袤，也有河谷的富庶和水乡的旖旎。2016年末，全省常住人口593.5万人，比上年末增加5万人。

"十三五"时期，全省经济社会发展总体要求是：实现"一个同步"、奋力建设"三区"、打造一个"高地"。即，把握中央提出的标准与要求，确保到2020年与全国同步全面建成小康社会。构筑国家生态安全屏障，建设生态文明先行区；加快转变发展方式，建设循环经济发展先行区；突出改善民生凝聚人心，建设民族团结进步先进区。弘扬党的优良作风，铸就青海精神高地。具体分为以下五大方面目标：生态文明建设迈上新台阶，资源循环利用体系初步建立，能源资源使用效率大幅提高，主要污染物排放得到合理控制，初步形成与生态文明新时代相适应的体制机制、空间格局、产业结构和生产生活方式，绿色发展达到全国先进水平；经济保持中高速增长，在提高发展平衡性、包容性、可持续性的基础上，到2020年，实现地区生产总值和城乡居民人均收入比2011年翻一番，人均国内生产总值和城乡居民人均收入与全国平均水平的相对差距有所缩小，保持财政收入与经济增长同步，投资效率和企业效率明显上升，消费和出口对经济增长贡献率明显提高，高原现代农牧业产业体系初步形成，工业化和信息化融合发展水平大幅提升，服务业比重进一步加大；人民生活水平和质量明显提升，基础设施、公共服务设施更加完善，基本公共服务均等化达到全国平均水平，国家现行标准下农牧区贫困人口实现脱贫，贫困县全部摘帽；公民素质和社会文明程度显著提高，公共文化服务体系基本建成，文化名省建设迈上新台阶；社会治理水平进一步提升，依法治省取得积极成效，各领域基础性制度体系基本形成。

经过多年努力，青海省经济总量和实力不断提升，发展方式加快转变，新的增长动能正在孕育形成，自我发展能力明显增强，特别是通过多年探索实践，逐步形成了一整套适应新常态、引领新常态的理念、思路、举措，自我发展的内生动力明显增强，为未来发展奠定了坚实基础。但是，应该清醒地认识到青海仍处于社会主义初级阶段的较低层次，经济发展不平衡不充分，发展质量和效益有待提高，社会发育和文明程度有待提升，社会治理能力和水平有待提振，仍是青海面临的突出矛盾。创新能力不强，市场活力不足，非公经济发展水平不高,生态保护任重道远,脱贫攻坚任务繁重,民生改善和社会保障短板较多等问题,仍是青海需要应对的挑战。

青海省2014—2016年绿色发展综合绩效年度变化如图4—23、表4—23所示:

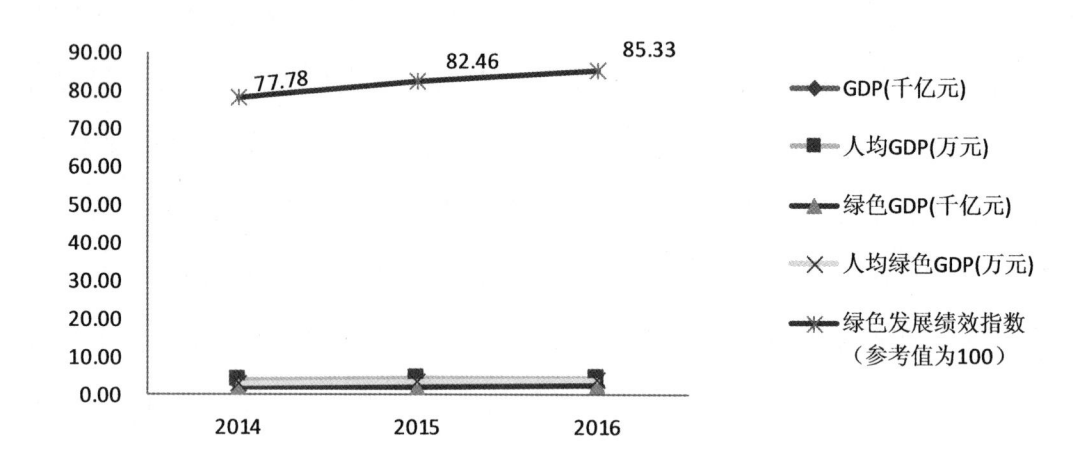

图4—23 2014—2016年青海省绿色发展综合绩效年度变化曲线

表4—23　　　　2014—2016年青海省绿色发展综合绩效年度变化数据

指标＼年度	2014	2015	2016
绿色发展绩效指数(参考值为100)	77.78	82.46	85.33
绿色发展绩效指数排名	30	29	23
GDP(千亿元)	2.30	2.42	2.57
GDP排名	30	30	30
人均GDP(万元)	3.95	4.11	4.33
人均GDP排名	18	16	17
绿色GDP(千亿元)	1.79	1.99	2.20
绿色GDP排名	30	30	30
人均绿色GDP(万元)	3.07	3.39	3.70
人均绿色GDP排名	22	20	19

从绿色发展的程度看,青海省2016年的绿色发展绩效指数为85.33,位列全国内陆31个省市自治区绿色发展绩效指数排名的第23位。经测算,青海省2014年、2015年、2016年连续三年的绿色发展绩效指数平均值为81.86。其中,2014年青海省的绿色发展绩效指数为77.78,排名第30位;2015年青海

省的绿色发展绩效指数为82.46，排名第29位；2016年青海省的绿色发展绩效指数为85.33，排名第23位。该数据初步表明，2014至2016年间，青海省的绿色发展水平有了明显提升。

从经济总量来看，青海省2016年的绿色GDP总量为2195.04亿元，位列全国内陆31个省市自治区绿色GDP总量排名的第30位；GDP总量为2572.49亿元，位列全国内陆31个省市自治区GDP总量排名的第30位。2014年，青海省的GDP总量为2303.32亿元，排名第30位；绿色GDP总量为1791.61亿元，排名第30位。2015年，青海省的GDP总量为2417.05亿元，排名第30位；绿色GDP总量为1993.14亿元，排名第30位。2014至2016年，青海省GDP总量的平均增幅为5.71%，绿色GDP总量的平均增幅为11.17%。相比而言，2014至2016年期间，青海省的绿色GDP总量增幅高于GDP总量增幅5.46%。

从经济总量的人均值来看，青海省2016年的人均绿色GDP为36987.20元，位列全国内陆31个省市自治区人均绿色GDP排名的19位；人均GDP值为43347.32元，位列全国内陆31个省市自治区人均GDP排名的17位。2014年，青海省的人均GDP值39479.62元，排名第18位；人均绿色GDP值30708.77元，排名第22位。2015年，青海省的人均GDP值为41076.25元，排名第16位；人均绿色GDP值为33872.10元，排名第20位。2014至2016年，青海省人均GDP的平均增幅为4.70%，人均绿色GDP的平均增幅为10.42%。相比而言，2014至2016年期间，青海省的人均绿色GDP平均增幅高于人均GDP平均增幅5.72%。

综上，青海省拥有丰富的生态资源，这为该省绿色发展提供了独特的自然资源。但是由于其经济基础一直相对薄弱，如何在保护生态环境的前提下，提升绿色发展的生产效率仍是青海省面临的最为紧迫的问题。

24. 陕西省

陕西省简称"陕"或"秦"，地处中国内陆腹地，黄河中游。东邻山西、河南，西连宁夏、甘肃，南抵四川、重庆、湖北，北接内蒙古，居于连接中国东、中部地区和西北、西南的重要位置。中国的大地原点在境内泾阳县永乐镇。2016年底，陕西省常住人口3812.62万人，土地面积20.56万平方公里。陕西有悠久的历史、璀璨的文化、多样的自然环境，聚集了得天独厚的旅游资源。陕西是中华民族和华夏文化的重要发祥地之一，先后有周、秦、汉、唐等十多个王朝在此建都。全省现有各类文物点49058处、博物馆253座、馆藏各类文物186.9283万件（组）。其中有72座古代帝王陵墓，有佛教名刹法门寺、道教圣地楼观台、唐僧玄奘翻译佛经和讲授经典的大慈恩寺，还有中国现存规模最大、保存最完整的古代城垣——西安城墙等。黄帝陵、兵马俑、延安宝塔、秦岭、华山等，是中华文明、中国革命、中华地理的精神标识和自然标识。陕西物华天宝，资源富集。世界上有用的160种主要矿种中，陕西已发现138种（含亚矿种），已探明储量的有93种，产地达510多处。确立了陕西省为全国矿产资源大省的地位，同时也使陕西省成为全国重要能源化工基地之一。陕西生物资源丰富，多样性突出。是全国退耕还林规模最大的省份，现有林地1035.4万公顷。森林覆盖率达37.2%，主要分布在秦巴山区、关山、黄龙山和桥山。秦岭巴山素有"生物基因库"之称，其生态系统、物种和遗传基因的多样性，在中国乃至东亚地区都具有典型性和代表性。

"十三五"期间，陕西省国民经济和社会发展的总体规划是：经济保持中高速增长，在提高发展质量效益基础上，年均增速高于全国平均水平，人均生产总值超过1万美元；经济结构趋于合理，创新驱动发展走在前列，产业迈向中高端水平，战略性新兴产业和服务业增加值占GDP比重分别达到15%和45%；城乡区域发展更趋协调，常住和户籍人口城镇化率分别达到60%、45%以上；内陆改革开放新高地建设取得重大进展，经济外向度达到15%以上；人民生活水平和质量进一步提高，基本公共服务实现均等化，城乡居民收入赶超全国平均水平，现行标准下农村贫困人口全部脱贫、贫困县全部摘帽，实现更加充分的就业，五年新增城镇就业220万人，全面实施13年免费教育，人人享有基本医疗卫生服务，社会保障体系更加完善；生态文明建设制度基本建立，绿色低碳循环发展成为主基调，单位生产总值能耗和主要污染物排放总量明显下降，森林覆盖率超过45%，治污降霾取得显著成效，人居环境持续改善；治理体系和治理能力进一步现代化，民主法制更加健全，法治陕西扎实推进；重点领域和关键环节改革全面推进；现代公共文化服务体系基本建成，文化产业增加值占GDP比重达到6%，陕西特色文化影响力进一步扩大。

陕西站在了新的历史起点，正处在追赶超越阶段，势能潜能加速释放，科教实力雄厚、自然资源富集、文化积淀厚重等优势在未来竞争中将更加凸显。近年来，陕西综合实力大幅提升，经济年均增长8.8%，总量由全国第16位前移至第15位。人均生产总值突破8000美元，在全国的位次高于经济总量排名。全省经济结构质量优化，以采掘为主的能源型经济结构正在向能源精深加工、非能产业多元支撑转型，在能源工业占规模以上工业比重下降11.8个百分点的情况下，地方财政收入增加400亿元，单位GDP能耗降低17%，经济总量持续增长而主要污染物排放持续下降，全省经济正在步入高质量发展轨道。同时，陕西发展仍面临着不少困难和挑战，发展不平衡不充分的问题在各领域不同程度存在，主要是：经济的结构性矛盾突出，企业创新主体作用发挥不够，营商环境尚需优化，县域经济、民营经济和军民融合、开放型经济有待培育壮大；群众收入依然偏低，脱贫攻坚任务艰巨，生态环境保护任重道远。

陕西省2014—2016年绿色发展综合绩效年度变化如图4—24、表4—24所示：

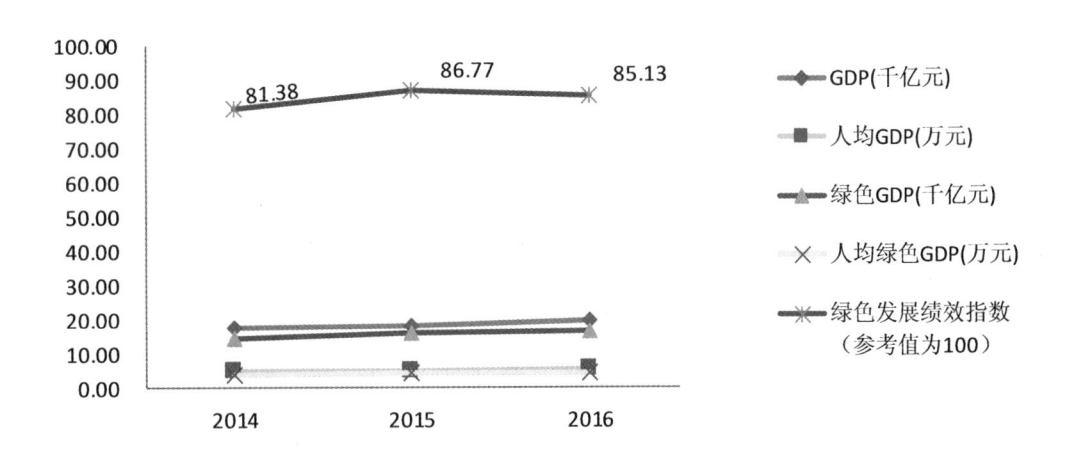

图4—24　2014—2016年陕西省绿色发展综合绩效年度变化曲线

表4—24　　2014—2016年陕西省绿色发展综合绩效年度变化数据

指标＼年度	2014	2015	2016
绿色发展绩效指数（参考值为100）	81.38	86.77	85.13
绿色发展绩效指数排名	25	20	24
GDP（千亿元）	17.69	18.02	19.40
GDP排名	16	15	15
人均GDP（万元）	4.69	4.75	5.09
人均GDP排名	14	14	14
绿色GDP（千亿元）	14.40	15.64	16.51
绿色GDP排名	17	16	16
人均绿色GDP（万元）	3.81	4.12	4.33
人均绿色GDP排名	14	14	14

从绿色发展的程度看，陕西省2016年的绿色发展绩效指数为85.13，位列全国内陆31个省市自治区绿色发展绩效指数排名的第24位。经测算，陕西省2014年、2015年、2016年连续三年的绿色发展绩效指数平均值为84.43。其中，2014年陕西省的绿色发展绩效指数为81.38，排名第25位；2015年陕西省的绿色发展绩效指数为86.77，排名第20位；2016年陕西省的绿色发展绩效指数为85.13，排名第24位。该数据初步表明，2014至2016年间，陕西省的绿色发展水平也有小幅波动，尚不稳定。

从经济总量来看，陕西省2016年的绿色GDP总量为16514.73亿元，位列全国内陆31个省市自治区绿色GDP总量排名的第16位；GDP总量为19399.59亿元，位列全国内陆31个省市自治区GDP总量排名的第15位。2014年，陕西省的GDP总量为17689.94亿元，排名第16位；绿色GDP总量为14395.94亿元，排名第17位。2015年，陕西省的GDP总量为18021.86亿元，排名第15位；绿色GDP总量为15638.39亿元，排名第16位。2014至2016年，陕西省GDP总量的平均增幅为4.76%，绿色GDP总量的平均增幅为8.61%。相比而言，2014至2016年期间，陕西省的绿色GDP总量增幅高于GDP总量增幅3.85%。

从经济总量的人均值来看,陕西省 2016 年的人均绿色 GDP 为 43311.65 元,位列全国内陆 31 个省市自治区人均绿色 GDP 排名的 14 位;人均 GDP 值为 50877.50 元,位列全国内陆 31 个省市自治区人均 GDP 排名的 14 位。2014 年,陕西省的人均 GDP 值 46860.77 元,排名第 14 位;人均绿色 GDP 值 38134.3 元,排名第 14 位。2015 年,陕西省的人均 GDP 值为 47513.47 元,排名第 14 位;人均绿色 GDP 值为 41229.60 元,排名第 14 位。2014 至 2016 年,陕西省人均 GDP 的平均增幅为 4.22%,人均绿色 GDP 的平均增幅为 8.14%。相比而言,2014 至 2016 年期间,陕西省的人均绿色 GDP 平均增幅高于人均 GDP 平均增幅 3.92%。

综上,陕西省地处秦岭,资源丰富。从本次研究结果来看,陕西省的人均 GDP、人均绿色 GDP 虽然相对较高,但其经济规模并不大。陕西省的绿色发展还有很大提升空间。

25. 宁夏回族自治区

宁夏是中华民族远古文明发祥地之一。境内灵武市"水洞沟遗址"表明,早在 3 万年前的旧石器时代,就有人类在此生息繁衍。公元前 3 世纪,秦始皇统一六国后,在此设北地郡,派兵屯垦,兴修水利,开创了引黄灌溉的历史。公元 1038 年,党项族首领李元昊以宁夏为中心,建立大夏国,故元代以后史称西夏,定都兴庆府(今银川市),形成了和宋、辽、金政权三足鼎立 189 年的局面。元灭西夏后,设宁夏路,始有宁夏之名。明朝设宁夏卫,清代设宁夏府。1929 年成立宁夏省。新中国成立后,1954 年宁夏省撤销并入甘肃。1958 年 10 月 25 日成立宁夏回族自治区。宁夏全境海拔 1000 米以上,地势南高北低,落差近 1000 米,呈阶梯状下降。属典型的大陆性气候,为温带半干旱区和半湿润地区,具有春多风沙、夏少酷暑、秋凉较早、冬寒较长、雪雨稀少、日照充足、蒸发强烈等特点,年平均降水量 300 毫米左右。在地形上分为三大板块:一是北部引黄灌区。地势平坦,土壤肥沃,素有"塞上江南"的美誉。

二是中部干旱带。干旱少雨，风大沙多，土地贫瘠，生存条件较差。三是南部山区。丘陵沟壑林立，部分地域阴湿高寒，是国家级贫困地区之一。宁夏自然资源丰富，处于国家"西气东输"和中俄原油输油管道的咽喉地带，地理位置优越，区位优势明显，土地资源丰富，农业资源优良，自古就有"天下黄河富宁夏"之说。宁夏有农业、能源、旅游三方面的优势，开发前景广阔。宁夏旅游资源独特，平原高山相间，大漠风光与水乡美景交相辉映，西夏王陵被誉为"东方金字塔"。近年来，宁夏经济社会发展成效显著，结构调整明显，基础设施建设加速，城乡面貌改观，生态保护取得重大进展。

宁夏"十三五"规划的综合分析判断是：全区发展不足仍然是最大的区情，加快发展仍然是最紧迫的任务。对标全国平均发展水平，宁夏的差距仍然十分明显，对标全面建成小康社会目标，全区的任务十分艰巨。宁夏"十三五"时期经济社会发展的主要目标是：实现"一个翻番、三个同步、一个增强"，即到2020年地区生产总值在2010年基础上翻一番；城乡居民收入增长与经济增长同步，财政收入增长与经济增长同步，劳动报酬提高与劳动生产率提高同步；基础设施支撑能力显著增强。具体表现为：经济增长的平衡性、包容性和可持续性进一步提高，实现投资有效益、产品有市场、企业有利润、员工有收入、政府有税收。经济年均增速保持在7.5%以上，人均地区生产总值接近1万美元，固定资产投资年均增长10%以上。大众创业万众创新的生动局面基本形成，科技创新能力明显增强，科技成果转化率大幅提高，科研经费投入强度达到2%以上，科技进步贡献率达到55%。现代产业体系基本建立，三次产业协调发展，产业技术装备水平和竞争力明显提高。服务业占地区生产总值的比重达到50%左右，非公经济比重达到50%以上。国家西部生态安全屏障的地位和作用更加凸显，蓝天绿水青山的生态名片更加亮丽，人居环境质量在全国排名靠前。全区森林覆盖率达到15.8%，地级城市空气质量优良天数比例达到78%以上，万元GDP能耗、碳排放和主要污染物排放总量控制在国家下达的指标以内。内陆开放型经济试验区建设取得重大进展，中阿博览会影响力大幅提升，对外经贸合作和人文交流更加广泛深入，进出口总额和外商直接投资年均增长25%。累计新增就业36万人，就业更加充分更有质量。城镇和农村常住居民人均可支配收入年均分别增长8%和9%，收入差距缩小。精神文明和物质文明建设协调推进，各方面制度更加健全，社会治理体系更加完善，民族团结，社会安定的局面进一步巩固发展。

近年来，随着国家西部大开发战略的深入实施，宁夏经济社会走上了持续快速健康发展轨道，经济增长连续14年超过全国平均增长水平，改革开放不断向纵深推进，经济结构调整初见成效，城乡面貌发生了显著变化，人民生活水平有了较大改善。但宁夏经济社会发展还存在不少挑战和问题。集中表现在：人民日益增长的美好生活需要与发展的不平衡不充分之间的矛盾表现在多个方面，基础设施建设滞后，产业层次不高，资源环境约束趋紧，创新发展、转型发展任务繁重；基本公共服务均等化水平较低，脱贫攻坚任务艰巨，城乡居民增收压力较大，群众在就业、教育、医疗、社保、养老等方面还有不少难题；制约发展的体制机制障碍依然较多，融入"一带一路"、扩大内陆开放步伐还不快；政府自身建设还存在薄弱环节，职能转变和干部作风需要进一步加强。

宁夏回族自治区2014—2016年绿色发展综合绩效年度变化如图4—25、表4—25所示：

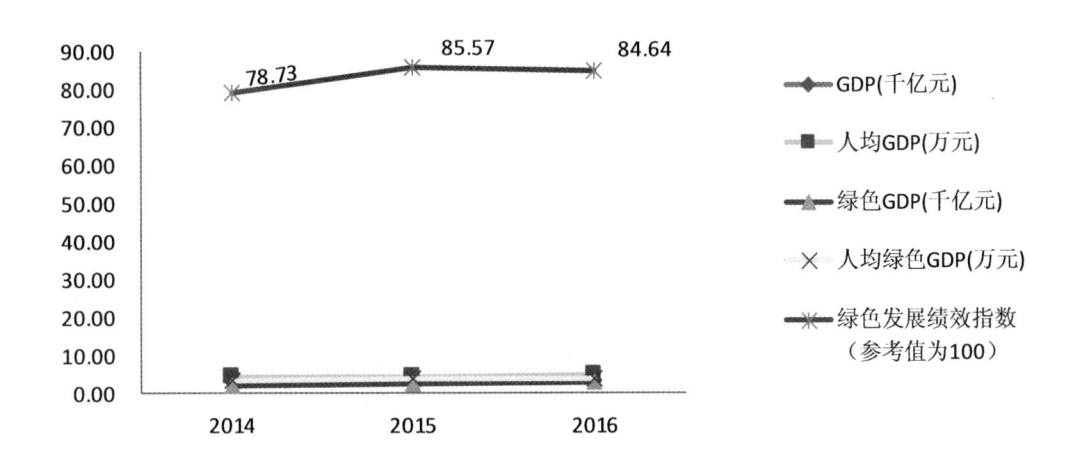

图4—25 2014—2016年宁夏回族自治区绿色发展综合绩效年度变化曲线

表4—25 2014—2016年宁夏回族自治区绿色发展综合绩效年度变化数据

年度 指标	2014	2015	2016
绿色发展绩效指数（参考值为100）	78.73	85.57	84.64
绿色发展绩效指数排名	29	25	25
GDP（千亿元）	2.75	2.91	3.17
GDP排名	29	29	29
人均GDP（万元）	4.16	4.36	4.69
人均GDP排名	15	15	15
绿色GDP（千亿元）	2.17	2.49	2.68
绿色GDP排名	29	29	29
人均绿色GDP（万元）	3.28	3.73	3.97
人均绿色GDP排名	17	15	16

从绿色发展的程度看，宁夏回族自治区2016年的绿色发展绩效指数为84.64，位列全国内陆31个省市自治区绿色发展绩效指数排名的第25位。经测算，宁夏回族自治区2014年、2015年、2016年连续三年的绿色发展绩效指数平均值为82.98。其中，2014年宁夏回族自治区的绿色发展绩效指数为78.73，排名第29位；2015年宁夏回族自治区的绿色发展绩效指数为85.57，排名第25位；2016年宁夏回族自治区的绿色发展绩效指数为84.64，排名第25位。该数据初步表明，2014至2016年间，宁夏回族自治区的绿色发展水平有小幅波动，尚不稳定。

从经济总量来看，宁夏回族自治区2016年的绿色GDP总量为2681.86亿元，位列全国内陆31个省市自治区绿色GDP总量排名的第29位；GDP总量为3168.59亿元，位列全国内陆31个省市自治区GDP总量排名的第29位。2014年，宁夏回族自治区的GDP总量为2752.10亿元，排名第29位；绿色GDP总量为2166.84亿元，排名第29位。2015年，宁夏回族自治区的GDP总量为2911.77亿元，排名第29位；绿色GDP总量为2491.58亿元，排名第29位。2014至2016年，宁夏回族自治区GDP总量的平均增幅为7.38%，绿色GDP总量的平均增幅为14.75%。相比而言，2014至2016年期间，宁夏回族自治区的绿色GDP总量增幅高于GDP总量增幅7.37%。

从经济总量的人均值来看，宁夏回族自治区2016年的人均绿色GDP为39737.13元，位列全国内陆31个省市自治区人均绿色GDP排名的第16位；人均GDP值为46949.03元，位列全国内陆31个省市自治区人均GDP排名的第15位。2014年，宁夏回族自治区的人均GDP值为41601.41元，排名第15位；人均绿色GDP值32754.56元，排名第17位。2015年，宁夏回族自治区的人均GDP值为43597.20元，排名第15位；人均绿色GDP值为37305.77元，排名第15位。2014至2016年，宁夏回族自治区人均GDP的平均增幅为6.19%，人均绿色GDP的平均增幅为13.72%。相比而言，2014至2016年期间，宁夏回族自治区的人均绿色GDP平均增幅高于人均GDP平均增幅7.53%。

综上，宁夏回族自治区地处"丝绸之路"要道，素有"塞上江南"之美誉。从本次研究结果来看，宁夏回族自治区经济规模偏小，但其人均经济总量还是很高的，其绿色化程度也有不同程度提升。在绿色发展方面，宁夏回族自治区面临的主要问题还是在保护生态环境的基础上积极求发展。

26. 黑龙江省

黑龙江省，简称黑。省会哈尔滨。位于中国东北部，是中国位置最北、纬度最高的省份，北、东部与俄罗斯隔江相望，西部与内蒙古自治区相邻，南部与吉林省接壤。全省土地总面积47.3万平方公里（含加格达奇和松岭区），居全国第6位，边境线长2981.26公里。黑龙江省地貌特征为"五山一水一草三分田"。地势大致是西北、北部和东南部高，东北、西南部低，主要由山地、台地、平原和水面构成。有黑龙江、松花江、乌苏里江、绥芬河等多条河流；有兴凯湖、镜泊湖、五大连池等众多湖泊。黑龙江省位于东北亚区域腹地，是亚洲与太平洋地区陆路通往俄罗斯和欧洲大陆的重要通道，是中国沿边开放的重要窗口，现已成为我国对俄罗斯及其他独联体国家开放的前沿。黑龙江省地处世界三大黑土带之一，耕地面积近2亿亩，是我国重要的商品粮基地。工业门类以高端制造业、航空航天、机械、石油、煤炭、木材等产业为主。矿藏品种齐全、储量丰富，已发现各类矿产132种，查明资源储量的矿产有84种，全省森林覆盖率46.14%，森林面积2097.7万公顷，活立木总蓄积量18.29亿立方米。大小兴安岭是国家重点林区，也是重要的生态屏障。

"十三五"期间，黑龙江省的发展规划是：经济综合实力实现新跨越，到2020年地区生产总值和城乡居民人均收入比2010年翻一番，地区生产总值年均增长6%以上，城乡居民收入增长与经济增长基本同步；发展动能转换和经济结构调整取得重大成效，发挥优势，注重工业，多点培育，实现新旧动能转换，产业结构、所有制结构优化升级，实施创新驱动和科技成果产业化取得重大成效，用全新体制机制高标准建设哈尔滨新区；深化改革取得实质性成果，国企改革取得重要进展，"两大平原"现代农业综合配套改革试验目标完成；生态文明建设取得显著成效，绿色发展理念牢固确立，绿色发展方式和生活方式逐步形成，绿色生态产业快速发展，主要污染物排放总量明显减少，城市空气质量明显改善，各流域水质持续改善，天然林资源得到全面保护，国家重要生态屏障功能进一步提升；以对俄合作为重点的全方位对外开放格局基本形成，"龙江丝路带"建设扎实推进，"三桥一岛"建设取得重大进展，跨境运输通道功能明显提升，全面形成面向全国的对俄开放通道和服务平台，跨境产业链和产业聚集带取得积极进展；新型城镇化有序推进，质量不断提升，公共服务体系更加健全，就业更加充分，现行标准贫困人口脱贫，贫困县全部摘帽，持续提高中低人群收入水平，社会文明程度进一步提高。

总的看，近年来黑龙江全省经济运行符合预期，社会事业不断发展进步。黑龙江省顶住下行压力，经济总量不断扩大、结构优化，特别是面对油煤粮木传统产业持续集中负向拉动的严峻挑战，经济运行稳中趋好。全省按照做好"三篇大文章"和"五个要发展""五头五尾"的重大要求，大力推动结构调整、产业转型。大力推进"两大平原"现代农业综合配套改革。突出水利、农机、科技、生态四条主线，农业综合生产能力显著提升，走在全国前列。推动对俄合作由经贸合作向全方位合作转变、由与毗邻地区合作向俄中部和欧洲部分合作延伸。实施大小兴安岭生态功能区、三北防护林、三江平原湿地等保护和修复工程，全面停止天然林商业性采伐，完成造林730.8万亩，森林蓄积量增加2.3亿立方米，未发生重特大森林火灾，为保障国家生态安全做出了重大贡献。但黑龙江省自身发展也面临一些突出问题和制约因素，当前全省经济仍处于传统产业负向拉动与培育新动能、新增长领域相互交织、相互赛跑的关键时期。石油减产对二产的负向拉动还将持续，驻省央企和地方国企改革整体滞后，农垦、森工改革任务十分艰巨，企业整体竞争力亟待增强，农民进入市场营销增收能力需要大力提升，人才战略实施需要进一步加强，民生领域还有不少短板和历史遗留问题，生态环境保护任务相当繁重。

黑龙江省2014—2016年绿色发展综合绩效年度变化如图4—26、表4—26所示：

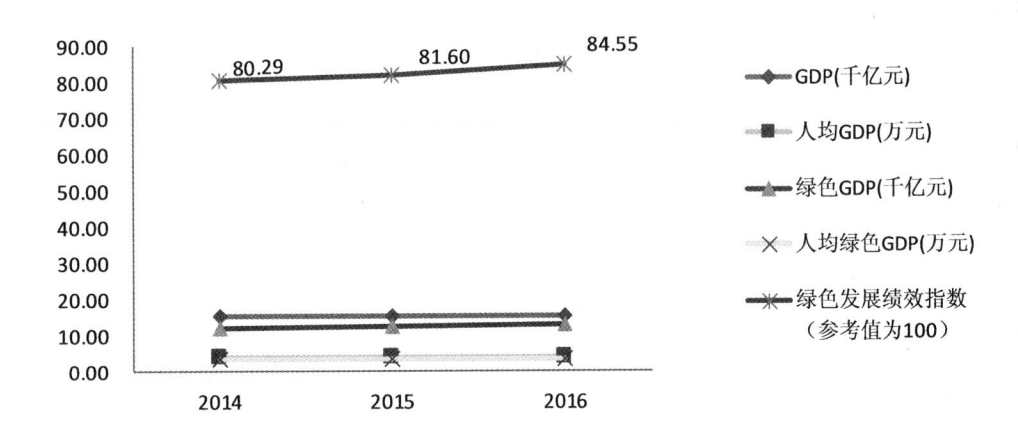

图4—26 2014—2016年黑龙江省绿色发展综合绩效年度变化曲线

表4—26　　　　2014—2016年黑龙江省绿色发展综合绩效年度变化数据

年度 指标	2014	2015	2016
绿色发展绩效指数（参考值为100）	80.29	81.60	84.55
绿色发展绩效指数排名	27	30	26
GDP（千亿元）	15.04	15.08	15.39
GDP排名	20	21	21
人均GDP（万元）	3.92	3.96	4.05
人均GDP排名	19	20	21
绿色GDP（千亿元）	12.08	12.31	13.01
绿色GDP排名	21	21	21
人均绿色GDP（万元）	3.15	3.23	3.42
人均绿色GDP排名	19	23	23

从绿色发展的程度看，黑龙江省2016年的绿色发展绩效指数为84.55，位列全国内陆31个省市自治区绿色发展绩效指数排名的第26位。经测算，黑龙江省2014年、2015年、2016年连续三年的绿色发展绩效指数平均值为82.15。其中，2014年黑龙江省的绿色发展绩效指数为80.29，排名第27位；2015年黑龙江省的绿色发展绩效指数为81.60，排名第30位；2016年黑龙江省的绿色发展绩效指数为84.55，排名第26位。该数据初步表明，黑龙江省的绿色发展水平处于相对稳定的水平，没有太大波动。

从经济总量来看，黑龙江省2016年的绿色GDP总量为13008.61亿元，位列全国内陆31个省市自治区绿色GDP总量排名的第21位；GDP总量为15386.10亿元，位列全国内陆31个省市自治区GDP总量排名的第21位。2014年，黑龙江省的GDP总量为15039.40亿元，排名第20位；绿色GDP总量为12075.00亿元，排名第21位。2015年，黑龙江省的GDP总量为15083.70亿元，排名第21位；绿色GDP总量为12307.76亿元，排名第21位。2014至2016年，黑龙江省GDP总量的平均增幅为1.16%，绿色GDP总量的平均增幅为1.90%。相比而言，2014至2016年期间，黑龙江省的绿色GDP总量增幅高于GDP总量增幅0.74%。

从经济总量的人均值来看，黑龙江省2016年的人均绿色GDP为34240.39元，位列全国内陆31个省市自治区人均绿色GDP排名的23位；人均GDP值为40498.26元，位列全国内陆31个省市自治区人均GDP排名的21位。2014年，黑龙江省的人均GDP值为39236.63元，排名第19位；人均绿色GDP值为31502.75元，排名第19位。2015年，黑龙江省的人均GDP值为39568.99元，排名第20位；人均绿色GDP值为32286.88元，排名第23位。2014至2016年，黑龙江省人均GDP的平均增幅为1.65%，人均绿色GDP的平均增幅为2.54%。相比而言，2014至2016年期间，黑龙江省的人均绿色GDP平均增幅高于人均GDP平均增幅0.89%。

综上，黑龙江省地处中国最东北部，为我国重要的商品粮基地。本次研究结果表明，如果黑龙江省能够继续减少工业污染排放，提升农业生产效率，则黑龙江省的绿色发展有可能迎来新的发展。

27. 内蒙古自治区

内蒙古自治区位于中国北部边疆，由东北向西南斜伸，呈狭长形，东西直线距离2400公里，南北跨度1700公里，横跨东北、华北、西北三大区。土地总面积118.3万平方公里，占全国总面积的12.3%，在全国各省、市、自治区中名列第三位。东南西与8省区毗邻，北与蒙古、俄罗斯接壤，国境线长4200公里。全区基本上是一个高原型的地貌区，大部分地区海拔1000米以上。内蒙古高原是中国四大高原中的第二大高原。除了高原以外，还有山地、丘陵、平原、沙漠、河流、湖泊。全区由于地理位置和地形的影响，形成以温带大陆性季风气候为主的复杂多样的气候。春季气温骤升，多大风天气；夏季短促温热，降水集中；秋季气温剧降，秋霜冻往往过早来临；冬季漫长严寒，多寒潮天气。全年降水量在100—500毫米之间，无霜期在80—150天之间，年日照量普遍在2700小时以上。大兴安岭和阴山山脉是全区气候差异的重要自然分界线，大兴安岭以东和阴山以北地区的气温和降雨量明显低于大兴安岭以西和阴山以南地区。内蒙古自治区是我国发现新矿物最多的省区。自1958年以来，中国获得国际上承认的新矿物有50余种，其中10种发现于内蒙古，包括钡铁钛石、包头矿、黄河矿、索伦石、汞铅矿、兴安石、大青山矿、锡林郭勒矿、二连石、白云鄂博矿。包头白云鄂博矿山是世界上最大的稀土矿山。全区分布有各类野生高等植物2781种，植被组成主要有乔木、灌木、半灌木植物、草本植物等基本类群，其中草本植物分布面积最广。内蒙古自治区由蒙、汉、满、回、达斡尔、鄂温克、鄂伦春、朝鲜等55个民族组成。截至2016年末，全区常住人口为2520.1万人。

"十三五"时期，内蒙古发展仍处于可以大有作为的重要战略机遇期，经济长期向好的基本面没有改变，同时也面临诸多矛盾交织叠加的严峻挑战，应主动适应和积极引领新常态的发展大势，加快解决突出矛盾和问题，有效应对各种风险挑战，走出一条具有内蒙古特色的新常态发展之路。"十三五"期间，内蒙古社会经济发展规划是：经济保持中高速增长，投资规模扩大、结构优化、效率提高，消费对经济增长贡献显著提高，出口对经济增长的促进作用增强；转变发展方式，产业发展向中高端迈进，基本形成多元发展多极支撑的现代产业体系，要素结构优化，科技对经济增长贡献率提高，生产力布局进一步优化，区域发展协调性不断增强；城乡居民收入达到全国平均水平，收入差距缩小，就业、教育、文化、社保、医疗、住房等公共服务体系更加健全，国家现行标准下农村牧区贫困人口实现脱贫，贫困旗县全部摘帽，解决区域性整体贫困；人民思想道德素质、科学文化素质、健康素质明显提高，全社会法治意识不断增强，公共文化服务体系基本建成，推动文化产业成为国民经济支柱性产业；生态环境质量持续改善，生产方式和生活方式绿色、低碳水平上升，草原植被盖度和森林覆盖率持续提高，主要生态系统步入良性循环，能源资源开发利用效率大幅提高，能源和水资源消耗、建设用地、碳排放总量有效控制，主要污染物排放总量大幅减少，城乡人居环境明显改善，主体功能区布局和生态安全屏障基本形成，各方面体制机制更加健全完善。

内蒙古资源储量丰富，有"东林西矿、南农北牧"之称，草原、森林和人均耕地面积居全中国第一，稀土金属储量居世界首位，同时也是中国最大的草原牧区。内蒙古与京津冀、东北、西北经济技术合作关系密切，是京津冀协同发展辐射区，也是中国八个国家级大数据综合试验区之一。近年来，内蒙古综合经济实力稳步提升，经济结构进一步优化，农牧业稳中调优，传统产业转型升级加快，新兴产业较快增长，服务业比重提高。发展活力持续增强，行政审批事项大幅度减少，科技进步对经济增长的贡献率明显提高。城乡发展呈现新面貌，常住人口城镇化率达到62%。城乡公共服务均等化水平明显提升，基础设施显著改善，新增铁路3400公里、高速和一级公路5600公里、民航机场12个、电力外送能力4400万千瓦。生态环境持续好转，森林覆盖率和草原植被盖度实现"双提高"，荒漠化和沙化土地实现"双减少"，主要污染物排放量大幅下降。人民生活水平不断提高，贫困发生率显著下降，新增城镇就业133.5万人，建立了覆盖城乡的社会保障体系，保障水平逐年提高，累计为217.6万户城乡家庭改善了居住条件。同时，全区在发展过程中依然面临诸多困难和挑战：发展不平衡不充分问题突出，实体经济面临不少困难，经济发展的质量和效益不高；民生领域有不少短板，脱贫攻坚任务艰巨，城乡居民收入仍然低于全国平均水平，城乡间区域间公共服务水平以及居民收入差距较大；生态环境依然脆弱，保护和治理的任务十分繁重；化解政府债务需要进一步加大力度；政府工作存在效率不高、服务意识不强、依法行政能力不足等问题。

内蒙古自治区2014—2016年绿色发展综合绩效年度变化如图4—27、表4—27所示：

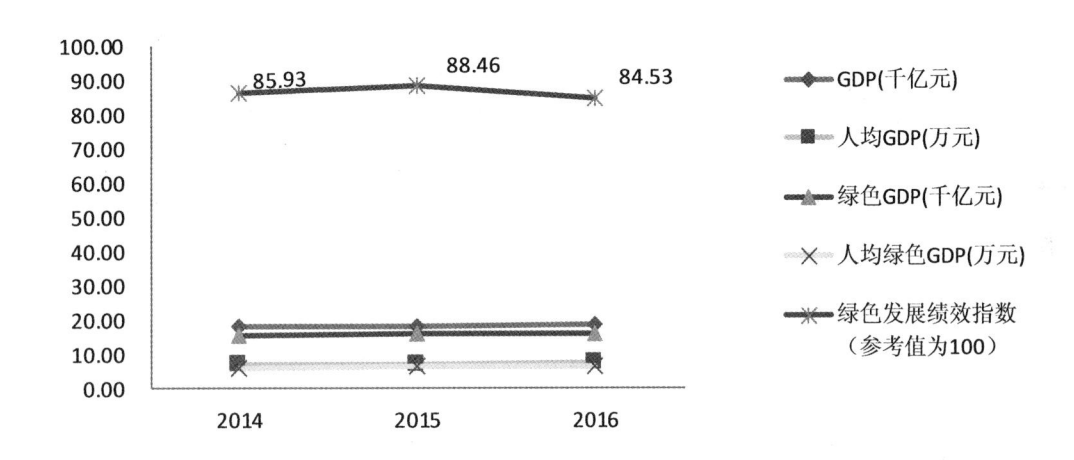

图4—27 2014—2016年内蒙古自治区绿色发展综合绩效年度变化曲线

表4—27 2014—2016年内蒙古自治区绿色发展综合绩效年度变化数据

指标 \ 年度	2014	2015	2016
绿色发展绩效指数（参考值为100）	85.93	88.46	84.53
绿色发展绩效指数排名	17	16	27
GDP（千亿元）	17.78	17.83	18.63
GDP排名	15	16	16
人均GDP（万元）	7.09	7.10	7.39
人均GDP排名	6	6	7
绿色GDP（千亿元）	15.27	15.77	15.75
绿色GDP排名	15	15	20
人均绿色GDP（万元）	6.10	6.28	6.25
人均绿色GDP排名	6	8	8

从绿色发展的程度看，内蒙古自治区2016年的绿色发展绩效指数为84.53，位列全国内陆31个省市自治区绿色发展绩效指数排名的第27位。经测算，内蒙古自治区2014年、2015年、2016年连续三年的绿色发展绩效指数平均值为86.31。其中，2014年内蒙古自治区的绿色发展绩效指数为85.93，排名第17位；2015年内蒙古自治区的绿色发展绩效指数为88.46，排名第16位；2016年内蒙古自治区的绿色发展绩效指数为84.53，排名第27位。该数据初步表明，内蒙古自治区的绿色发展水平出现了一定程度的波动，尚处于相对调整期。

从经济总量来看，内蒙古自治区2016年的绿色GDP总量为15750.93亿元，位列全国内陆31个省市自治区绿色GDP总量排名的第20位；GDP总量为18632.57亿元，位列全国内陆31个省市自治区GDP总量排名的第16位。2014年，内蒙古自治区的GDP总量为17770.19亿元，排名第15位；绿色GDP总量为15270.55亿元，排名第15位。2015年，内蒙古自治区的GDP总量为17831.51亿元，排名第16位；绿色GDP总量为15773.71亿元，排名第15位。2014至2016年，内蒙古自治区GDP总量的平均增幅为2.38%，绿色GDP总量的平均增幅为3.27%。相比而言，2014至2016年期间，内蒙古自治区的绿色GDP总量增幅高于GDP总量增幅0.89%。

从经济总量的人均值来看，内蒙古自治区2016年的人均绿色GDP为62501.20元，位列全国内陆31个省市自治区人均绿色GDP排名的第8位；人均GDP值为73935.84元，位列全国内陆31个省市自治区人均GDP排名的第7位。2014年，内蒙古自治区的人均GDP值为70944.55元，排名第6位；人均绿色GDP值为60965.16元，排名第6位。2015年，内蒙古自治区的人均GDP值为71013.58元，排名第6位；人均绿色GDP值为62818.42元，排名第8位。2014至2016年，内蒙古自治区人均GDP的平均增幅为2.11%，人均绿色GDP的平均增幅为2.95%。相比而言，2014至2016年期间，内蒙古自治区的人均绿色GDP平均增幅高于人均GDP平均增幅0.84%。

综上，内蒙古自治区是我国近些年经济发展最快的省市区之一。从本次研究结果来看，内蒙古自治区在绿色发展方面，可能还处于调整期，尚未形成较为稳定的绿色发展模式。

28. 辽宁省

辽宁位于我国东北地区南部，南临黄海、渤海，东与朝鲜一江之隔，与日本、韩国隔海相望，是东北地区唯一的既沿海又沿边的省份，也是东北及内蒙古自治区东部地区对外开放的门户。全省面积14.8万平方公里，大陆海岸线长2292公里，近海水域面积6.8万平方公里。已发现各类矿产110种，保有储量列全国前10位的有24种，其中硼、铁、菱镁等矿产储量居全国首位。全省地形概貌大致是"六山一水三分田"，地势北高南低，山地丘陵分列东西。辽宁属温带大陆性季风气候区，四季分明，适合多种农作物生长，是国家粮食主产区和畜牧业、渔业、优质水果及多种特产品的重点产区。全省有14个省辖市、100个县（市、区），2016年总人口4378万人。辽宁是我国重要的老工业基地之一。目前，全省工业有39个大类、197个中类、500多个小类，是全国工业行业最全的省份之一。全省装备制造业和原材料工业比较发达，冶金矿山、输变电、石化通用、金属机床等重大装备类产品和钢铁、石油化学工业在全国占有重要位置。辽宁是我国最早实行对外开放政策的沿海省份之一，区位优越、交通便利。辽宁是东北地区通往关内的交通要道和连接欧亚大陆桥的重要门户，是全国交通、电力等基础设施较为发达的地区。铁路营运里程达到3939公里，密度居全国第一。

"十三五"时期，辽宁经济社会发展的主要目标：经济保持中高速增长，地区生产总值年均增速不低于全国平均水平；增强创新能力，科技研发经费投入占地区生产总值比重达到2.5%，全民受教育程度和创新人才培养水平明显提高，以企业为主体的技术创新体系初步形成，构建创新型经济体系和创新发展新模式；经济结构优化升级，转变经济发展方式和结构性改革取得重大进展，新型工业化、信息化、城镇化、农业现代化协调发展新格局基本形成，产业迈向中高端水平，城镇化发展质量和社会主义新农村建设水平进一步提高，资源枯竭型城市转型发展取得显著成效，构筑优势互补、良性互动的城乡区域发展格局；重要领域和关键环节改革取得重大成果，形成系统完备、科学规范、运行有效的体制机制，提高开放型经济水平，"引进来"与"走出去"协调推进；文化和社会建设全面进步，公共文化服务体系基本建成，社会治理制度不断健全；生态环境质量总体上改善，主体功能区布局基本形成，万元地区生产总值用水量下降、单位地区生产总值能源消耗降低、单位地区生产总值二氧化碳排放降低完成国家下达任务，森林覆盖率达到42%，森林蓄积量达到3.41亿立方米；人民生活水平和质量普遍提高，保持居民收入增长与经济增长同步，收入差距缩小，现行标准下的农村贫困人口实现脱贫；公共服务体系更加健全，基本公共服务均等化总体实现。

辽宁省是中国重要的重工业基地、教育强省、农业强省，工业基础雄厚，资源丰富、区位优势明显。近年来，辽宁积极开展企业帮扶，切实减轻企业负担，实施民营工业企业培育计划，促进环保整改企业投产达产，多措并举扩大有效投资，促进消费市场转型升级，着力优化营商环境。全省国有企业吸引各类资本1027亿元，国有资产利税率超过20%。处置"僵尸企业"116户。加快"三供一业"分离移交。辽宁自贸试验区建设开局良好。精准发力调结构，扎实推进"三去一降一补"，积极调整优化农业结构、推动工业转型升级、加快发展现代服务业。但辽宁当前经济运行面临的问题和困难还比较多、风险和挑战还比较大，保持经济社会持续健康发展的基础尚不稳固，由中高速增长转向高质量发展很不容易。集中表现在：内生增长动力不足，大项目储备不多，固定资产投资增长乏力；创新能力还不够强，新旧动能转换不快，结构调整任务较重；国有企业活力不足，民营经济发展不充分，服务业发展不够快，一些企业特别是中小企业经营困难；城乡居民收入增速持续低于全国平均水平，养老保险基金收支缺口较大，政府和企业债务风险不可小视。

辽宁省2014—2016年绿色发展综合绩效年度变化如图4—28、表4—28所示：

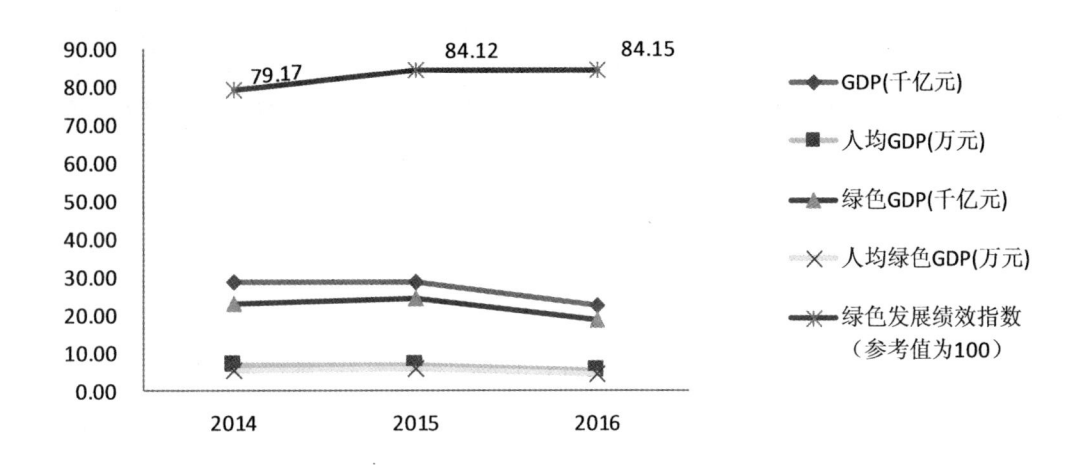

图 4—28　2014—2016 年辽宁省绿色发展综合绩效年度变化曲线

表 4—28　　　　　　2014—2016 年辽宁省绿色发展综合绩效年度变化数据

指标 \ 年度	2014	2015	2016
绿色发展绩效指数（参考值为100）	79.17	84.12	84.15
绿色发展绩效指数排名	28	28	28
GDP（千亿元）	28.63	28.67	22.25
GDP 排名	7	10	14
人均 GDP（万元）	6.32	6.78	5.26
人均 GDP 排名	7	7	13
绿色 GDP（千亿元）	22.66	24.12	18.72
绿色 GDP 排名	9	11	14
人均绿色 GDP（万元）	5.34	5.70	4.42
人均绿色 GDP 排名	10	10	13

从绿色发展的程度看，辽宁省 2016 年的绿色发展绩效指数为 84.15，位列全国内陆 31 个省市自治区绿色发展绩效指数排名的第 28 位。经测算，辽宁省 2014 年、2015 年、2016 年连续三年的绿色发展绩效指数平均值为 82.48。其中，2014 年辽宁省的绿色发展绩效指数为 79.17，排名第 28 位；2015 年辽宁省的绿色发展绩效指数为 84.12，排名第 28 位；2016 年辽宁省的绿色发展绩效指数为 84.15，排名第 28 位。该数据初步表明，辽宁省的绿色发展水平尚有较大提升空间。

从经济总量来看，辽宁省 2016 年的绿色 GDP 总量为 18720.81 亿元，位列全国内陆 31 个省市自治区绿色 GDP 总量排名的第 14 位；GDP 总量为 22246.90 亿元，位列全国内陆 31 个省市自治区 GDP 总量排名的第 14 位。2014 年，辽宁省的 GDP 总量为 28626.60 亿元，排名第 7 位；绿色 GDP 总量为 22662.52 亿元，排名第 9 位。2015 年，辽宁省的 GDP 总量为 28669.00 亿元，排名第 10 位；绿色 GDP 总量为 24115.74 亿元，排名第 11 位。2014 至 2016 年，辽宁省 GDP 总量的平均增幅为 -11.13%，绿色 GDP 总量的平均增幅为 6.44%。相比而言，2014 至 2016 年期间，辽宁省的绿色 GDP 总量增幅高于 GDP 总量增幅 17.57%。

从经济总量的人均值来看，辽宁省 2016 年的人均绿色 GDP 为 44236.32 元，位列全国内陆 31 个省市自治区人均绿色 GDP 排名的第 13 位；人均 GDP 值为 52568.29 元，位列全国内陆 31 个省市自治区人均 GDP 排名的第 13 位。2014 年，辽宁省的人均 GDP 值为 63231.86 元，排名第 7 位；人均绿色 GDP 值为 53396.45 元，排名第 10 位。2015 年，辽宁省的人均 GDP 值为 67780.22 元，排名第 7 位；人均绿色 GDP 值为 57015.25 元，排名第 10 位。2014 至 2016 年，辽宁省人均 GDP 的平均增幅为 -10.91%，人均绿色 GDP 的平均增幅为 6.74%。相比而言，2014 至 2016 年期间，辽宁省的人均绿色 GDP 平均增幅高于人均 GDP 平均增幅 17.65%。

综上，辽宁省是中国重要的老工业基地。辽宁省以其独特的优势使其人均经济规模在全国具有一定的影响力。2016 年，辽宁省虽然 GDP 总量出现了大幅下滑，但因为总量规模基数、人口数量相对庞大，人均值并未受到较大影响。如何摆脱工业发展的生态影响束缚，保护好生态环境，仍是辽宁省迫切需要解决的问题。

29. 山西省

山西，因居太行山之西而得名，简称"晋"，又称"三晋"，古称河东，省会太原市。山西东依太行山，西、南依吕梁山、黄河，北依长城，与河北、河南、陕西、内蒙古等省区为界，柳宗元称之为"表里山河"。山西是中华民族发祥地之一，山西有文字记载的历史达三千年，被誉为"华夏文明摇篮"，素有"中国古代文化博物馆"之称。总面积15.67万平方公里，东有太行山，西有吕梁山，山区面积约占全省总面积的80%以上。山西行政区轮廓略呈东北斜向西南的平行四边形，下辖11个地级市，118个县级行政单位（23个市辖区、12个县级市、83个县），总人口3682万（2016年底）。山西地处中纬度地带的内陆，在气候类型上属于温带大陆性季风气候。由于太阳辐射、季风环流和地理因素影响，山西气候具有四季分明、雨热同步、光照充足、南北气候差异显著、冬夏气温悬殊、昼夜温差大的特点。全省分布有丰富的矿产资源，是资源开发利用大省，在全国矿业经济中占有重要的地位。已发现的矿种达120种，其中有探明资源储量的矿产63种。与全国同类矿产相比，资源储量居全国第一位的矿产有煤层气、铝土矿、耐火黏土、镁矿、冶金用白云岩5种。

山西"十三五"规划的综合判断是：山西省发展仍处于可以大有作为的重要战略机遇期，同时也面临诸多矛盾相互叠加的严峻挑战。必须准确把握战略机遇期内涵的深刻变化，从过分依靠外需增长推动经济发展向外需内需并重、更加重视内需增长转变，大力推进煤炭清洁高效利用，以多种方式化解过剩产能。"十三五"期间，山西省国民经济和社会发展规划是：主动适应经济发展新常态，力争经济较快增长，确保到2020年实现地区生产总值和城乡居民人均收入比2010年翻一番，实现山西省与全国同步全面建成小康社会，农村特别是贫困地区与全省同步全面建成小康社会的奋斗目标。公共服务体系更加健全，基本公共服务均等化水平显著提高，人民健康水平显著提升，收入差距缩小。文化强省建设步伐进一步加快，文化发展主要指标、文化事业整体水平、文化产业综合实力明显提升。主体功能区布局和生态安全屏障基本形成，生产方式和生活方式绿色低碳化水平显著提高。能源资源使用效率大幅提高，能耗和水资源消耗、建设用地、碳排放总量得到有效控制，主要污染物减排完成国家下达任务，大气、水、土壤污染治理取得新成效。生态环境持续改善，森林、草地覆盖率进一步提高，城市建成区绿化覆盖率明显提高，城乡人居环境明显改善。资源型经济转型综合配套改革取得重大进展，支撑资源型经济转型的政策体系和体制机制基本建立。社会治理能力和水平不断提高，社会更加和谐稳定。

山西省自然资源丰富，文化底蕴深厚，基础设施建设取得重要进展，人力资源丰富，工业实力雄厚，近年来，山西省经济社会发展进步明显，供给侧结构性改革取得新成效，率先实施煤炭减量化生产，为改善全国煤炭市场供求关系做出了重要贡献。全省加快资源型地区经济转型发展，加快发展大数据、高端装备制造、新材料、新能源汽车等战略性新兴产业。在全国率先对永久性公益林进行立法保护，扎实推进汾河流域综合治理，完成营造林400万亩。加强大气、水、土壤污染治理，淘汰黄标车及老旧车17.2万辆。各类生产安全事故起数和死亡人数分别下降2.46%、2.14%，煤矿百万吨死亡率下降32.9%。同时，山西发展仍面临不少困难和挑战，集中表现为：发展不平衡不充分问题比较突出，距离人民日益增长的美好生活需要还有不小差距，长期积累的结构性体制性素质性矛盾远未从根本上解决。实体经济质量效益不高，传统产业不强，新兴产业不大。市场主体发育不充分，国企竞争力不强，民营经济实力不足。科技和人才要素支撑不够，整体创新能力不强。开放型经济水平不高，营商环境亟待改善。生态环境问题突出，可持续发展短板较多。"三农"基础薄弱，脱贫攻坚任务艰巨。民生社会事业欠账较多，安全生产基础不牢，社会治理面临一系列新挑战新要求。

山西省2014—2016年绿色发展综合绩效年度变化如图4—29、表4—29所示：

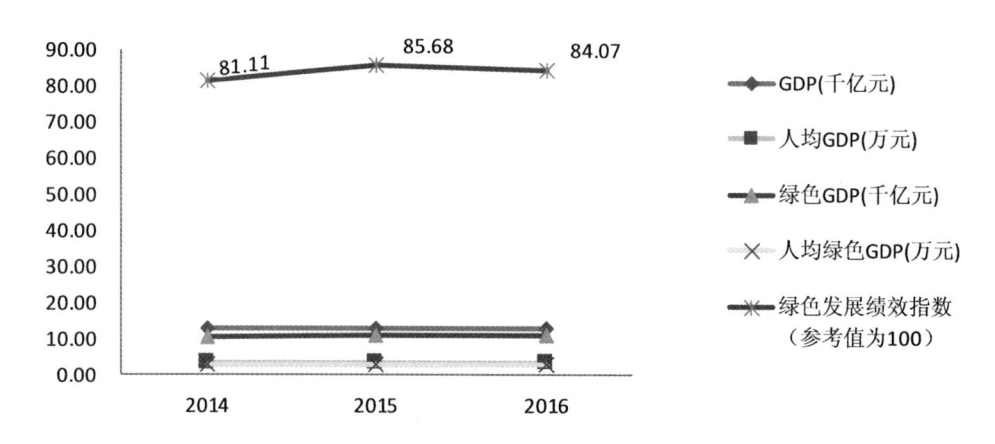

图4—29 2014—2016年山西省绿色发展综合绩效年度变化曲线

表 4—29　　　　　2014—2016 年山西省绿色发展综合绩效年度变化数据

指标＼年度	2014	2015	2016
绿色发展绩效指数（参考值为 100）	81.11	85.68	84.07
绿色发展绩效指数排名	26	24	29
GDP（千亿元）	12.76	12.77	12.97
GDP 排名	24	24	24
人均 GDP（万元）	3.50	3.48	3.52
人均 GDP 排名	24	26	26
绿色 GDP（千亿元）	10.35	10.94	10.90
绿色 GDP 排名	24	24	24
人均绿色 GDP（万元）	2.84	2.99	2.96
人均绿色 GDP 排名	25	26	27

从绿色发展的程度看，山西省 2016 年的绿色发展绩效指数为 84.07，位列全国内陆 31 个省市自治区绿色发展绩效指数排名的第 29 位。经测算，山西省 2014 年、2015 年、2016 年连续三年的绿色发展绩效指数平均值为 83.62。其中，2014 年山西省的绿色发展绩效指数为 81.11，排名第 26 位；2015 年山西省的绿色发展绩效指数为 85.68，排名第 24 位；2016 年山西省的绿色发展绩效指数为 84.07，排名第 29 位。该数据初步表明，山西省的绿色发展水平出现了小幅波动，尚有较大提升空间。

从经济总量来看，山西省 2016 年的绿色 GDP 总量为 10901.30 亿元，位列全国内陆 31 个省市自治区绿色 GDP 总量排名的第 24 位；GDP 总量为 12966.20 亿元，位列全国内陆 31 个省市自治区 GDP 总量排名的第 24 位。2014 年，山西省的 GDP 总量为 12761.50 亿元，排名第 24 位；绿色 GDP 总量为 10350.77 亿元，排名第 24 位。2015 年，山西省的 GDP 总量为 12766.50 亿元，排名第 24 位；绿色 GDP 总量为 10938.59 亿元，排名第 24 位。2014 至 2016 年，山西省 GDP 总量的平均增幅为 0.82%，绿色 GDP 总量的平均增幅为 5.70%。相比而言，2014 至 2016 年期间，山西省的绿色 GDP 总量增幅高于 GDP 总量增幅 4.88%。

从经济总量的人均值来看，山西省 2016 年的人均绿色 GDP 为 29610.23 元，位列全国内陆 31 个省市自治区人均绿色 GDP 排名的 27 位；人均 GDP 值为 35218.93 元，位列全国内陆 31 个省市自治区人均 GDP 排名的 26 位。2014 年，山西省的人均 GDP 值为 34982.18 元，排名第 24 位；人均绿色 GDP 值为 28373.81 元，排名第 25 位。2015 年，山西省的人均 GDP 值为 34842.12 元，排名第 26 位；人均绿色 GDP 值为 29853.43 元，排名第 26 位。2014 至 2016 年，山西省人均 GDP 的平均增幅为 0.29%，人均绿色 GDP 的平均增幅为 5.28%。相比而言，2014 至 2016 年期间，山西省的人均绿色 GDP 平均增幅高于人均 GDP 平均增幅 4.99%。

综上，山西省是我国重要的煤炭资源地，具有丰富的矿产资源。从本次研究结果来看，山西省在其绿色化程度上做了较为明显的努力，但其经济规模基本是原地踏步，值得警惕。如此，山西省离实现真正的绿色发展还有很大的提升空间。

30. 甘肃省

甘肃，古属雍州，地处黄河上游，它东接陕西，南控巴蜀青海，西倚新疆，北扼内蒙古、宁夏，是古丝绸之路的锁钥之地和黄金路段。它像一块瑰丽的宝玉，镶嵌在中国中部的黄土高原、青藏高原和内蒙古高原上，东西蜿蜒 1600 多公里，全省土地总面积 42.59 万平方公里（其中宁夏回族自治区飞地 53.22 平方公里）。甘肃，是取甘州（今张掖）、肃州（今酒泉）二地的首字而成。由于西夏曾置甘肃军司，元代设甘肃省，简称甘；又因省境大部分在陇山（六盘山）以西，而唐代曾在此设置过陇右道，故又简称为陇。全省海拔大多在 1000 米以上，四周为群山峻岭所环抱。北有六盘山、合黎山和龙首山；东为岷山、秦岭和子午岭；西接阿尔金山和祁连山；南壤青泥岭。境内地势起伏、山岭连绵、江河奔流，地形相当复杂。这里有直插云天的皑皑雪峰、有一望无垠的辽阔草原、有莽莽漠漠的戈壁瀚海、有郁郁葱葱的次生森林、有神奇碧绿的湖泊佳泉、有江南风韵的自然风光，也有西北特有的名花瑞果。甘肃是矿产资源比较丰富的省份之一，矿业开发已成为甘肃的重要经济支柱。境内成矿地质条件优越，矿产资源较为丰富。

甘肃"十三五"规划做出的综合判断是：甘肃省在"十三五"时期机遇和挑战并存，机遇大于挑战，总体上仍处于可以大有作为的重要战略机遇期。"十三五"时期，甘肃省提出努力实现以下新的目标要求：到2020年生产总值和城乡居民人均收入比2010年翻一番以上，生产总值年均增长7.5%，超过1万亿元，人均生产总值年均增长7%，达到37000元左右。固定资产投资年均增长10%以上，投资结构和效益进一步优化提高。战略性新兴产业增加值占生产总值比重达到16%，服务业增加值比重超过50%。城乡居民收入与经济增长同步，居民人均可支配收入达20000元，年均增长7.5%。学前教育毛入园率、九年义务教育巩固率、高中阶段教育毛入学率、高等教育毛入学率分别达到85%、95%、95%、40%，劳动年龄人口平均受教育年限提高到9.8年。国家生态安全屏障综合试验区建设加快推进，森林覆盖率达到12.58%，森林蓄积量达到2.62亿立方米以上，生态环境质量逐步改善，循环经济发展水平进一步提升，节能减排取得明显成效，单位地区生产总值能耗、主要污染物排放总量、单位地区生产总值二氧化碳排放量等约束性指标控制在国家下达的指标内。开放型经济加快发展，丝绸之路经济带甘肃黄金段建设取得明显成效，外贸进出口总额达到120亿美元，年均增长8%左右。全省骨干公路网全部建成，公路通车总里程达到20万公里以上，铁路运营里程超过7200公里。治理体系和治理能力现代化取得积极进展，各领域基础性制度体系基本形成。安全生产基础切实加强，责任体系更加健全。

甘肃是一个发展潜力和困难都比较突出、优势和劣势都比较明显的省份。经过新中国成立以来的开发建设，已形成了以石油化工、有色冶金、机械电子等为主的工业体系，成为我国重要的能源、原材料工业基地。农业生产基础条件得到一定改善，粮食实现了省内供需总量基本平衡，基本形成了草畜、马铃薯、水果、蔬菜等战略性主导产业，制种、中药材、啤酒原料等区域性优势产业，以及食用百合、球根花卉、黄花菜、花椒、油橄榄等一批地方性特色产业和产品。但甘肃省属欠发达地区，发展阶段滞后，经济总量小，长期积累的深层次问题和发展短板依然十分突出，集中表现在：实体经济实力还有待提升，民营经济发展缓慢，重化特征产业结构转型升级的任务还很重，延链补链项目不多，上下游配套不够紧密，新旧动能转换较慢。现代农业体系还不够健全，组织化程度低，新型经营主体数量少、规模小，生产、储存、销售、保险等体系不完备，抵御市场风险能力弱，绿色农业、生态农业、品牌农业发展步伐较慢。县域经济发展滞后，主导产业发展层次不高，龙头企业带动作用不强；县域基础设施和公共服务薄弱，园区配套设施不完善，金融、科技、人才等要素保障不足；县级财政收入增长乏力，收支矛盾突出，支撑县域经济发展的体制机制还有待进一步完善，县域经济发展亟须破题。全面小康实现程度低，脱贫攻坚补短板任务重。生态环境保护任务较重，生态保护和建设任务与投入不足的矛盾突出，局部地区生态环境恶化趋势尚未得到有效遏制，大气、水、土壤污染防治任务仍然艰巨。

甘肃省2014—2016年绿色发展综合绩效年度变化如图4—30、表4—30所示：

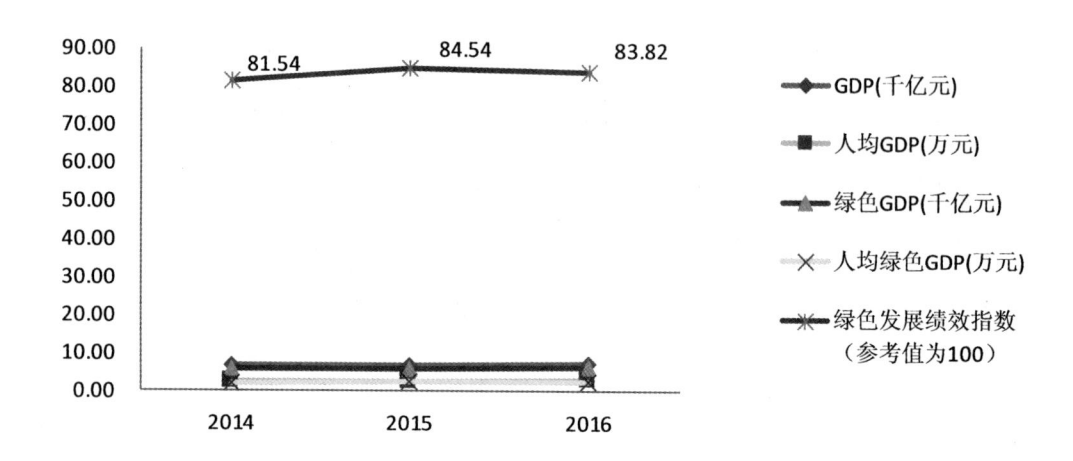

图4—30 2014—2016年甘肃省绿色发展综合绩效年度变化曲线

表4—30　　　　　　2014—2016年甘肃省绿色发展综合绩效年度变化数据

指标 \ 年度	2014	2015	2016
绿色发展绩效指数（参考值为100）	81.54	84.54	83.82
绿色发展绩效指数排名	24	27	30
GDP（千亿元）	6.84	6.79	7.20
GDP排名	27	27	27
人均GDP（万元）	2.64	2.61	2.76
人均GDP排名	31	31	31
绿色GDP（千亿元）	5.57	5.74	6.04
绿色GDP排名	27	27	27
人均绿色GDP（万元）	2.15	2.21	2.31
人均绿色GDP排名	31	31	31

从绿色发展的程度看，甘肃省2016年的绿色发展绩效指数为83.82，位列全国内陆31个省市自治区绿色发展绩效指数排名的第30位。经测算，甘肃省2014年、2015年、2016年连续三年的绿色发展绩效指数平均值为83.30。其中，2014年甘肃省的绿色发展绩效指数为81.54，排名第24位；2015年甘肃省的绿色发展绩效指数为84.54，排名第27位；2016年甘肃省的绿色发展绩效指数为83.82，排名第30位。该数据初步表明，可能由于历史等客观因素影响，甘肃省的绿色发展水平尚有较大提升空间。

从经济总量来看，甘肃省2016年的绿色GDP总量为6035.19亿元，位列全国内陆31个省市自治区绿色GDP总量排名的第27位；GDP总量为7200.37亿元，位列全国内陆31个省市自治区GDP总量排名的第27位。2014年，甘肃省的GDP总量为6836.82亿元，排名第27位；绿色GDP总量为5574.73亿元，排名第27位。2015年，甘肃省的GDP总量为6790.32亿元，排名第27位；绿色GDP总量为5740.72亿元，排名第27位。2014至2016年，甘肃省GDP总量的平均增幅为2.64%，绿色GDP总量的平均增幅为3.05%。相比而言，2014至2016年期间，甘肃省的绿色GDP总量增幅高于GDP总量增幅0.41%。

从经济总量的人均值来看，甘肃省 2016 年的人均绿色 GDP 为 23123.76 元，位列全国内陆 31 个省市自治区人均绿色 GDP 排名的第 31 位；人均 GDP 值为 27588.15 元，位列全国内陆 31 个省市自治区人均 GDP 排名的第 31 位。2014 年，甘肃省的人均 GDP 值为 26389.04 元，排名第 31 位；人均绿色 GDP 值为 21517.57 元，排名第 31 位。2015 年，甘肃省的人均 GDP 值为 26121.14 元，排名第 31 位；人均绿色 GDP 值为 22083.51 元，排名第 31 位。2014 至 2016 年，甘肃省人均 GDP 的平均增幅为 2.31%，人均绿色 GDP 的平均增幅为 2.79%。相比而言，2014 至 2016 年期间，甘肃省的人均绿色 GDP 平均增幅高于人均 GDP 平均增幅 0.48%。

综上，甘肃省地处西北腹地。从本次研究结果来看，甘肃省的绿色化程度提升明显，但其经济规模、人均经济收益并未得到明显提升。甘肃省如何在保护生态环境的基础上，尽可能创造更多的财富，仍是甘肃省在实现绿色发展过程中面临的重大现实问题。

31. 新疆维吾尔自治区

新疆古称西域，自古以来就是祖国不可分割的一部分。公元前 138 年，汉武帝派张骞出使西域，西汉政权与西域各城邦建立了联系。公元前 60 年，西汉政权在乌垒（今轮台县境内）设立西域都护府，自此西域正式列入汉朝版图。清乾隆后期改称西域为新疆，1884 年正式建立新疆省，省会迪化（今乌鲁木齐市）。1949 年新疆和平解放，1955 年 10 月 1 日成立新疆维吾尔自治区，首府设在乌鲁木齐市（蒙古语意为优美的牧场）。新疆维吾尔自治区，简称新，位于亚欧大陆中部，地处中国西北边陲，总面积 166 万平方公里，占全国陆地总面积的六分之一；国内与西藏、青海、甘肃等省区相邻，周边依次与蒙古、俄罗斯、哈萨克斯坦、吉尔吉斯斯坦、塔吉克斯坦、阿富汗、巴基斯坦、印度 8 个国家接壤；陆地边境线长达 5600 多公里，占全国陆地边境线的四分之一，是中国面积最大、交界邻国最多、陆地边境线最长的省区。新疆的地貌可以概括为"三山夹两盆"：北面是阿尔泰山，南面是昆仑山，天山横贯中部，把新疆分为南北两部分。南疆的塔里木盆地面积52.34万平方公里，是中国最大的内陆盆地。北疆的准噶尔盆地面积约38万平方公里，是中国第二大盆地。新疆现有47个民族成分，主要居住有汉、维吾尔、哈萨克、回、蒙古、柯尔克孜、锡伯、塔吉克、乌孜别克、满、达斡尔、塔塔尔、俄罗斯等民族，是中国五个少数民族自治区之一。全国第六次人口普查结果中，24省市区受高等教育人口比例新疆位列第五。新疆将全面落实南疆地区14年免费教育政策，推进其他地区14年免费教育，逐步实现全区15年免费教育，即学前3年、小学6年、初中3年、高中3年。

"十三五"时期，新疆国民经济和社会发展目标是到2020年，确保如期全面建成小康社会，为社会稳定和长治久安奠定坚实基础。——经济保持中高速增长，进一步做大经济总量。发展空间格局得到优化，投资效率和企业效益明显上升，工业化和信息化融合发展水平进一步提高，产业迈向中高端水平。"十三五"期间，地区生产总值年均增长7%左右，2020年地区生产总值达到13078亿元；工业增加值年均增长8%左右；全社会固定资产投资年均增长12%；一般公共预算收入年均增长6.5%以上；社会消费品零售总额年均增长10%；外贸进出口总额年均增长8%；价格总水平保持基本稳定；户籍人口城镇化率达到45%；城镇居民人均可支配收入年均增长8%，农村居民人均纯收入年均增长8%，均基本达到全国平均水平。具体表现在以下四个方面：（1）增强自我发展能力，推进经济转型升级，经济结构进一步优化，三次产业协调发展，三次产业比重调整为14.5:37:48.5。（2）加强民生保障，提高人民生活水平和质量。（3）加强资源节约和环境保护，进一步改善生态环境质量。主体功能区布局和生态安全屏障基本形成，生产方式和生活方式绿色、低碳水平上升。（4）深化改革、依法治疆，进一步维护社会稳定和长治久安。

新疆维吾尔自治区地广人稀，自然资源丰富，沿边优势突出，区位优势明显，是"一带一路"中国出口和必经之地，具有十分重要的战略地位。进入新时代，地区生产总值已经不是衡量经济发展水平的唯一标准，但对于在9000多亿元关口徘徊3年的新疆来说，破万亿元依然具有重大意义。近年来，自治区持续开展重点民生建设，连续多年民生支出占一般公共预算支出的70%以上，一大批涉及各族群众切身利益的民生难题得到解决。自治区把深化供给侧结构性改革作为推进经济结构战略性调整和转型升级的治本之策，深入推进"三去一降一补"，取缔"地条钢"产能500万吨，引导企业主动退出钢铁产能95万吨，淘汰关闭、引导退出煤矿114处，退出煤炭产能1163万吨。可见，新疆经济社会发展进步明显。但同时新疆仍面临两个"三期叠加"的严峻形势，经济社会发展还存在一些困难和问题，主要是：维护社会稳定的任务依然艰巨繁重，社会治理能力和水平有待进一步提高；经济结构不合理、产业结构偏重，产能过剩和需求结构升级矛盾仍然突出；经济发展质量和效益不高，创新能力不强，持续增长的新动力不足；受原材料、物流成本增加等因素影响，实体经济发展存在不少困难；脱贫攻坚任务繁重，特别是南疆四地州如期实现脱贫攻坚目标任务艰巨；发展不充分不平衡问题突出，南北疆之间发展差距仍然较大，特别是南疆基础设施建设相对滞后，基本公共服务能力不足，民生领域还有不少短板，群众生活还比较困难；生态环境保护和污染防治任务非常艰巨。

新疆维吾尔自治区2014—2016年绿色发展综合绩效年度变化如图4—31、表4—31所示：

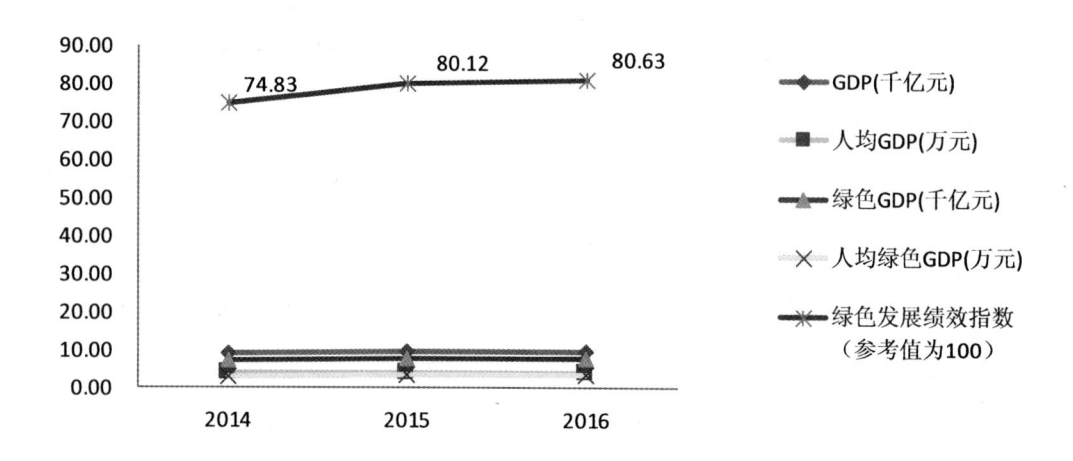

图4—31 2014—2016年新疆维吾尔自治区绿色发展综合绩效年度变化曲线

表4—31　　2014—2016年新疆维吾尔自治区绿色发展综合绩效年度变化数据

指标 \ 年度	2014	2015	2016
绿色发展绩效指数（参考值为100）	74.83	80.12	80.63
绿色发展绩效指数排名	31	31	31
GDP（千亿元）	9.27	9.32	9.65
GDP排名	25	26	26
人均GDP（万元）	4.03	3.95	4.02
人均GDP排名	16	21	23
绿色GDP（千亿元）	6.94	7.47	7.78
绿色GDP排名	26	26	26
人均绿色GDP（万元）	3.02	3.17	3.24
人均绿色GDP排名	24	24	24

从绿色发展的程度看，新疆维吾尔自治区2016年的绿色发展绩效指数为80.63，位列全国内陆31个省市自治区绿色发展绩效指数排名的第31位。经测算，新疆维吾尔自治区2014年、2015年、2016年连续三年的绿色发展绩效指数平均值为78.53。其中，2014年新疆维吾尔自治区的绿色发展绩效指数为74.83，排名第31位；2015年新疆维吾尔自治区的绿色发展绩效指数为80.12，排名第31位；2016年新疆维吾尔自治区的绿色发展绩效指数为80.63，排名第31位。该数据初步表明，可能由于历史等客观因素影响，新疆维吾尔自治区的绿色发展水平尚有较大提升空间。

从经济总量来看，新疆维吾尔自治区2016年的绿色GDP总量为7780.95亿元，位列全国内陆31个省市自治区绿色GDP总量排名的第26位；GDP总量为9649.70亿元，位列全国内陆31个省市自治区GDP总量排名的第26位。2014年，新疆维吾尔自治区的GDP总量为9273.46亿元，排名第25位；绿色GDP总量为6939.30亿元，排名第26位。2015年，新疆维吾尔自治区的GDP总量为9324.80亿元，排名第26位；绿色GDP总量为7470.76亿元，排名第26位。2014至2016年，新疆维吾尔自治区GDP总量的平均增幅为2.04%，绿色GDP总量的平均增幅为7.64%。相比而言，2014至2016年期间，新疆维吾尔自治区的绿色GDP总量增幅高于GDP总量增幅5.60%。

从经济总量的人均值来看,新疆维吾尔自治区 2016 年的人均绿色 GDP 为 32446.59 元,位列全国内陆 31 个省市自治区人均绿色 GDP 排名的 24 位;人均 GDP 值为 40239.27 元,位列全国内陆 31 个省市自治区人均 GDP 排名的 23 位。2014 年,新疆维吾尔自治区的人均 GDP 值为 40346.23 元,排名第 16 位;人均绿色 GDP 值为 30190.96 元,排名第 24 位。2015 年,新疆维吾尔自治区的人均 GDP 值为 39516.39 元,排名第 21 位;人均绿色 GDP 值为 31659.36 元,排名第 24 位。2014 至 2016 年,新疆维吾尔自治区人均 GDP 的平均增幅为 -0.11%,人均绿色 GDP 的平均增幅为 4.97%。相比而言,2014 至 2016 年期间,新疆维吾尔自治区的人均绿色 GDP 平均增幅高于人均 GDP 平均增幅 5.08%。

综上,新疆维吾尔自治区是古丝绸之路的重要通道。但由于其经济增长途径单一,地广人稀,新疆维吾尔自治区的经济基础并不是很占优势。本次研究结果表明,如果新疆维吾尔自治区能够抓住"一带一路"倡议所带来的发展机遇,在保护生态环境的前提下,大力挖掘其独有的生态资源优势,则有可能实现大的跨越式发展。

五 基本结论与建议

1. 从绿色GDP绩效评估看中国绿色发展的主要成就

从党的十八大首次提出经济、政治、文化、社会、生态文明"五位一体"的总布局到2016年,以习近平总书记为核心的党中央在多个场合阐述了生态文明建设的重要性。全国各地各级政府大胆变革,也不同程度地采取了多种治理措施,为积极推进我国生态文明建设,实现绿色发展创造了新的条件。绿水青山就是金山银山的认识逐渐深入人心。中国的绿色发展已经取得许多积极的成就。绿色发展正在成为中国特色社会主义新的时代特征。

第一,中国的绿色GDP增长速度已经开始超越同期GDP增长速度。2015年,全国内陆31个省市自治区的绿色GDP增幅高于GDP增幅的平均值为2.62%。截至2016年,全国内陆31个省市自治区的GDP经济总量仍保持较快增长,全国GDP经济总量已达到776827.17亿元,GDP经济总量平均增幅达到7.50%。与此同时,全国内陆31个省市自治区的绿色GDP总量创新高,达到700734.53亿元。绿色GDP经济总量平均增幅达到7.58%,超越同期GDP总量增幅0.08%。

从全国内陆31个省市自治区绿色GDP的平均值来看,2014年全国内陆31个省市自治区的绿色GDP平均值为19597.51亿元。2015年全国内陆31个省市自治区的绿色GDP平均值已经提升至21100.12亿元。2016年全国内陆31

个省市自治区的绿色 GDP 平均值已经提升至 22604.34 亿元。从 2014 至 2016 年，全国内陆 31 个省市自治区的绿色 GDP 总量平均增幅为 7.40%。该增长速度相对世界上其他国家同类指标的增长速度而言，已经是非常了不起的成就。

第二，中国的人均绿色 GDP 增长速度稳步增长，成绩喜人。2015 年全国内陆 31 个省市自治区的人均绿色 GDP 平均增速达到了 7.17%。截至 2016 年，我国人均绿色 GDP 值已经进入新的历史阶段，其平均值已经达到 50848.08 元。仅在 2016 年，全国内陆 31 个省市自治区人均绿色 GDP 平均增幅就达到 6.79%。全国内陆 31 个省市自治区人均 GDP 与人均绿色 GDP 的正相关性正在出现新的变化，受人口因素影响的绿色生活方式正在出现新的转变。

从全国内陆 31 个省市自治区人均绿色 GDP 的平均值来看，2014 年全国内陆 31 个省市自治区的人均绿色 GDP 平均值为 44424.04 元。2015 年全国内陆 31 个省市自治区的人均绿色 GDP 平均值已经提升至 47531.58 元。2016 年全国内陆 31 个省市自治区的人均绿色 GDP 平均值已经提升至 50848.08 元。从 2014 至 2016 年，全国内陆 31 个省市自治区的人均绿色 GDP 平均增幅为 6.99%。该增长速度相对世界上其他国家同类指标的增长速度而言，同样是非常了不起的成就。

第三，中国经济发展的绿色发展绩效指数稳步提升，各省市自治区均在努力实现绿色发展。2014 年全国内陆 31 个省市自治区的绿色发展绩效指数平均值为 86.85。2015 年全国内陆 31 个省市自治区的绿色发展绩效指数平均值已经提升至 88.90。2016 年全国内陆 31 个省市自治区的绿色发展绩效指数平均值则为 88.69。从 2014 至 2016 年，全国内陆 31 个省市自治区的绿色发展绩效指数平均增幅为 1.06%。

这表明，中国明确提出绿色发展理念，虽然晚于西方发达国家，全国内陆 31 个省市自治区也大都还处于绿色发展的探索期，但是，各省市自治区在实现绿色发展方面的成就却很明显。根据本课题组的测算，2016 年上海市的绿色发展绩效指数就已经达到了 95.09。2016 年浙江省的绿色发展绩效指数达到了 94.39。2016 年北京市的绿色发展绩效指数达到了 94.05。依托各种有利条件，这些省市自治区主要经济发展动力的绿色化程度已经熠熠发光。

2. 从绿色 GDP 绩效评估看中国绿色发展的主要问题

当然，由于全国内陆 31 个省市自治区经济社会发展的历史基础、自然环境等客观因素迥异，加之全国内陆 31 个省市自治区不同的地方治理惯性，其绿色发展的效果也呈现了不同样态。全国内陆 31 个省市自治区的绿色发展也还存在着一些值得重视的发展空间。

第一，绿色发展的人均短板突出。从全国内陆 31 个省市自治区绿色 GDP 的平均增幅看，2015 年全国内陆 31 个省市自治区绿色 GDP 平均增速达到了 7.88%。2016 年全国内陆 31 个省市自治区绿色 GDP 平均增速达到了 7.58%。从全国内陆 31 个省市自治区人均绿色 GDP 的平均增幅看，2015 年全国内陆 31 个省市自治区的人均绿色 GDP 平均增速达到了 7.17%。2016 年全国内陆 31 个省市自治区的人均绿色 GDP 平均增速达到了 6.79%。

从绿色 GDP 增幅超越 GDP 增幅的程度看，2015 年，全国内陆 31 个省市自治区的绿色 GDP 增幅高于 GDP 增幅的平均值为 2.62%。2016 年，全国内陆 31 个省市自治区的绿色 GDP 增幅高于 GDP 增幅的平均值为 0.08%。从人均绿色 GDP 增幅超越人均 GDP 增幅的程度看，2015 年，全国内陆 31 个省市自治区人均绿色 GDP 增幅高于人均 GDP 增幅的平均值为 2.31%。2016 年，全国内陆 31 个省市自治区人均绿色 GDP 增幅低于人均 GDP 增幅的平均值为 0.28%。

第二，绿色发展的非均衡性问题明显。根据本课题组的测算，2014 至 2016 年，全国内陆 31 个省市自治区绿色发展绩效指数排名在后 10 名的省市自治区主要分布在西北部、东北部。而全国内陆 31 个省市自治区绿色发展绩效指数排名在前 10 名的省市自治区主要分布在东部沿海地区。连续三年的全国内陆 31 个省市自治区绿色发展绩效指数地图均呈现这一区域分布的非均衡性这一特点。

从各个省市自治区的 GDP、人均 GDP、绿色 GDP、人均绿色 GDP、绿色发展绩效指数这五个指标来看，也存在着明显的非均衡性。例如，2016年河南省的GDP和绿色GDP在全国内陆31个省市自治区的同类指标排名中，分别为第5名、第5名，但其人均GDP、人均绿色GDP、绿色发展绩效指数在全国内陆31个省市自治区的同类指标排名中，却分别为第25名、第25名、第22名。2016年内蒙古自治区的人均GDP、人均绿色GDP在全国内陆31个省市自治区的同类指标排名中，分别为第7名、第8名，GDP和绿色GDP、绿色发展绩效指数在全国内陆31个省市自治区的同类指标排名中，却分别为第16名、第20名、第27名。

第三，绿色发展指标出现不同程度的震荡。根据本课题组的测算，2016年，全国内陆31个省市自治区中绿色GDP、人均绿色GDP增幅，超越其GDP、人均GDP增幅的省份数量有所减少。2016年全国内陆31个省市自治区中，有21个省市自治区的绿色GDP增幅高于GDP增幅，相比2015年减少了5个省份。2016年，广东省的绿色GDP增幅要低于其GDP增幅3.60%。安徽省的绿色GDP增幅要低于GDP增幅3.50%。上海市的绿色GDP增幅要低于其GDP增幅1.80%。

2016年全国内陆31个省市自治区中，有22个省市自治区的人均绿色GDP增幅高于人均GDP增幅，这一数据与2015年相当，但也有部分省份人均绿色GDP增幅低于人均GDP增幅。例如，贵州省的人均绿色GDP增幅要低于人均GDP增幅16.31%；安徽省的人均绿色GDP增幅要低于其人均GDP增幅10.66%；上海市的人均绿色GDP增幅要低于其人均GDP增幅4.88%。

3. 从绿色GDP绩效评估看中国绿色发展的基本态势

本课题组连续三年的测算表明，当前我国绿色发展正在呈现以下新形势、新挑战。

第一，绿色化的中国新经济版图正在逐步形成。中国的绿色发展进程正在改变全国31个省市自治区在全国经济总量中的地位，各级政府有必要密切关注不同省市自治区在全国经济社会版图中的结构性变化，大胆推进各省市自治区的功能、地位转变。绿色GDP是对GDP的修正。因此，某一地区的GDP总量会直接影响该地区在全国的排名和地位。但在2016年的测算中，我们发现，全国内陆31个省市自治区绿色GDP总量排名与该地区同期GDP总量排名出现不一致的情况正在增多。例如湖北省、上海市、江西省绿色GDP的排名就要比其GDP排名要靠前。这表明，绿色发展的历史进程已经开始改变原有在GDP视野下我们对中国不同省市自治区的已有地位、功能认知。

第二，中国各省市自治区的经济发展机制进入新的调试期。全国内陆31个省市自治区具有非常不同的历史、客观条件，各级政府有必要密切关注不同省市自治区经济增长动力、机制的调试进程，以避免被迫"走回头路"。绿色发展不可能一蹴而就。有些省市自治区比较容易从传统的经济社会发展路径转换到绿色发展的轨道。但有些省市自治区却还需要创造必要的历史条件。在这种情况下，一些省份难免会观望。根据本课题组的测算，相比2014、2015年，2016年全国内陆31个省市自治区中绿色GDP、人均绿色GDP增幅，超越其GDP、人均GDP增幅的省份有所减少。2016年贵州省、安徽省、上海市的人均绿色GDP增幅均低于其GDP增幅。

第三，中国绿色发展进程中的"东中西梯度分布现象"仍将持续一段时间。历史中形成的中国经济东中西梯度分布现象由来已久。各级政府有必要持续增加对西部地区实现绿色发展的支持力度，建议国家研究并提出"新西部发展战略"。过去几十年间，全国内陆31个省市自治区已经形成的GDP总量规模，成为今天不同省市自治区绿色GDP总量规模的重要基础。本课题组对全国内陆31个省市自治区连续三年的测算表明，东南沿海地区相对发达的省市自治区始终占据绿色发展绩效指数的前30%。其次是中部地区，然后是西部地区。考虑到各省市自治区已经有的历史条件及其相对稳定的经济结构等关键因素，可以预见的是这种"东中西梯度分布现象"还将持续一段时期，为此，各级政府有必要围绕如何实现西部绿色发展这一目标，持续增加对西部地区实现绿色发展的支持力度。这些支持包括提出涵盖新目标、新路径等一揽子计划的"新西部发展战略"。

当然，实现绿色发展对于任何一个国家和地区而言，都并非易事。中国实现绿色发展，既需要积极发挥各省市自治区的自主能动性，因地制宜，也需要积极发挥好国家层面的宏观调控作用。为此，课题组建议相关政府机构要从思想意识、决策方式、治理机制等方面上下齐心、共同推进我国的绿色发展。

4. 基于绿色GDP绩效评估的中国绿色发展总体性建议

课题组认为：当前中国贯彻绿色发展理念，既要各省市自治区从"小处着笔"，也需要相关政府机构大胆向前，"大手笔书写"；既需要有国内视野，也需要国际视野；既需要各级党政机关科学决策，也需要各类智库等集体积极互动。在绿色发展的宏观治理方面，课题组认为，国家层面和各省市自治区急需从以下几个主要方面快速推进中国的绿色发展。

第一，继续强化绿色发展意识。绿色是永续发展的必要条件和人民对美好生活追求的重要体现。绿色发展理念回应了人民群众的热切期盼，立足平衡发展需求和资源环境有限之间的矛盾，着力解决生态环境保护面临的诸多现实问题。2017年，习近平总书记又指出："推动形成绿色发展方式和生活方式，是发展观的一场深刻革命。这就要坚持和贯彻新发展理念，正确处理经济发展和生态环境保护的关系，像保护眼睛一样保护生态环境，像对待生命一样对待生态环境，坚决摒弃损害甚至破坏生态环境的发展模式，坚决摒弃以牺牲生态环境换取一时一地经济增长的做法，让良好生态环境成为人民生活的增长点、成为经济社会持续健康发展的支撑点、成为展现我国良好形象的发力点，让中华大地天更蓝、山更绿、水更清、环境更优美。"[1] 这为推动绿色发展，建设美丽中国做出了重大部署。落实绿色发展策略关键在于思想认识的转变，将绿色理念与绿色行动有机结合。

只有在本质上深刻理解绿色发展的丰富内涵，在全局中准确把握绿色发展

---

[1] 习近平：《推动形成绿色发展方式和生活方式　为人民群众创造良好生产生活环境》，《人民日报》2017年5月28日第01版。

的具体要求,才能将绿色发展理念变成积极主动作为的前进动力,开创绿色发展新局面。当前,我国的绿色发展虽然取得了伟大成就,绿色发展绩效指数逐年攀升,人均绿色GDP稳步提高,但经济发展方式尚未根本转变,环境污染态势没有根本扭转,生态系统退化日益突出,严重影响了社会的可持续发展。更为严重的是,部分地区没有科学认识绿色发展的基本内涵。根据本次研究结果来看,仍有部分省份要"发展"不要"绿色",或者是要"绿色"不要"发展"。这都表明,部分省份在理解、落实党中央提出的"绿色发展"上存在一定的认识偏差、理解误差、行动落差。"绿色"与"发展"不是彼此冲突的,而是内在统一的。为此,本课题组强烈建议,国家层面有必要组织全国各级党政领导干部,强化有关绿色发展的理论学习。各级地方领导需要认真领会绿色发展的精髓和基本要义,切实处理好"绿色"与"发展"的关系,让"绿色"与"发展"齐头并进,推进绿色生产方式、生活方式的深刻变革,甚至是以"绿色"引领、创新"发展"。

第二,深入推进领导决策改革。习近平总书记曾指出:"生态环境保护能否落到实处,关键在领导干部。"我国的政治体制决定了领导干部对绿色发展的重视程度是决定绿色发展水平的关键,什么时候重视了,提高了重视的程度,绿色发展问题就有了解决的可能。然而,为提高领导干部对绿色发展的重视程度,仅靠领导干部的自觉还不够,还必须加强绿色考核的相关制度建设,将绿色理念和绿色发展制度化,使领导干部的政绩及升迁与绿色发展挂钩,以制度的形式来强力推进绿色发展进程,降低绿色发展社会成本。最近几年,我国各地都在积极探索和建立健全领导干部的绿色考核体系细则,如湖北省已开展自然资源资产负债表和领导干部自然资源资产离任审计试点工作并逐步实施,得到了社会各界的高度评价。

但是,全国各地在此方面的推进进度不一,相互观望、彼此等待的现象较为严重。在一定程度上,消耗了国家层面在绿色发展方面的战略部署及其影响力。如何让各级党委和政府切实重视、加强领导,纪检监察机关、组织部门和政府有关监管部门各尽其责、各司其职,对绿色发展齐抓共管?本课题组建议,积极探索并尝试在部分省份的党政领导干部政绩考核中,引入绿色GDP

绩效考核机制，对全国各地的绿色发展情况，进行年度跟踪排名，用数据来说话，各级政府必须将环境污染控制在一定范围内，形成新的"指挥棒"。如果有些地方条件不成熟，可以采取成熟一个上一个的策略；有些理论问题不成熟，就积极研究实现方案，逐步推进，但切不可放松。

第三，积极创新绿色治理机制。当前，全国各地在推进绿色发展的过程中，仍存在着政出多门、"九龙治水"等乱象，体制机制弊端广泛存在，严重影响了绿色发展的推进，各个机构、各个部门、各个地区之间的政令不协调、不统一，有些甚至是冲突的，结果导致相互之间"互不认账"，相互推诿，缺乏效率，使出现的问题不能得到及时有效的解决。长此以往，不但不能化解问题，而且还极有可能使问题朝着更加复杂的方向发展。为此，课题组建议，在推进绿色发展的过程中，中央政府与地方政府之间、中央政府的各个直属部委之间、各个地方政府之间，急需理顺现有的体制机制关系，加强部门之间的协调和沟通，建立部门之间推进绿色发展的长效工作机制，进一步明确事权、明确职权，严格落实绿色发展责任制，将责任落实到具体部门，由专人负责，坚决不能出现"死角"，不能出现"有些领域都在管，有些领域没人管"的现象，更不能出现相互"踢皮球"的现象。

同时，中央政府应加强绿色发展的顶层设计，将绿色发展置于国家治理体系和治理能力现代化的重要位置，精简政府机构，简化办事流程，提高行政效率，尤其是针对那些绿色技术、绿色企业等应广开"绿灯"，提供政策支持，鼓励创新。中央政府应在涉及绿色发展的相关领域向地方政府赋权，提高地方政府的积极性和主动性，加强对地方政府施行绿色发展的监管力度，建立绿色发展的奖惩机制，激励先进，鼓励后进。进一步明确绿色发展管理主体和责任主体，做到事出能找到人、事出能追责、事出能溯源的目标，积极推进全国的绿色发展。

第四，加强政府与智库机构的积极互动。不同层级政府决策机构还应积极完善与智库的良性互动机制，充分利用专家智慧，强化智库研究与国家治理的有效协作，共同推进绿色发展。专业知识和专业技术在社会转型中扮演着越来越重要的角色，在绿色转型中更应该起到举足轻重的作用。推动绿色发展进程，离不开社会各界的关心和大力配合支持，更离不开专业机构及智库的出谋划策。因此，在践行绿色发展的过程中，应充分施展专业智库的"智囊"作用，实现政府决策与智库之间的良性互动。专业智库通过数据分析、实地调研等能够真实反映绿色发展中存在的问题，真切了解到人民群众对绿色发展的期望，能够直面问题，切中要害，有针对性地提出绿色发展面临的问题及解决问题的策略，有效弥补了政府决策机构的不足，为决策部门提供参考意见。而决策部门在决策过程中应充分吸纳专业智囊机构的意见或建议，提高决策的科学性和合理性。通过政府决策部门和专业智囊机构之间的优势互补，形成绿色发展的强大推力。

当前，中国的绿色发展面临着许多现实难题，比历史上任何时期都更需要广开进贤之路、广纳天下英才。各级党委和政府以及各级领导干部要就工作和决策中的有关问题主动征求各领域专家的意见和建议，积极主动地建立与智库之间的长效合作机制。为此，本课题组建议，一是积极鼓励智库研究工作者，开展跨学科、跨组织、跨地域的绿色发展理论和实践研究，形成绿色发展理论和实践研究的集群，为国家、地方贯彻与落实绿色发展献计献策。二是建立绿色发展决策支持数据库，强化对全国各地绿色发展状况的精准跟踪监测与大数据分析、评估，帮助各级政府采取有针对性的有效措施，实现绿色发展的精准治理。三是以华中科技大学国家治理研究院等相关专业智库机构为依托，积极开展绿色GDP绩效评估及其相关政策开发、应用研究，探索我国各地的绿色发展规律，完善我国促进绿色发展的治理体系。

习近平同志指出，"生态兴则文明兴，生态衰则文明衰"。生态文明建设是全人类都应关注的重大问题，建设生态文明，保护生态环境，实现人与自然的良性互动是当代中国面临的一项十分迫切的重大而又现实的任务。建设生态文明，事关中国经济社会的可持续发展和中华民族的历史命运，生态文明建设的好坏直接决定了中国社会的未来走向。促进经济发展，扩大GDP规模，不是课题组追求的全部目标，课题组还要注重社会进步、文明兴盛的指标，特别是人文指标、资源指标、环境指标；课题组不仅要为今天的发展努力，更要对明天的发展负责，为今后的发展提供良好的基础和可以永续利用的资源和环境。

"走进生态文明新时代,打造生态文明新常态,努力建设美丽中国,实现中华民族永续发展是全面建成小康社会这一宏伟目标的一个有机部分,也是实现中华民族伟大复兴的中国梦的重要部分。"① "绿色发展只有渗透到生产方式、生活方式和消费方式中才能为建设生态文明、实现美丽中国奠定基础。课题组必须建立一整套绿色发展的评价指标体系,形成长效推进机制。"当前,课题组不仅要从政治的高度来深刻认识绿色发展的重大现实意义,更要在实践中坚定不移地坚持绿色发展理念,探索各地绿色发展新路,才能真正实现中华民族的伟大复兴和永续发展。

---

① 张一兵:《辩证思维》,江苏人民出版社2015年版,第173页。

六 参考文献

［1］欧阳康：《生态悖论与生态治理的价值取向》，《天津社会科学》2014年第6期。

［2］欧阳康：《生态哲学研究的若干辩证关系》，《人民日报》2014年7月18日第007版。

［3］欧阳康：《回归与超越——我国生态文明建设的双重价值取向》，"生态文明与人的发展"论文，2013年11月8日。

［4］欧阳康、赵泽林、刘启航：《推广绿色GDP绩效评估 引领绿色发展方向》，教育部社会科学司采用，2016年8月16日。

［5］欧阳康、刘启航、赵泽林：《关于绿色GDP的多维探讨——以绩效评估推进我国绿色GDP研究》，《江汉论坛》2017年第3期。

［6］欧阳康、赵泽林、刘启航：《关于在湖北开展绿色GDP绩效评估的建议》，《国家治理参考》（政府内参）2015年第5期。

［7］欧阳康、赵泽林、刘启航：《以绿色GDP绩效评估引领湖北绿色健康发展》，《国家治理参考》（政府内参）2016年第8期。

［8］欧阳康、赵泽林、刘启航：《继续推进绿色GDP绩效评估》，《中国社会科学报》2016年6月29日第4版。

［9］欧阳康、赵泽林：《以绿色GDP绩效评估引领国家治理现代化》2016年11月14日，光明网理论频道。

[10] 欧阳康、赵泽林、刘启航：《中国绿色 GDP 绩效评估报告（2016 年湖北卷）》，2016 年 5 月 23 日。

[11] 欧阳康、刘启航、赵泽林：《绿色 GDP 绩效评估应成绿色发展抓手》，《环境经济》2016 年第 5 期。

[12] 王金南等：《绿色国民经济核算》，中国环境科学出版社 2009 年版。

[13] 过孝明等：《绿色国民经济核算研究文集》，中国环境科学出版社 2009 年版。

[14] 《环境经济综合核算（2003）》，丁言强等译，中国经济出版社 2005 年版。

[15] 李佐军：《中国绿色转型发展报告》，中共中央党校出版社 2012 年版。

[16] 郭强、王秋艳：《中国绿色发展报告》，中国时代经济出版社 2009 年版。

[17] 胡鞍钢：《中国创新绿色发展》，中国人民大学出版社 2012 年版。

[18] 科学技术部社会发展科技司、中国 21 世纪议程管理中心：《绿色发展与科技创新》，科学出版社 2011 年版。

[19] 杨懿文等：《GDP 蜕变之路》，新华出版社 2014 年版。

[20] 中国国际经济交流中心课题组：《中国实施绿色发展的公共政策研究》，中国经济出版社 2013 年版。

[21] 中国环境与发展国际合作委员会：《绿色发展的管理制度创新 2014》，中国环境出版社 2015 年版。

[22] 北京师范大学经济与资源管理研究院、西南财经大学发展研究院：《人类绿色发展报告（2014）》，北京师范大学出版社 2014 年版。

[23] 赵凌云等：《中国特色生态文明建设道路》，中国财政经济出版社 2014 年版。

[24] 廖明球等：《绿色 GDP 投入产出模型研究》，首都经济贸易大学出版社 2012 年版。

[25] 李金早：《告别 GDP 崇拜》，商务印书馆 2011 年版。

［26］朱海玲：《绿色 GDP 应用研究》，湖南人民出版社 2007 年版。

［27］解三明：《绿色 GDP 的内涵和统计方法》，中国计划出版社 2005 年版。

［28］巴里·康芒纳：《封闭的循环——自然、人和技术》，侯文蕙译，吉林人民出版社 1997 年版。

［29］杨启乐：《当代中国生态文明建设中政府生态环境治理研究》，中国政法大学出版社 2015 年版。

［30］张颖：《绿色 GDP 核算的理论与方法》，中国林业出版社 2004 年版。

［31］周镇宏：《绿色 GDP》，人民日报出版社 2002 年版。

［32］沈满洪：《生态文明建设思路与出路》，中国环境科学出版社 2014 年版。

［33］秦书生：《社会主义生态文明建设研究》，东北大学出版社 2015 年版。

［34］张春霞：《绿色经济发展研究》，中国林业出版社 2008 年版。

［35］北京师范大学经济与资源管理研究院等：《2015 中国绿色发展绩效指数报告：区域比较》，北京师范大学出版社 2015 年版。

［36］北京师范大学科学发展观与经济可持续发展研究基地等：《中国绿色发展绩效指数年度报告》，北京师范大学出版社 2010 年版。

［37］徐春：《可持续发展与生态文明》，北京出版社 2001 年版。

［38］周艳辉主编：《增长的迷思：海外学者论中国经济发展》，中央编译出版社 2011 年版。

［39］罗格·博奈、罗德维克·沃尔彻：《继续生存 10 万年：人类能否做到？》，吴季等译，科学出版社 2012 年版。

［40］《马克思恩格斯选集》第 1 卷，人民出版社 1995 年版。

［41］《马克思恩格斯选集》第 4 卷，人民出版社 1995 年版。

［42］胡绍雨：《清洁发展目标下的中国公共财政优化研究》，中国财政经济出版社 2012 年版。

［43］周敬宣：《可持续发展与生态文明》，化学工业出版社 2009 年版。

［44］唐啸、胡鞍钢：《绿色发展与"十三五"规划》，《学习与探索》

2016年第11期。

［45］王玲玲、张艳国：《"绿色发展"内涵探微》，《社会主义研究》2012年第5期。

［46］王丹、熊晓琳：《以绿色发展理念推进生态文明建设》，《红旗文稿》2017年第1期。

［47］《习近平总书记系列重要讲话读本（2016年版）》，学习出版社2016年版。

［48］洪大用：《经济增长、环境保护与生态现代化——以环境社会学为视角》，《中国社会科学》2012年第9期。

［49］保罗·A. 萨缪尔森、威廉·D. 诺德豪斯：《经济学》，人民邮电出版社2008年版。

［50］王树林、李静江主编：《绿色GDP：国民经济核算体系改革大趋势》，东方出版社2001年版。

［51］王克强、赵凯等主编：《资源与环境经济学》，复旦大学出版社2015年版。

［52］罗伯特·弗兰克、本·伯南克：《宏观经济学原理》，清华大学出版社2010年版。

［53］习近平：《之江新语》，浙江人民出版社2007年版。

［54］夏翙：《我国绿色GDP核算研究与发展历程》，《特区经济》2006年第12期。

［55］栗战书：《文明激励与制度规范：生态可持续发展理论与实践研究》，社会科学文献出版社2012年版。

［56］叶文虎主编：《中国学者论环境与可持续发展》，重庆出版社2011年版。

［57］崔亚伟、梁启斌、赵由才主编：《可持续发展：低碳之路》，冶金工业出版社2012年版。

［58］刘鸿志编译：《绿色发展的实证研究和探索》，中国环境科学出版社2012年版。

［59］李永峰等主编：《可持续发展概论》，哈尔滨工业大学出版社 2013 年版。

［60］刘培哲等：《可持续发展理论与中国 21 世纪议程》，气象出版社 2001 年版。

［61］蔺雪春：《绿色治理：全球环境事务与中国可持续发展》，齐鲁出版社 2013 年版。

［62］张清东、谭江月主编：《环境可持续发展概论》，化学工业出版社 2013 年版。

［63］W. 塞西尔·斯图尔德、莎伦·B. 库斯卡：《可持续性计量法：以实现可持续发展为目标的设计、规则和公共管理》，刘博译，中国建筑工业出版社 2014 年版。

［64］张旭如：《资源型城市可持续发展教育：以山西省临汾市为例》，中国环境出版社 2013 年版。

［65］李永峰、乔丽娜、张洪主编：《中国可持续发展概论》，化学工业出版社 2014 年版。

［66］毛传新：《可持续发展：制度、政策与管理》，光明日报出版社 2013 年版。

［67］杨京平主编：《环境与可持续发展科学导论》，中国环境出版社 2014 年版。

［68］陈传宏、田保国主编：《21 世纪初期中国环境保护与生态建设科技发展战略研究》，中国环境科学出版社 2001 年版。

［69］王洪、李海波主编：《生态可持续发展导论》，东北大学出版社 2014 年版。

［70］陈雄：《环境可持续发展历史研究》，光明日报出版社 2015 年版。

［71］刘学敏：《转型·绿色·低碳：可持续发展论集》，经济科学出版社 2013 年版。

［72］庞素艳、于彩莲、解磊主编：《环境保护与可持续发展》，科学出版社 2015 年版。

[73] 牛文元主编：《世界可持续发展年度报告》，科学出版社 2015 年版。

[74] 让－艾·格罗斯克劳德、拉金德拉·K. 帕乔里、劳伦斯·图比娅娜主编：《创新与可持续发展》，潘革平译，社会科学文献出版社 2015 年版。

[75] 赫兹·莱廷格：《通往可持续环境保护之路：UASB 之父 Gatze Lettinga 的厌氧故事》，宫徽、盘得利、王凯军译，化学工业出版社 2015 年版。

[76] 诸大建：《可持续发展与治理研究：可持续性科学的理论与方法》，同济大学出版社 2015 年版。

[77] 袁光耀等编著：《可持续发展概论》，中国环境科学出版社 2001 年版。

[78] 中国 21 世纪议程管理中心：《国家可持续发展实验区创新能力评价报告》，科学技术文献出版社 2015 年版。

[79] 饶品华等主编：《可持续发展导论》，哈尔滨工业大学出版社 2015 年版。

[80] 牛文元主编：《中国绿色设计报告》，科学出版社 2016 年版。

[81] 卢中原主编：《面向世界新变化的可持续发展战略》，中国发展出版社 2016 年版。

[82] 周国强、张青主编：《环境保护与可持续发展概论》，中国环境出版社 2017 年版。

[83] 叶文虎：《可持续发展引论》，高等教育出版社 2001 年版。

[84] 刘燕华、周宏春主编：《中国资源环境形势与可持续发展》，经济科学出版社 2001 年版。

[85] 黄建欢：《区域异质性、生态效率与绿色发展》，中国社会科学出版社 2016 年版。

[86] 刘会齐：《绿色发展的社会主义政治经济学》，复旦大学出版社 2016 年版。

[87] 陈颖、王亚男主编：《环境影响评价与低碳绿色发展》，中国环境出版社 2016 年版。

[88] 刘薇：《北京绿色发展与科技创新战略研究》，中国经济出版社 2015 年版。

[89] 吕薇等：《绿色发展：体制机制与政策》，中国发展出版社 2015 年版。

[90] 徐焕主编：《当代资本主义生态理论与绿色发展战略》，中央编译出版社 2015 年版。

[91] 张颢瀚主编：《绿色发展之路：来自盐城的实践探索》，中国社会科学出版社 2015 年版。

[92] 田文富：《生态文明视域下环境伦理与绿色发展研究》，河南大学出版社 2015 年版。

[93] 潘家华、韩朝华、魏后凯主编：《城市转型与绿色发展：中国经济论坛（2012）文集》，中国社会科学出版社 2014 年版。

[94] 林智钦主编：《绿色发展全球梦》，中国经济出版社 2014 年版。

[95] 许新桥：《绿色发展道路探索与研究：关于黔东南发展问题的若干思考》，中国林业出版社 2014 年版。

[96] 赵建军、王治河主编：《全球视野中的绿色发展与创新：中国未来可持续发展模式探寻》，人民出版社 2013 年版。

[97] 陆小成：《城市转型与绿色发展》，中国经济出版社 2013 年版。

[98] 冯之浚：《循环经济与绿色发展》，浙江教育出版社 2013 年版。

[99] 科学技术部社会发展科技司、中国 21 世纪议程管理中心编著：《绿色发展与科技创新》，科学出版社 2011 年版。

[100] 中国环境与发展国际合作委员会：《生态系统管理与绿色发展》，中国环境科学出版社 2011 年版。

[101] 周远清主编：《中国的绿色发展道路：节能、减排、循环经济》，山东人民出版社 2010 年版。

[102] 王秋艳主编：《中国绿色发展报告》，中国时代经济出版社 2009 年版。

[103] 诸大建主编：《生态文明与绿色发展》，上海人民出版社 2008 年版。

[104] 孔德新：《绿色发展与生态文明：绿色视野中的可持续发展》，合肥工业大学出版社 2007 年版。

[105] 联合国开发计划署驻华代表处：《绿色发展　必选之路》，中国财政经济出版社 2002 年版。

[106] 王新前:《绿色发展的经济学——生态经济理论、管理与策略》,西南交通大学出版社 1996 年版。

[107] 罗伊·莫里森:《生态民主》,刘仁胜、张甲秀、李艳君译,中国环境出版社 2016 年版。

[108] 王德发:《绿色 GDP:环境与经济综合核算体系及其应用》,上海财经大学出版社 2008 年版。

[109] 朱海玲:《绿色 GDP 导航》,湖南大学出版社 2010 年版。

[110] 王树林、李静江编:《绿色 GDP:国民经济核算体系改革大趋势》,东方出版社 2001 年版。

[111] 廖明球等:《绿色 GDP 投入产出模型研究》,首都经济贸易大学出版社 2012 年版。

[112] "A 'Green' GDP", *Economic and Political Weekly*, Vol. 44, No. 49, 2009.

[113] Chialin Chen, "Design for the Environment: A Quality – Based Model for Green Product Development", *Management Science*, Vol. 47, No. 2, 2001.

[114] Shiyi Chen and Jane Golley, *Will Chinese Industry Ever Be "Green"?*, ANU Press, 2013.

[115] Jim Ife, "Social Policy and the Green Movement", *The Australian Quarterly*, Vol. 63, No. 3, 1991.

[116] Michael Jacobs, "Green Blues in Europe", *Economic and Political Weekly*, Vol. 24, No. 28, 1989.

[117] Matthew E. Kahn, "The Green Economy", *Foreign Policy*, No. 172, 2009.

[118] Jeremy Rowan – Robinson, Andrea Ross, William Walton, "Sustainable Development and the Development Control Process", *The Town Planning Review*, Vol. 66, No. 3, 1995.

[119] Colin C. Williams, Andrew C. Millington, "The Diverse and Contested Meanings of Sustainable Development", *The Geographical Journal*, Vol. 170,

No. 2, 2004.

[120] E. Gene Frankland, "Green Politics and Alternative Economics", *German Studies Review*, Vol. 11, No. 1, 1988.

[121] David Gibbs, "Towards the Sustainable City: Greening the Local Economy", *The Town Planning Review*, Vol. 65, No. 1, 1994.

[122] Oluf Langhelle, "Sustainable Development: Exploring the Ethics of 'Our Common Future'", *International Political Science Review*, Vol. 20, No. 2, 1999.

[123] Alan M. Rugman, Alain Verbeke, "Corporate Strategies and Environmental Regulations: An Organizing Framework", *Strategic Management Journal*, Vol. 19, No. 4, 1998.

[124] Walter Radermacher, "Indicators, Green Accounting and Environment Statistics: Information Requirements for Sustainable Development", *International Statistical Review / Revue Internationale de Statistique*, Vol. 67, No. 3, 1999.

[125] Achim Steiner, "Focusing on the Good or the Bad: What Can International Environmental Law do to Accelerate the Transition Towards a Green Economy?", *Proceedings of the Annual Meeting (American Society of International Law)*, Vol. 103, 2009.

[126] Thomas J. Wilbanks, "Presidential Address: 'Sustainable Development' in Geographic Perspective", *Annals of the Association of American Geographers*, Vol. 84, No. 4, 1994.

[127] Andrea Ross, "Modern Interpretations of Sustainable Development Modern Interpretations of Sustainable Development. Journal of Law and Society", *Socio - legal Perspectives*, Vol. 36, No. 1, 2009.

[128] Kamal Hossain, "The Effectiveness of International Law in 'Greening' the Economy: Challenges for the Developed and Developing World", *The Effectiveness of International Law*, 2014.

[129] Arthur J. Hanson, "Trilateral Environment and Sustainable Development", *International Journal*, Vol. 66, No. 2, 2011.

[130] Stanislav Shmelev, *Green Economy Reader: Lectures in Ecological Economics and Sustainability*, Springer International Publishing, 2017.

[131] Walter Leal Filho, Diana – Mihaela Pociovalisteanu, Abul Quasem Al – Amin, *Sustainable Economic Development: Green Economy and Green Growth*, Springer International Publishing, 2017.

[132] Angang Hu, *China: Innovative Green Development*, Springer – Verlag Berlin Heidelberg, 2014.

[133] Dupont R. Ryan, Ganesan Kumar, Theodore Louis, *Pollution Prevention: Sustainability, Industrial Ecology, and Green Engineering, Second Edition*, CRC Press, 2017.

[134] Richards, Tobias, Taherzadeh, Mohammad J., *Resource Recovery to Approach Aero Municipal Waste*, CRC Press, 2016.

[135] Voula P. Mega, *Conscious Coastal Cities: Sustainability, Blue Green Growth, and the Politics of Imagination*, Springer International Publishing, 2016.

[136] Khalaf, Moayad N., *Green Polymers and Environmental Pollution Control*, Apple Academic Press, Boca Raton, 2016.

[137] Emilie Van Haute, *Green Parties in Europe*, Routledge, 2016.

[138] Rocco Papa, Romano Fistola, *Smart Energy in the Smart City: Urban Planning for a Sustainable Future*, Green Energy and Technology, 2016.

[139] Yanqing Jiang, *Green Development in China: Models and Discussions*, Springer Singapore, 2016.

[140] Alberto Ansuategi, Juan Delgado, Ibon Galarraga, *Green Energy and Efficiency: An Economic Perspective*, Springer International Publishing, 2015.

[141] P. Thangavel, G. Sridevi, *Environmental Sustainability: Role of Green Technologies*, Springer India, 2015.

[142] Woodrow Clark, *Global Sustainable Communities Handbook: Green Design Technologies and Economics*, Butterworth – Heinemann Ltd., 2014.

附录一 本课题组近年刊发的主要相关成果

［1］欧阳康：《回归与超越——我国生态文明建设的双重价值取向》，"生态文明与人的发展"论文，2013年11月8日。

［2］欧阳康：《生态哲学研究的若干辩证关系》，《人民日报》2014年7月18日第007版。

［3］欧阳康：《生态悖论与生态治理的价值取向》，《天津社会科学》2014年第6期。

［4］欧阳康、赵泽林、刘启航：《关于在湖北开展绿色GDP绩效评估的建议》，《国家治理参考》（政府内参）2015年第5期。

［5］欧阳康、赵泽林、刘启航：《中国绿色GDP绩效评估报告（2016年湖北卷）》，2016年5月23日公开发布。

［6］欧阳康、赵泽林、刘启航：《继续推进绿色GDP绩效评估》，《中国社会科学报》2016年6月29日第4版。

［7］欧阳康、赵泽林、刘启航：《以绿色GDP绩效评估引领湖北绿色健康发展》，《国家治理参考》（政府内参）2016年第8期。

［8］欧阳康、赵泽林、刘启航：《推广绿色GDP绩效评估 引领绿色发展方向》，教育部社会科学司采用，2016年8月16日。

［9］欧阳康、刘启航、赵泽林：《绿色GDP绩效评估应成绿色发展抓手》，《环境经济》2016年第5期。

［10］欧阳康、赵泽林：《以绿色 GDP 绩效评估引领国家治理现代化》，2016 年 11 月 14 日，光明网理论频道。

［11］欧阳康、刘启航、赵泽林：《关于绿色 GDP 的多维探讨——以绩效评估推进我国绿色 GDP 研究》，《江汉论坛》2017 年第 5 期。

［12］欧阳康、赵泽林：《以绿色 GDP 绩效评估指引绿色发展与国家治理现代化》，《光明内参》2017 年 5 月 16 日。

［13］欧阳康：《绿色 GDP 绩效评估论要：缘起、路径与价值》，《华中科技大学学报》（社会科学版）2017 年第 6 期，被《中国社会科学文摘》2018 年第 6 期转载。

［14］赵泽林：《绿色 GDP 绩效评估指引地方治理的实证新探索》，《华中科技大学学报》（社会科学版）2017 年第 6 期。

［15］Qihang Liu, Kang Ouyang, Zelin Zhao, *History and Reality About Green GDP of China and Introspection about it*, *Ecological Economics*, 审稿期。

［16］欧阳康：《开展绿色 GDP 绩效评估指引绿色发展》，《中国环境报》2017 年 11 月 13 日。

［17］欧阳康、赵泽林、刘启航：《中国绿色 GDP 绩效评估报告（2016 年湖北卷）》，中国社会科学出版社 2017 年版。

［18］欧阳康、赵泽林：《以绿色 GDP 绩效评估继续推进绿色发展》，《光明日报内参》2018 年 1 月 6 日。

［19］欧阳康、赵泽林、熊治东：《中国绿色 GDP 绩效评估报告（2017 年湖北卷）》，中国社会科学出版社 2018 年版。

［20］欧阳康、赵泽林、刘启航、熊治东：《高质量发展的绿色之维：绿色 GDP 绩效评估的缘起与进展》，《环境经济》2018 年第 14 期。

［21］欧阳康、赵泽林、熊治东：《中国绿色 GDP 绩效评估报告（2017 年全国卷）》，中国社会科学出版社 2018 年版。

附录二 同行专家对《中国绿色 GDP 绩效评估报告（2016 年湖北卷）》的代表性评审意见

《中国绿色 GDP 绩效评估报告（2016 年湖北卷）》发布会现场调查问卷

尊敬的各位专家、学者：

您好！

感谢您参加第三届"国家治理体系和治理能力建设"高峰论坛暨《中国绿色 GDP 绩效评估报告（2016 年湖北卷）》发布会！现有如下问题，想听取您的宝贵意见。

1. 您如何评价《中国绿色 GDP 绩效评估报告（2016 年湖北卷）》？

《报告》是迄今我国发表的第一份报告，体现了理论创新。它不仅对湖北省，而且对全国其他省市都必将对绿色发展具有引领和推动作用，值得点赞。

2. 您对进一步开展绿色 GDP 绩效评估有何建议？

1. 继续完善评估指标，使之科学化、规范化和制度化；
2. 加大宣传力度，提高各级领导和广大民众对该评估的认知度；
3. 借鉴、吸收国际上有关适合我国国情的经验。

3. 您对推进绿色发展和国家治理现代化有何建议？

1. 对落实"十三五"规划各项绿色发展举一反三，尽快将特色关系实施多重评估和举措；
2. 各级政府及干部要动真格，把政策措施落到实处，尤其对有关惩教加以实施；比如拍摄成电视电影等。
3. 继续发挥全民推动绿色发展的积极性。

《中国绿色 GDP 绩效评估报告（2016 年湖北卷）》
发布会现场调查问卷

尊敬的各位专家、学者：

您好！

感谢您参加第三届"国家治理体系和治理能力建设"高峰论坛暨《中国绿色 GDP 绩效评估报告（2016 年湖北卷）》发布会！现有如下问题，想听取您的宝贵意见。

1. 您如何评价《中国绿色 GDP 绩效评估报告（2016 年湖北卷）》？

   这个报告呼吁已久，期待已久，可谓千呼万唤始出来。很实在，很真实，也希望能发挥实际作用。

2. 您对进一步开展绿色 GDP 绩效评估有何建议？

   最好能够纳入官员政绩考核评估体系，发挥作用，切实促进绿色发展。所以不仅研究要有高层支持，运用更要得到各级政府响应。

3. 您对推进绿色发展和国家治理现代化有何建议？

   绿色教育促进绿色文化观念生成
   绿色制度保障绿色行为与习惯良好运作
   绿色 GDP 绩效评估影响官员升迁
   绿色考丰 ~~~~ 和拓圆绿色发展与成果

《中国绿色GDP绩效评估报告（2016年湖北卷）》
发布会现场调查问卷

尊敬的各位专家、学者：

您好！

感谢您参加第三届"国家治理体系和治理能力建设"高峰论坛暨《中国绿色GDP绩效评估报告（2016年湖北卷）》发布会！现有如下问题，想听取您的宝贵意见。

1. 您如何评价《中国绿色GDP绩效评估报告（2016年湖北卷）》？

   该报告不仅有益用于湖北绿色发展的倡导，对全国都是有益用的。

2. 您对进一步开展绿色GDP绩效评估有何建议？

   应进一步加强多主体合作研究，
   例如政府、企业、社会组织、科研院所等。

3. 您对推进绿色发展和国家治理现代化有何建议？

   应保持二者之间的张力，
   在推进国家治理现代化的目标下，
   中切实把绿色发展理念高度地体现。

附录三　生态文明与绿色发展的再探索

绿色 GDP 绩效评估的中国探索及其新进展[*]

欧阳康　赵泽林　刘启航　熊治东

（华中科技大学国家治理研究院"中国绿色 GDP 绩效评估研究"课题组）

摘　要：近一个世纪以来，来自经济学等不同领域的专家和学者都试图提出新的经济社会评价指标，以期修正单纯以 GDP 指引经济社会发展的历史局限。华中科技大学国家治理研究院"中国绿色 GDP 绩效评估研究"课题组通过构建新的绿色 GDP 绩效评估指标体系，以 GDP、人均 GDP、绿色 GDP、人均绿色 GDP、绿色发展绩效指数五个评价指标，对中国及其中国的湖北省连续两年开展了综合性的绿色 GDP 绩效评估，形成中国国内首个由高校智库公开发布的地方性、全国性绿色 GDP 绩效评估报告，既为揭示不同国家和地区的绿色发展现状提供了基本方法和理论借鉴，又为促进世界各国的绿色发展提供了新的理论分析框架。

关键词：绿色 GDP　绿色发展　治理

---

[*] 本文根据欧阳康教授参加在美国生态城 Claremont 举办的 12th International Forum on Ecological Civilization Ecological Civilization and Symbiotic Development 会议的主题演讲整理而成。

一 从 GDP、绿色 GDP 到中国绿色 GDP 绩效评估

早在 20 世纪初，亚瑟·庇古（Arthur C. Pigou）、罗纳德·科斯（Ronald H. Coase）等经济学家就开始把经济发展的评价与治理结合起来，探索如何从税收、产权制度设计层面解决经济增长中的生态环境问题。60 年代，罗马俱乐部科学家引入数学模型和系统分析法，对经济与生态的发展绩效展开了量化研究。各国学者和政府经过超过半个世纪的理论与实践探索，最终都从不同路径论证了唯 GDP 至上的经济发展评价体系存在多种局限。为了克服 GDP 作为经济发展评价指标的局限，威廉·诺德豪斯（William D. Nordhaus）、詹姆斯·托宾（James Tobin）、赫尔曼·达利（Herman E. Daly）、小约翰·柯布（John B. Cobb Jr.）、克利福德·柯布（Clifford Cobb）父子等都对此做出过重要研究，提出过"真实发展指数"（Genuine Progress Indicator）"可持续经济福利指数"（Index of Sustainable Economic Welfare）等新的经济发展评价指标。赫尔曼·达利和小约翰·柯布认为，对 GDP 的崇拜是致使当前出现生态危机的重要根源。"虽然经济主义给西方社会带来了巨大的物质繁荣，帮助消弭了西方国家之间的战争，减少了工业国家内部的阶级冲突、宗教冲突和文化冲突，但并没有兑现它的众多承诺，相反却带来了众多极其严峻的问题，包括生态危机和社会危机。"[①] 由柯布教授创立并担任创始院长，由王治河院长、樊美筠主任具体主持运作的美国中美后现代发展研究院自 2006 年以来每年举办生态文明国际学术会，并在中国大陆不遗余力推进生态文明的学术交流、理论探索和实践创新，取得了非常丰硕的成果，发挥了非常积极的引领作用！

20 世纪 90 年代，联合国等国际组织为了指引世界可持续发展，修正了以传统 GDP 为核心的国民经济核算体系（System of National Accounts，SNA），提出了以"绿色 GDP"为核心的"综合环境与经济核算体系"（System of Inte-

---

[①] 转引自王治河、高凯歌《有机马克思主义的政治经济学宣言》，《国外理论动态》2016 年第 3 期。

grated Environmental and Economic Accounting，SEEA）。2003 年、2012 年，联合国综合各方理论与实践，又发布了新修订的 SEEA 2003 和 SEEA 2012 框架。① 所谓"绿色 GDP"，实际上只是一种通俗而简便的说法。它的实质与核心是通过对 GDP 核算体系的修订，扣除 GDP 增长中所带来的环境污染、生态损耗等负面效应，得到 GDP 的净增长值。在联合国发布"综合环境与经济核算体系"后，不同国家和地区都试图在本国开展绿色 GDP 的评价实践，但这种方案在许多国家和地区都遇到了"水土不服"的问题。

20 世纪 80 年代，中国就有学者开始探索如何把污染造成的经济损失计入经济发展绩效的评价中。21 世纪初，中国国家环保总局和国家统计局联合启动了"综合环境与经济核算（绿色 GDP）研究"项目，形成了《中国环境经济核算体系框架》《中国环境经济核算技术指南》《中国环境经济核算软件系统》等成果，并于 2005 年开始在 10 余个省市开展绿色 GDP 试点工作。与此同时，国家统计局等机构也与加拿大、挪威等国家合作，开展森林资源、水资源等核算工作。2006 年，国家环保总局和国家统计局发布了《中国绿色 GDP 核算报告》。随后，中国绿色 GDP 理论与实践探索一度陷入低潮。但中国环境规划院等研究机构和世界上其他国家、地区的相关机构，不仅没有放弃对绿色 GDP 的理论与实践探索，而且在逐步深化绿色 GDP 的研究，并取得了一些新的重要进展。在绿色 GDP 的核算意义和基础理论方面，绿色 GDP 的概念内涵、核算框架等基础问题已经逐渐完善，并逐渐认识到绿色 GDP 不是"要不要做"的问题，而是"如何做"的问题。②

从现有理论和实践探索来看，要追求绝对精确、包罗万象的绿色 GDP 核算，仍需要相当长的一个时期才能达到预期目标。不过，根据现有绿色 GDP 的研究成果，从最为严格意义的"绿色 GDP"科学内涵出发，构建指标体系，开展"绿色 GDP 绩效评估"既可行，也有科学依据和理论基础。所谓"绿色 GDP 绩效评估"，是在管理学、政治学等跨学科视野下，借鉴环境经济学、生

---

① United Nations, et al., *System of Environmental – Economic Accounting 2012: Central Framework*, United Nations, 2014.

② 王金南等：《关于绿色 GDP 核算问题的再认识》，《环境经济》2007 年第 45 期，第 19 页。

态学等多学科成果，通过有效区分、精准诊断、科学指引，服务"治理、决策"，是一种"理想与现实兼顾"的新探索。这种研究思路和方法在其本质上是"结构主义"与"解构主义"哲学思想、方法在绿色GDP问题上的综合性具体应用。结构主义的基本主张是，所有的社会现象，不管其表现显得如何多样、复杂，它们都是由具有内在关联性的要素个体构成的。作为一种方法的结构主义一直是20世纪后期各学科研究的重要方法。皮亚杰（Jean Piaget）甚至认为，"结构主义从根本上讲就是一种方法，具有'方法'这个词所包含的一切含义"①。而"解构主义"的代表人物德里达（Jacques Derrida）则认为，"结构意味着不可简约的结构"②。这里的前一个"结构"已经不是传统意义上的"结构"，而是一种透过表象之后才能看到的"潜结构"。这种"潜结构"恰恰是最能反映某个"名称"所对应的、必要且充分的构成要素的。因此，我们可以发现一个"真实的而不带破坏性的发展"，或者说是与GDP不一样的"绿色GDP"。

当我们把"结构主义"和"解构主义"作为一种思想方法来分析"绿色GDP"时，那么，这个概念的所指及其"结构"便不再是边界模糊和难以捉摸了。如此一来，"绿色GDP"也就有了明确的边界和内涵。正是在上述基本哲学思想和方法的指引下，以欧阳康教授为首席专家的中国绿色GDP绩效评估研究课题组，经过两年多的艰辛探索，从不同"绿色GDP"定义出发，解构"绿色GDP"的科学内涵，分解"绿色GDP"的实质性要素，获取具有共识性的指标，构建由3个一级指标、11个二级指标、52个三级指标、45个分行业统计与评价的新型"二维矩阵型"绿色GDP绩效评估指标体系，形成10个数据采集表单，并独立开发了"绿色发展大数据分析平台"，对中国展开了大规模的绿色GDP绩效评估，诞生了标志中国绿色GDP绩效评估研究最新进展的三个研究报告：《中国绿色GDP绩效评估报告（2016年湖北卷）》《中国绿色GDP绩效评估报告（2017年湖北卷）》《中国绿色GDP绩效评估报告（2017年全国卷）》。

---

① 皮亚杰：《结构主义》，倪连生译，商务印书馆2006年版，第137页。
② 德里达：《论文字学》，汪堂家译，上海译文出版社2015年版，第167页。

二 中国绿色 GDP 绩效评估的三个进展

华中科技大学国家治理研究院的中国绿色 GDP 绩效评估研究，可追溯至华中科技大学国家治理研究院成立之初。2013 年 11 月，中国共产党第十八届中央委员会第三次全体会议在北京召开。这次会议重大的贡献之一就是提出了中国全面深化改革的总目标是完善和发展中国特色社会主义制度，推进国家治理体系和治理能力现代化。在这种背景下，华中科技大学国家治理研究院应运而生。2014 年 2 月，华中科技大学国家治理研究院成立后，院长欧阳康教授立即开始思考如何从根本上助力国家治理现代化，与各级地方政府一道探索绿色发展的新模式。2014 年 4 月，欧阳康院长协同潘垣院士等向中央提出《根治华北雾霾的技术方案与综合治理建议》获得习近平总书记、李克强总理和张高丽副总理等的重要批示。2014 年 6 月，欧阳康教授在华中科技大学国家治理研究院倡导以探索绿色 GDP 绩效评估为突破口助力绿色发展。

2016 年 5 月 23 日，华中科技大学国家治理研究院"中国绿色 GDP 绩效评估研究"课题组再经过多轮探索、专家论证之后，发布了"中国绿色 GDP 绩效评估研究"的首期成果《中国绿色 GDP 绩效评估报告（2016 年湖北卷）》。该报告基于前人对绿色 GDP 核算的最新研究成果，结合统计学、能源学、生态学等研究成果对自然生态资源的分类办法，采集到了湖北省 17 个市州 2008 到 2014 年间，39 个不同行业的能源消耗、环境损失、生态损耗等 418710 个有效统计学实践数据，利用课题组专门研发的"绿色发展科研平台"展开了大数据分析与处理。《中国绿色 GDP 绩效评估报告（2016 年湖北卷）》通过 17 个分析图、17 个数据表客观呈现了湖北省 17 个地区从 2008 至 2014 年间 GDP、人均 GDP、绿色 GDP、人均绿色 GDP、绿色发展绩效指数五个基本维度的年度变化情况，拟合出客观可感的综合性排名，主张通过绿色 GDP 绩效评估引领绿色发展，以绿色发展引领国家治理现代化。

2014 年湖北省 17 个地市州绿色发展绩效综合排名如图 1 所示：

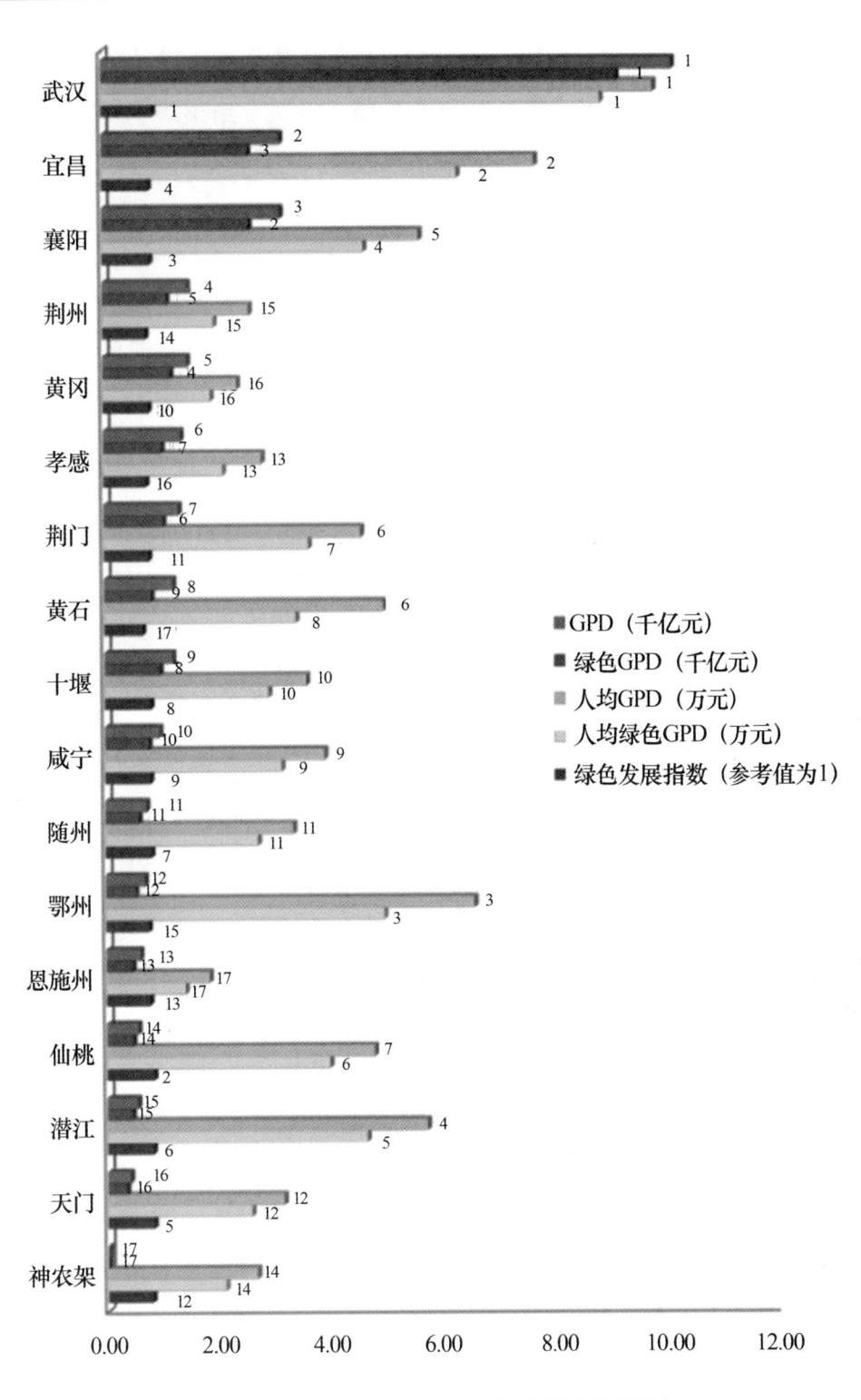

图 1　2014 年湖北省 17 个地市州绿色发展绩效综合排名

选自《中国绿色 GDP 绩效评估报告（2016 年湖北卷）》（作者：欧阳康、赵泽林、刘启航）

《中国绿色 GDP 绩效评估报告（2016 年湖北卷）》是中国探索绿色 GDP 的理论与实践一度沉寂十多年以来，首个由中国高校智库发布的地方性绿色发展绩效评估报告。该报告发布后，引起社会强烈反响。专家认为，该报告"具有开创性""很真实、很实在"，其研究思路、方法、结果等为湖北各地区绿色发展提出明晰的科学参照体系，为中国开创绿色快速发展之路提供了可供借鉴和推广的思想理论、评估体系和方法论原则，对当今全国各地的绿色发展转型探索具有重要参考价值和启示意义，"希望推广至全国乃至全世界绿色发展的绩效评价"。与会专家建议，"尽快将其成果送达高层"，以湖北为试点尽快落实、推广，并加强持续跟踪研究，以绿色GDP绩效评估研究引领全国的绿色发展。

中国绿色GDP绩效评估研究的第二个重要成果则出现在2017年5月。华中科技大学国家治理研究院"中国绿色GDP绩效评估研究"课题组在成功发布首个由高校智库发布的地方性绿色发展绩效评估报告《中国绿色GDP绩效评估报告（2016年湖北卷）》之后，再度利用课题组已经编制的评价指标和大数据分析平台，采集到了湖北省统计局、环保厅、国家发展和改革委员会等公开发布的2008至2015年间，湖北省17个市州39个不同行业的能源消耗、环境损失、生态损耗等共计496791个有效数据，其中，涉及2015年的数据就多达78081个有效数据。除去国家有关部门公开发布的GDP、人均GDP等数据外，经课题组分析后的结论性数据就多达7316个。这些数据包括湖北省17个地市州2015年的绿色GDP、人均绿色GDP、绿色发展绩效指数、各地市州的平均增速等数据，从多个层面说明了湖北省17个地市州的绿色发展现状、发展规律和发展态势。

第三个进展是《中国绿色GDP绩效评估报告（2017年全国卷）》的发布。该报告是中国国内首个由中国高校智库发布的全国性绿色发展绩效评估报告。课题组从中国统计年鉴、各省市自治区的统计年鉴、中国价格统计年鉴等公开的近三百多万个相关数据中，根据编制的绿色GDP绩效评估"矩阵"统计与评价体系，选取了本次计算所需要的能源消耗、环境损失、生态损耗等约620682个有效数据，开展全国内陆31个省市自治区的绿色GDP绩效评估。该报告得出最终约2356个的测算结果。这些数据包括全国内陆31个省市自治区2015年的绿色GDP、人均绿色GDP、绿色发展绩效指数、各地市州的平均增速等数据，从多个层面说明了全国内陆31个省市自治区的绿色发展现状、规律和态势。

2015年湖北省17个地市州绿色发展绩效综合排名如图2所示：

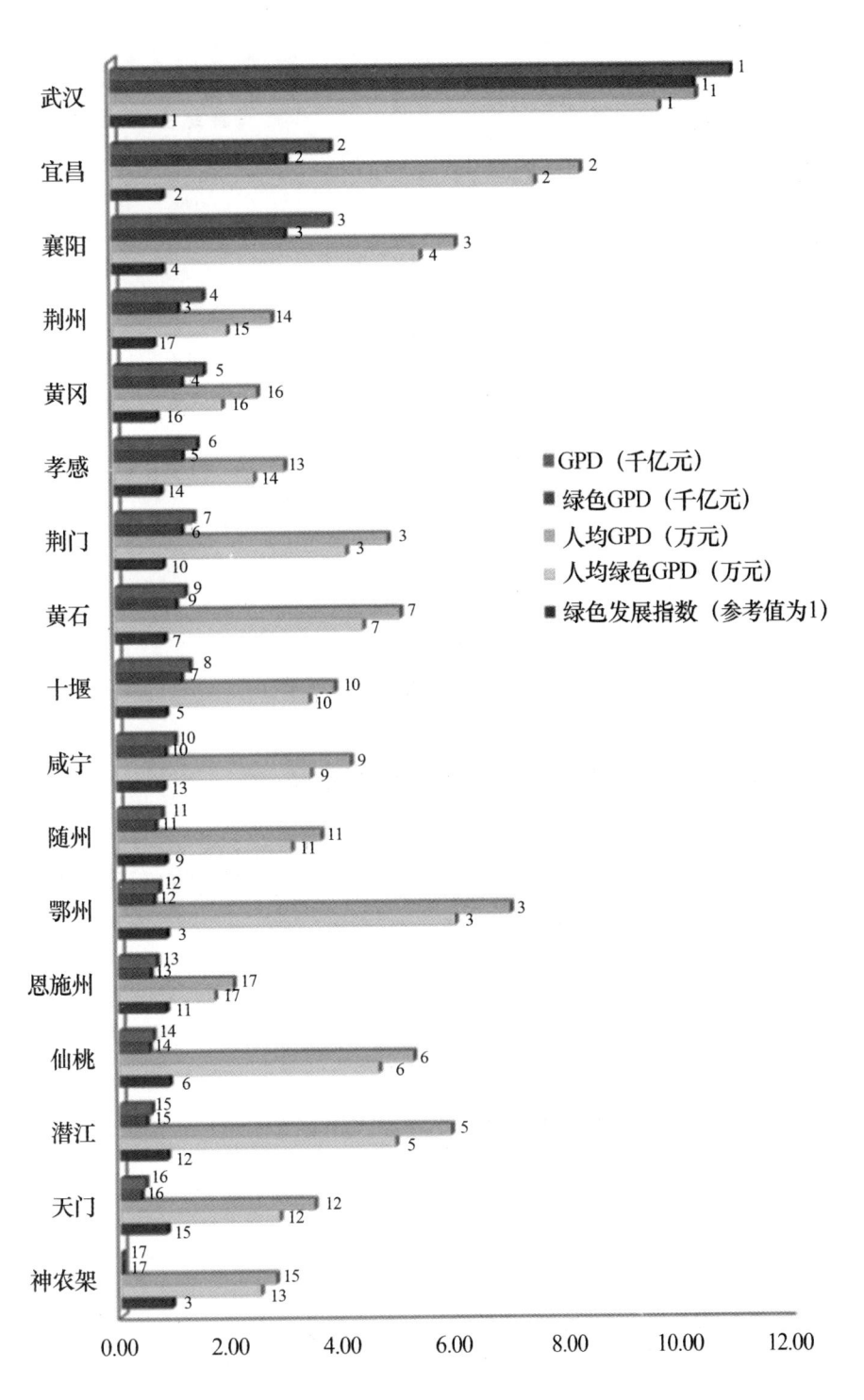

图2 2015年湖北省17个地市州绿色发展绩效综合排名

选自《中国绿色GDP绩效评估报告（2017年湖北卷）》（作者：欧阳康、赵泽林、熊治东）

说明：柱形图上所标注的数字即为该指标在湖北省内的排名。

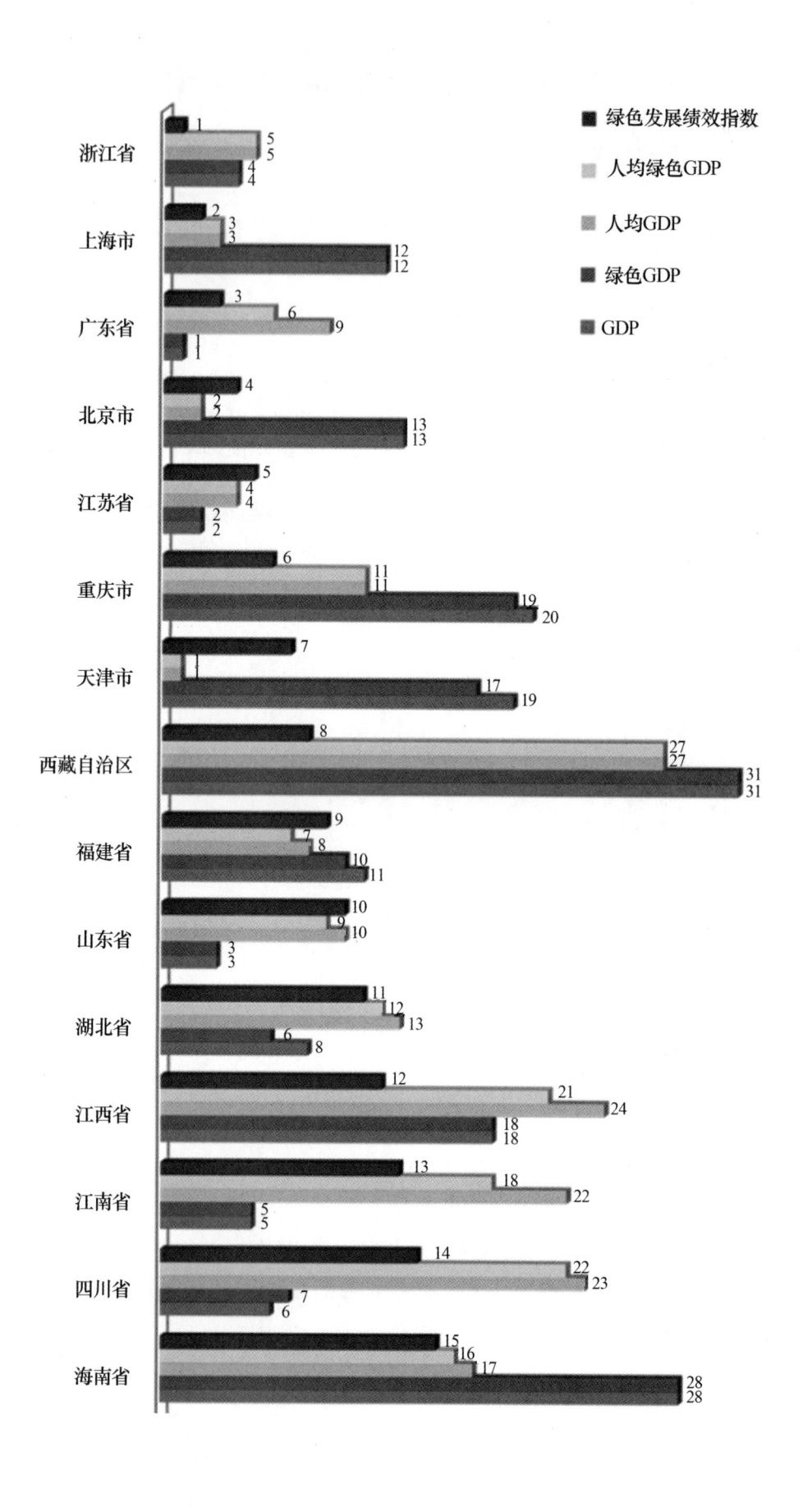

2015年中国内陆31个省市自治区绿色发展绩效综合排名如图3所示：

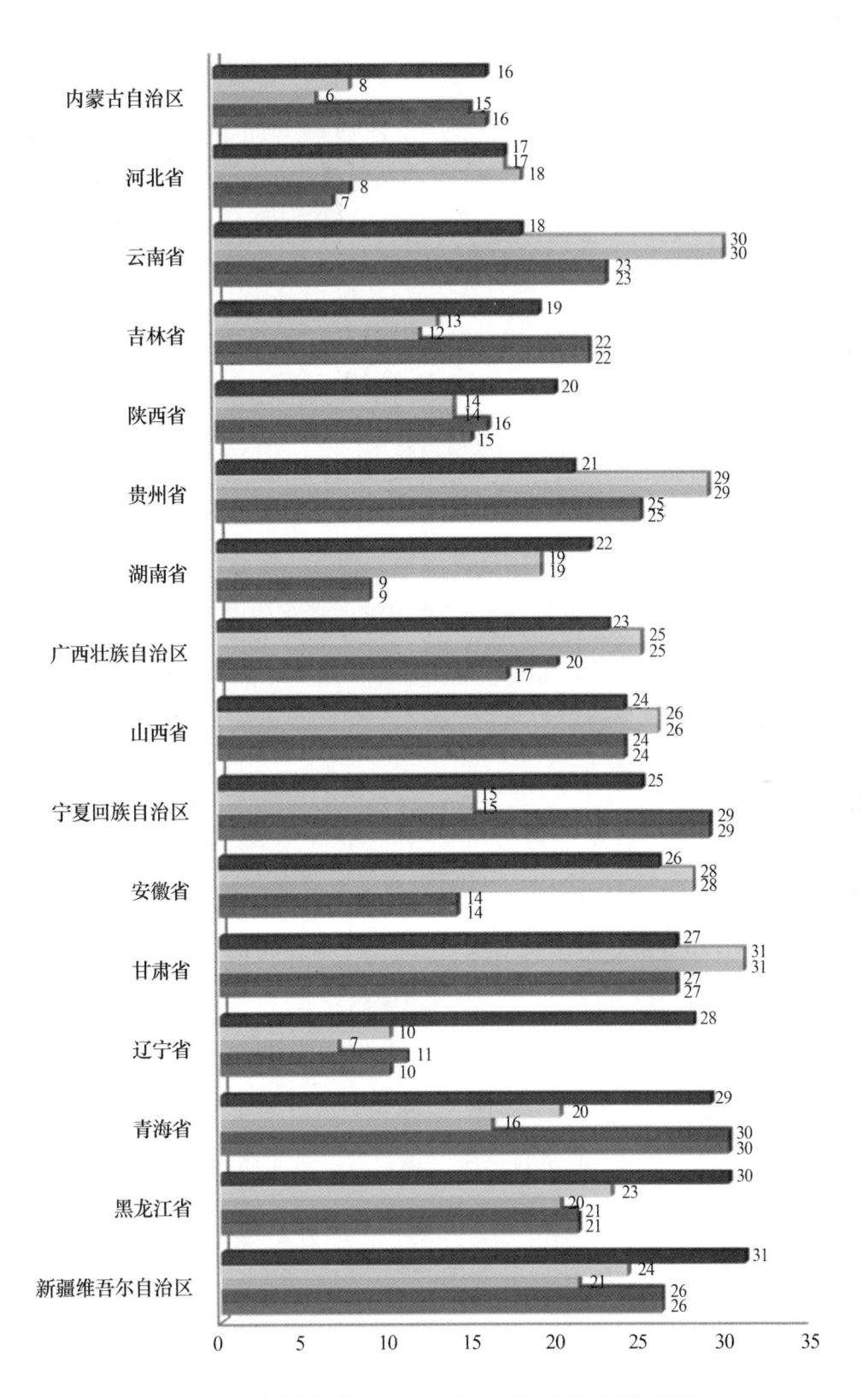

图 3 2015 年中国内陆 31 个省市自治区绿色发展绩效综合排名

选自《中国绿色 GDP 绩效评估报告（2017 年全国卷）》（作者：欧阳康、赵泽林、熊治东）

说明：柱形图上所标注的数字即为该指标在全国内陆 31 个省市自治区的排名。

《中国绿色 GDP 绩效评估报告（2017 年全国卷）》得出了三个基本结论：

第一，中国内陆 31 个省市自治区的绿色发展绩效指数、绿色 GDP、人均绿色 GDP，均有不同程度提升，其绿色发展前景乐观。根据本课题组的测算，2014 年全国内陆 31 个省市自治区的绿色发展绩效指数平均值为 86.85（参考标准值为 100）。2015 年全国内陆 31 个省市自治区的绿色发展绩效指数平均值已经提升至 88.90，增幅达 2.05%。2014 年全国内陆 31 个省市自治区的绿色 GDP 平均值为 19597.51 亿元。2015 年全国内陆 31 个省市自治区的绿色 GDP 平均值已经提升至 21100.12 亿元，增幅达 7.67%。2014 年全国内陆 31 个省市自治区的人均绿色 GDP 平均值为 44424.04 元。2015 年全国内陆 31 个省市自治区的人均绿色 GDP 平均值已经提升至 47531.58 元，增幅达 7.00%。

第二，部分省市自治区的绿色发展绩效指数、绿色 GDP、人均绿色 GDP 三项指标，均开始超越该省市自治区的 GDP、人均 GDP 传统评价指标，发展态势良好。根据本课题组的此次测算，相比 2014 年，2015 年全国内陆 31 个省市自治区绿色 GDP 平均增速达到了 7.88%，2015 年全国人均绿色 GDP 平均增速达到了 7.17%。绿色 GDP 增幅超越 GDP 增幅的平均值为 2.62%。2015 年全国内陆 31 个省市自治区人均绿色 GDP 增幅超越 GDP 增幅的平均值为 2.31%。这意味着全国内陆 31 个省市自治区中绝对大部分省份开始从根本上转变经济发展方式。

第三，极少部分省市自治区正在实现绿色发展的艰难起步，其绿色 GDP、人均绿色 GDP 增幅，明显低于其 GDP、人均绿色 GDP 增幅，应予以密切关注。根据本课题组的此次测算，相比 2014 年，2015 年全国内陆 31 个省市自治区中，广东省、天津市、西藏自治区、福建省、贵州省绿色 GDP 增幅均低于 GDP 增幅。其中，广东省的绿色 GDP 增幅要低于其 GDP 增幅 2.01%。贵州省的绿色 GDP 增幅要低于 GDP 增幅 0.96%。福建省的绿色 GDP 增幅要低于 GDP 增幅 0.77%。这意味着，这些省份的绿色 GDP 增量中，绝大部分甚至是全部经济贡献仍来自于原有发展方式。

三 中国绿色 GDP 绩效评估的世界意义

近一个世纪以来，生态环境的加剧破坏，正在从根本上威胁着全人类的生存和发展。福斯特（Foster J. B.）认为，"生态破坏压倒所有问题似乎已经成为我们这个年代的特点，正如我们所知道的，它正在威胁着我们的生活以及生存能力"①。自资本主义制度诞生以来，资本对其增殖的狂热追逐，致使生态环境转变为经济增长过程中可以肆意开发的资源。转而，人们开始错误地认为，生态环境已经不再是与一切物种必然并存发展的天然空间。这种对自然环境的粗暴理解，不但没有保持资本主义经济的持续高增长，相反使自然资源的逐渐枯竭演变成不可逆转的事实。即使人们想尽了一切办法探寻可再生资源，但至今为止，人类社会仍然无法看到失去自然界人类还能生存的希望。当前，"发展"与"绿色"仍是许多国家经济社会发展中的两难选择。兼顾"绿色"与"发展"的绿色 GDP 在这方面仍将有极大的贡献空间。小约翰·柯布曾预言，"生态文明的希望在中国"。而中国绿色 GDP 绩效评估研究，无疑是当前利用绿色 GDP 推进绿色发展的重要探索之一。

中国绿色 GDP 绩效评估将为促进全球的绿色发展提供新的理论，为不同主权国家和地区的绿色发展及其治理提供新的理论分析模型。绿色发展具有复杂性，不同主权国家地区的绿色发展需要通过不同的治理模式来实现。从其概念上看，"发展"具有一定的内在规定性，它是现时空迈向未来时空的历史进程。因此，处于发展进程的任何人都需要通过科学的理论来制定科学的制度，引领发展。不同国家需要根据科学数据和科学理论，确定在未来希望实现的经济增长、生态环境目标，更加可持续的发展方式或者生产生活方式，根据这些目标，为识别具体的空气质量、经济行业规模调整等问题提供更为详细的规划和制度体系。福斯特在追溯当今全球性生态危机的根源时就认为，"目前的环境问题既不是人类的无知愚昧或天生贪婪所造成的，也不是因为个别公司企业

---

① Foster J. B., "The Ecology of Destruction", *Monthly Review*, Vol. 58, No. 9, 2007, p. 2.

的管理者缺乏道德和良心所致；相反，我们必须从经济制度、政治制度和社会制度的运行方式中寻找答案"[①]。中国绿色GDP绩效评估通过大量基于科学数据的实证理论分析，可在蕴含"绿色"价值指向的国家治理评价体系、治理结构、治理方法、标准建设、权责归属等一系列与国家治理制度有关的重大问题上，提出具有科学实证基础的创新性理论。

中国绿色GDP绩效评估为促进全球的绿色发展提供了宝贵的中国经验。绿色GDP在中国的理论与实践，几经起伏。尤其是十多年前，2006年中国国家环保总局和国家统计局发布了《中国绿色GDP核算报告》后，中国绿色GDP理论与实践探索一度停滞不前。但是，和平、增长、改革、文明仍然是这个时代在全球治理中无法回避的共同追求。追求可持续发展，维护子孙后代的发展利益，既是不同国家和地区的共同愿望，也是当代全球治理中最大的价值共识。中国绿色GDP绩效评估既强调发展又强调绿色，所形成的发展"指挥棒"不再是只强调"经济"，而是"绿色"与"发展"并举。它将有效促生国家治理中的统计制度、生态环境数据确权、污染排放制度、绿色发展绩效评审等一系列制度改革。这种改革又将倒逼国家治理的各个环节快速引入大数据、人工智能等现代化的治理工具，迫使国家治理各层面的各类决策，都不得不从传统的"经验决策"加速转向综合的"精准决策"，从而快速提升国家治理的现代化水平和能力。这种国家治理体系与治理能力的良性互动，将会深刻地影响主权国家的国家治理模式与发展路径，深刻影响不同国家和地区在全球治理中的身份选择，从而为后发国家的绿色发展提供可资借鉴的中国经验。

中国绿色GDP绩效评估将为促进全球绿色发展，提供新的中国方案。中国绿色GDP绩效评估的探索延续了GDP在测度经济发展的合理性和可持续性方面的监测作用，强化了GDP指标对资源利用效率的引导，从而促进可持续发展、绿色发展的实现。通过绿色GDP绩效评估，可以为探讨可持续的经济发展道路提供多种可选方案，并通过对一定时间内的绿色GDP绩效评估结果的动态分析，为发展规划者提供实现绿色发展的过渡路线。一旦确定了这种长

[①] Magdoff F., Foster J. B., "What Every Environmentalist Needs to Know about Capitalism", *Monthly Review*, Vol. 61, No. 10, 2010, p. 1.

远的发展路径，并知晓了当时的状况，基于绿色 GDP 绩效评估的政策制定就是最好的政策分析工具。这种分析可以为政策制定者提供多种政策选项，并提供多种可能的发展结果预测。由此确定的政策模型还可以用来检测各种与绿色 GDP 相关的税收、可交易许可或者污染排放的经济意义、发展意义，以及宏观经济政策对生态环境的动态影响等，它的政策蕴含具有多重重大意义。

当然，绿色 GDP 绩效评估的全球理论与实践上还有很长一段路要走。这里面既有研究方法有待完善，指标体系设计有待更加全面、科学等理论问题，也有认识上有偏差，重视程度不够，技术方案有待完善等实践问题。绿色 GDP 绩效评估的全球理论与现实困难不是我们放弃研究的恰当理由。只要生态环境资源是有限的，只要我们打算追求可持续发展，我们就没有理由放弃这种研究。相反，我们需要的是去努力思考何以可能通过绿色 GDP 绩效评估实现预期研究目标，又或者是通过其他方式达到绿色 GDP 绩效评估的预期效果。但无论是哪种情况，绿色 GDP 绩效评估的中国最新进展，都在追求全球绿色发展新模式方面，具有自身独特的理论思路和实践价值。为了我们共同的"绿色未来"，华中科技大学国家治理研究院"中国绿色 GDP 绩效评估研究"也将对绿色 GDP 展开持续和有价值的新探索。我们将通过绿色 GDP 绩效评估研究，力图用严肃的科学数据引导人类社会放弃唯 GDP 主义、极端消费主义、经济主义等现代化产物，转而走向更加健康积极的新时代。

[参考文献]

[1] 王治河、高凯歌：《有机马克思主义的政治经济学宣言》，《国外理论动态》2016 年第 3 期。

[2] United Nations, et al., *System of Environmental - Economic Accounting 2012: Central Framework*, United Nations, 2014.

[3] 王金南等：《关于绿色 GDP 核算问题的再认识》，《环境经济》2007 年第 45 期。

[4] 皮亚杰：《结构主义》，倪连生译，商务印书馆 2006 年版。

［5］德里达:《论文字学》,汪堂家译,上海译文出版社2015年版。

［6］Foster J. B. , "The Ecology of Destruction", *Monthly Review*, Vol. 58, No. 9, 2007.

［7］Magdoff F. , Foster J. B. , "What Every Environmentalist Needs to Know About Capitalism", *Monthly Review*, Vol. 61, No. 10, 2010.

高质量发展的绿色之维
绿色 GDP 绩效评估的缘起与进展[*]

党的十九大报告指出,我们要建设的现代化是人与自然和谐的现代化,既要创造更多物质财富和精神财富以满足人民日益增长的美好生活需要,也要提供更多优质生态产品以满足人民日益增长的优美生态环境需要。用什么样的评价体系来指引"物质财富和精神财富"与"优质生态产品"的生产就成为这个时代必须积极回应的重大理论与现实问题。绿色 GDP 绩效评估是兼顾"绿色"与"发展",推进高质量发展的重要突破口。华中科技大学国家治理研究院持续开展的中国绿色 GDP 绩效评估研究,为高质量发展做出了积极有益的新探索。

继 GDP 之后具有革命性的概念创新

"绿色 GDP"并非新鲜事物。我国学者一般认为,所谓绿色 GDP,是对 20 世纪 90 年代联合国修正以 GDP 为核心的传统国民经济核算体系(System of National Accounts, SNA)后,提出的"综合环境与经济核算体系"(System of Integrated Environmental and Economic Accounting, SEEA)的俗称。因此,绿色

---

[*] 本文作者为欧阳康、赵泽林、刘启航、熊治东,原文首发于《环境经济》2018年第14期。

GDP 通常被我国学者看作为一种新的国民经济核算体系。但是，如果我们去把握绿色 GDP 的实质，就会发现绿色 GDP 不仅仅是一种核算体系，而是继"GDP"这一概念之后具有革命性的概念创新。

这种创新的酝酿早在 20 世纪初就已经开始。当时的部分经济学家注意到毫无节制的物质财富生产是引起生态环境恶化的重要原因。亚瑟·庇古、罗纳德·科斯率先开始探索如何从税收、产权制度设计层面解决经济增长中的生态环境问题。20 世纪 60 年代，拥有大批跨学科科学家的罗马俱乐部引入数学模型和系统分析方法，对经济增长与生态环境的关系展开了量化研究。各国学者和政府经过超过半个世纪的理论与实践探索，最终从不同路径论证了唯 GDP 至上的经济发展评价体系存在多种局限，并认识到我们必须构建一种新的绿色评价体系来指引各国经济社会的发展，从而实现经济增长与生态环境保护的协调发展。威廉·诺德豪斯、詹姆斯·托宾、赫尔曼·达利、小约翰·柯布、克利福德·柯布父子等都对此做出过重要贡献，提出过"真实发展指数"（Genuine Progress Indicator）"可持续经济福利指数"（Index of Sustainable Economic Welfare）等新的经济发展评价指标。从更为广泛的意义上看，这些研究都应该属于绿色 GDP 的已有探索。

在这个意义上讲，我国的绿色 GDP 研究大致可追溯至 20 世纪 80 年代。改革开放初期，我国就已经有学者从环境经济学的视角，探索如何把污染造成的经济损失计入经济发展绩效的评价中。只不过，这种研究在当时以"发展"为主流声音的经济学、社会学研究中并不是很抢眼。进入 90 年代后，人们对生态环境质量的要求逐渐提高，如何协调经济增长与生态环境保护的问题逐渐被提上日程。

将当时联合国发布的"综合环境与经济核算体系"引入中国，成为当时我国解决经济增长与生态环境保护问题的首选。做出这一选择，不仅是因为挪威、瑞典等发达资本主义国家已经对此做出了较为成熟的理论与实践探索，更是因为当时我国并没有较为成熟的理论研究。当时我国国家环保总局、国家统计局联合启动了"综合环境与经济核算（绿色 GDP）研究"项目，形成了《中国环境经济核算体系框架》《中国环境经济核算技术指南》《中国环境经济核算软件系统》等成果，并于2005年开始在10余个省市进行绿色GDP试点工作。与此同时，国家统计局等机构也与加拿大、挪威等国家合作，开展森林资源、水资源等核算工作。

2006年，原国家环保总局和国家统计局发布了《中国绿色GDP核算报告》，这应该是中国绿色GDP理论与实践探索的重要启蒙。遗憾的是，2006年之后，随着人们对生态环境质量要求的不断提高，绿色GDP的理论与实践探索却"意外地"沉寂下来。这其中，既有理论准备不充分的原因，也有历史认知以及技术方案不够成熟等多重历史原因。但是，从我们所了解的情况看，实际上在最近十几年，国内外学界和各国政府不仅没有放弃对绿色GDP的理论与实践探索，而且还在逐步深化绿色GDP的研究，并取得了一些重要进展。在绿色GDP的核算意义和基础理论方面，绿色GDP的概念内涵、核算框架等基础问题已经逐渐完善，各方也已认识到绿色GDP不是要不要做的问题，而是如何做的问题。不过，这些研究主要还是立足于环境经济学的框架开展的相关探索。

2013年，党的十八届三中全会明确提出，"全面深化改革的总目标是完善和发展中国特色社会主义制度，推进国家治理体系和治理能力现代化。必须更加注重改革的系统性、整体性、协同性……"。这使我们意识到，经济增长与生态环境保护协调方面的改革已经开始进入新的历史时期。从国家治理视角，重新检视并利用绿色GDP这一广为熟知的概念，探索经济增长与生态环境保护的协调发展新路，成为我们的突破口。

2014年6月，华中科技大学国家治理研究院将绿色GDP引入国家治理现代化研究视域，开展旨在实现绿色发展的绿色GDP绩效评估研究。所谓"绿色GDP绩效评估"，就是在管理学、政治学等跨学科视野下，借鉴环境经济学、生态学等多学科成果，通过有效区分、精准诊断、科学指引，服务"治理、决策"，是一种"理想与现实兼顾"的新探索。

绿色 GDP 绩效评估的主要进展

2016年5月，华中科技大学国家治理研究院"中国绿色GDP绩效评估研究"课题组发布了"中国绿色GDP绩效评估研究"的首期成果《中国绿色GDP绩效评估报告（2016年湖北卷）》。该报告基于前人对绿色GDP核算的最新研究成果，结合统计学、能源学、生态学等研究成果对自然生态资源的分类办法，采集到了湖北省17个市州2008—2014年间，39个不同行业的能源消耗、环境损失、生态损耗等41.87万个有效统计学实践数据，利用课题组专门研发的"绿色发展科研平台"展开了大数据分析与处理。

《中国绿色GDP绩效评估报告（2016年湖北卷）》客观呈现了湖北省17个地区2008—2014年间GDP、人均GDP、绿色GDP、人均绿色GDP、绿色发展绩效指数五个基本维度的年度变化情况，拟合出客观可感的综合性排名，主张通过绿色GDP绩效评估引领绿色发展，以绿色发展引领国家治理现代化。

《中国绿色GDP绩效评估报告（2016年湖北卷）》是我国探索绿色GDP的理论与实践沉寂十多年后，首个由中国高校智库发布的地方性绿色发展绩效评估报告。有专家认为，该报告"具有开创性""很真实、很实在"，其研究思路、方法、结果等为湖北各地区绿色发展提出参照体系。专家建议，以湖北为试点尽快落实、推广，并加强持续跟踪研究，以绿色GDP绩效评估研究助力全国的绿色发展。

2017年5月，课题组再度利用已编制的评价指标和大数据分析平台，采集到了湖北省统计局、环保厅、国家发改委等公开发布的2008至2015年间，湖北省17个市州39个不同行业的能源消耗、环境损失、生态损耗等共计49.68万个有效数据，这些数据包括湖北省17个地市州2015年的绿色GDP、人均绿色GDP、绿色发展绩效指数、各地市州的平均增速等数据，从多个层面反映了湖北省17个地市州的绿色发展现状、发展规律和发展态势。

第三个进展则是《中国绿色GDP绩效评估报告（2017年全国卷）》的发布。该报告是国内首个由中国高校智库发布的全国性绿色发展绩效评估报告。

课题组从中国统计年鉴、各省市自治区的统计年鉴、中国价格统计年鉴等公开的近300多万个相关数据中，根据编制的绿色GDP绩效评估"矩阵"统计与评价体系，选取了本次计算所需要的能源消耗、环境损失、生态损耗等约62.07万个有效数据，开展全国内陆31个省市自治区的绿色GDP绩效评估。这些数据包括全国内陆31个省市自治区2015年的绿色GDP、人均绿色GDP、绿色发展绩效指数、各省市自治区的平均增速等数据，从多个层面反映了全国内陆31个省市自治区的绿色发展现状、规律和态势。

《中国绿色GDP绩效评估报告（2017年全国卷）》得出了三个基本结论：

第一，中国内陆31个省市自治区的绿色发展绩效指数、绿色GDP、人均绿色GDP，均有不同程度提升，绿色发展前景乐观。根据课题组测算，2014年全国内陆31个省市自治区的绿色发展绩效指数平均值为86.85（参考标准值为100）；2015年全国内陆31个省市自治区的绿色发展绩效指数平均值已经提升至88.90，增幅达2.05%。2014年全国内陆31个省市自治区的绿色GDP平均值为1.96万亿元；2015年全国内陆31个省市自治区的绿色GDP平均值已经提升至2.11万亿元，增幅达7.67%。2014年全国内陆31个省市自治区的人均绿色GDP平均值为4.44万元；2015年全国内陆31个省市自治区的人均绿色GDP平均值已经提升至4.75万元，增幅达7.00%。

第二，部分省市自治区的绿色发展绩效指数、绿色GDP、人均绿色GDP三项指标，开始超越该省市自治区的GDP、人均GDP传统评价指标，发展态势良好。根据课题组测算，相比2014年，2015年全国内陆31个省市自治区绿色GDP平均增速达到了7.88%，2015年全国人均绿色GDP平均增速达到了7.17%。绿色GDP增幅超越GDP增幅的平均值为2.62%。2015年全国内陆31个省市自治区人均绿色GDP增幅超越人均GDP增幅的平均值为2.31%。这意味着全国内陆31个省市自治区中绝大部分省份开始从根本上转变经济发展方式。

第三，极少部分省市自治区正在实现绿色发展的艰难起步，其绿色GDP、人均绿色GDP增幅，明显低于其GDP、人均GDP增幅，应予以密切关注。根据课题组测算，相比2014年，2015年全国内陆31个省市自治区中，广东省、天津市、西藏自治区、福建省、贵州省绿色GDP增幅均低于GDP增幅。其中，广东省的绿色GDP增幅低于其GDP增幅2.01%，贵州省的绿色GDP增幅低于GDP增幅0.96%，福建省的绿色GDP增幅低于GDP增幅0.77%。这意味着，这些省份的绿色GDP增量中，绝大部分甚至是全部经济贡献仍来自于原有发展方式。

以绿色GDP为突破口，迈向高质量发展

福斯特（Foster J. B.）认为，"生态破坏压倒所有问题似乎已经成为我们这个年代的特点，正如我们所知道的，它正在威胁着我们的生活以及生存能力"。追求高质量的发展必须解决好经济增长与生态环境保护的协调问题，兼顾"绿色"与"发展"的绿色GDP在这方面仍将有极大的贡献空间。

从其概念上看，"发展"具有一定的内在规定性，它是现时空迈向未来时空的历史进程。因此，处于发展进程的任何人都需要通过科学的理论来制定科学的制度，引领发展。不同国家需要根据科学数据和科学理论，确定在未来希望实现的经济增长、生态环境目标，更加可持续的发展方式或者生产生活方式，根据这些目标，为识别具体的空气质量、经济行业规模调整等问题提供更为详细的规划和制度体系。福斯特在追溯当今全球性生态危机的根源时曾认为，"目前的环境问题既不是人类的无知愚昧或天生贪婪所造成的，也不是因为个别公司企业的管理者缺乏道德和良心所致；相反，我们必须从经济制度、政治制度和社会制度的运行方式中寻找答案"。

中国绿色GDP绩效评估通过大量基于科学数据的实证理论分析，可在蕴含"绿色"价值指向的国家治理评价体系、治理结构、治理方法、标准建设、权责归属等一系列与国家治理制度有关的重大问题上，提出具有科学实证基础的创新性理论。

"绿色GDP"是一个跨学科问题，必须用跨学科方法推进其理论与实践探索。长期以来，国内外学界把绿色GDP仅仅视为一个环境经济学问题。事实上，经过近一个世纪的探索与发展，绿色GDP所承载的思想与内涵等远远超越了某一单一学科的边界。其概念澄清、理论分析、测算方法都需要将其放在跨学科的视野中加以重新审视。尤其是最近几年国内外学者和各国政府对绿色GDP的理论与实践探索中，环境经济学、生态学、统计学、管理学、大数据科学等学科的发展，已经为在跨学科的视野中解决绿色GDP的"历史遗留问题"提供了新的解决路径和方法。

当然，绿色GDP绩效评估的理论与实践探索还有很长的一段路要走。这里面既有研究方法有待完善，指标体系设计有待更加全面、科学等理论问题；也有认知偏差、重视程度不够、技术方案有待完善等实践问题。但绿色GDP绩效评估的理论与现实困难不是我们放弃研究的恰当理由。我们需要做的是去努力思考如何通过绿色GDP绩效评估实现预期研究目标，又或者是通过其他方式达到绿色GDP绩效评估的预期效果。但无论是哪种情况，中国绿色GDP绩效评估研究的最新进展，都在追求绿色发展、高质量发展新模式方面，具有了自身独特的理论思路和实践价值。

附录四 华中科技大学国家治理研究院简介

华中科技大学国家治理研究院系国内首家以"国家治理研究院"命名的高校智库，现为国家治理湖北省协同创新中心、CTTI（中国智库索引）入选智库、AMI（中国智库综合评价）高校核心智库。2018年1月，研究院在中国大学智库机构百强榜中名列第18位。

华中科技大学国家治理研究院院长由华中科技大学原校党委副书记欧阳康教授担任。研究院现有专兼职研究员35人，外籍客座研究员18人，在读博士生12人，内设国家治理理论与比较研究中心、治理信息采集与大数据处理中心等机构。

国家治理研究院成立以来，成功举办5届"全球治理·东湖论坛"国际学术研讨会，6届"国家治理现代化高峰论坛"，主持并完成近20项国家治理方面的国家社科基金重点、委托项目等省部级以上课题，发表有关国家治理的学术论文60余篇，出版《全球治理与国家责任》《国家治理研究》（辑刊）等"国家治理研究丛书"，成功发布、出版国内首个由高校智库公开发布、出版的地方性、全国性绿色GDP绩效评估报告。其中，欧阳康教授的"关于根治华北雾霾的技术方案和综合治理建议"得到习近平、李克强、张高丽等中央领导人的肯定性重要批示，所提建议内容写进"十三五"规划，"以绿色GDP绩效评估引领国家治理现代化"等政策建议案被教育部评为"优秀专家建议稿"。

研究院为所有承担科研项目的人员均提供了专门的办公室、会议室等工作场所，并承诺为本项目研究最大限度地做好时间、人力等方面的支撑、保障工作，确保研究顺利进行，圆满完成相应任务。

华中科技大学国家治理研究院官方网站网址：http://isg.hust.edu.cn/。

华中科技大学国家治理研究院微信公众号

微信号：hustgjzl

华中科技大学国家治理研究院聚焦国家治理，为国家治理现代化提供有力的决策参考和理论支撑，为完善和发展中国特色社会主义制度，实现国家治理体系和治理能力的现代化做出应有的贡献。